Klaus Neubeck

Angst – die verdrängte Wahrheit

Privateigentum, psychische Traumata und Gewohnheiten

AF211240

Inhaltsverzeichnis

für Gela

»Es zu wissen ist nicht genug. Tun muß man es.« (Elsa Gindler)

Ich danke Leo Allmann für seine inspirierende Mitwirkung an diesem Buch durch Fragen, Rat und Kritik

Klaus Neubeck

Angst – die verdrängte Wahrheit

Privateigentum, psychische Traumata und Gewohnheiten

Dr. Klaus Neubeck, Dr. phil., geboren 1939, Studium der Soziologie, Philosophie und Psychologie in Frankfurt am Main, Stadtplaner, Atemtherapeut.
Anschrift des Autors: Dr. Klaus Neubeck, Destouchesstr. 29, 80803 München, Email: klaus.neubeck@mnet-online.de

Bibliografische Information der Deutschen Nationalbibliothek:
Die Deutsche Nationalbibliothek verzeichnet diese Publikation in der Deutschen Nationalbibliografie; detaillierte bibliografische Daten sind im Internet über dnb.dnb.de abrufbar.

Verlag: BoD · Books on Demand GmbH, Überseering 33, 22297 Hamburg, bod@bod.de
Druck: Libri Plureos GmbH, Friedensallee 273, 22763 Hamburg

ISBN: 978-3-7693-5694-6

Inhaltsverzeichnis

1. Die Vertreibung aus dem Paradies

»Wer unsere Träume stiehlt, gibt uns den Tod.« (Konfuzius)

Im Alten Testament folgt direkt nach dem Bericht über die Erschaffung der Welt die Erzählung von Adam und Eva. Sie handelt davon, dass sich Adam und Eva nicht an das göttliche Gebot gehalten haben, einen Apfel vom Baum der Erkenntnis zu essen, und aus Strafe dafür aus dem Paradies vertrieben wurden. Dies zeigt, welche zentrale Bedeutung diese Erzählung für die Autoren der Bibel hatte. Jahrhundertelang ist die Erzählung ein Rätsel geblieben und wurde immer wieder neu gedeutet. Am nachhaltigsten wirkte die Idee der Erbsünde nach, die Augustinus in die Erzählung hineininterpretiert hatte. Es wurde nie verstanden, warum Gott eine so harte Strafe ausgewählt hatte, obwohl das Vergehen von Eva vielen Menschen als relativ harmlos erscheint. Warum konnte Gott die Verletzung seines Gebotes nicht einfach vergeben? Warum wurden die Menschen gezwungen, den eigentlich von Gott für die Menschen geschaffenen Garten Eden zu verlassen und auf ewig in der Fremde zu leben?

Seit einigen Jahren kann die Erzählung von Adam und Eva, die bisher meistens nur religiös interpretiert wurde, in einem anderen Licht gelesen werden. Die historische Erforschung der Entstehung der Landwirtschaft nach dem 10. Jh. v. Chr. und der darauf erfolgten Etablierung von Staat und Eigentum hat darauf aufmerksam gemacht, dass sich damals die Lebensbedingungen total verändert hatten. Es entstanden in relativ kurzer Zeit soziale Ungleichheit, Abhängigkeit, Sklaverei, Patriarchat und Krieg. Viele Menschen konnten den neuen Zustand noch mit den früheren Verhältnissen vergleichen und mussten feststellen, dass vieles, was das Leben früher angenehm gemacht hatte, verloren gegangen war. Es entstand die Vorstellung, dass man früher im Einklang mit der Natur gelebt hatte und insgesamt glücklicher war. Man musste weniger arbeiten, da man von den Früchten der Bäume leben konnte. Es gab innerhalb der Gruppe selten Gewalt. Man lebte im Augenblick.

Das Hauptmerkmal der Lebensbedingungen außerhalb des Paradieses ist nicht die schwere Arbeit, sondern der große Umfang an
Angst vor anderen Menschen. Im Paradies gab es nur die Angst vor
Gott und den Naturgewalten, aber nicht vor anderen Menschen, allenfalls vor fremden Gruppen. Vermutlich kennen auch die Tiere nur
die Angst vor fremden Arten, aber nicht vor den Artgenossen. Unter
den Bedingungen sozialer Herrschaft ist die Angst vor der Gewalt
durch andere Mitmenschen endemisch geworden. Gewalt hat viele
Gesichter: körperliche Bestrafung, Vertreibung aus der Heimat, Ver-
sklavung, in Schuldknechtschaft geraten, im Krieg den Tod eines
Freundes erleben, Verlust der Hände oder Finger wegen Diebstahls,
sexuelle Vergewaltigung und sexueller Missbrauch, körperliche
Misshandlung, Gewalt in der Familie u. v. a. m. Solche Ängste sind
überwältigend, da man sich nur sehr schwer an sie gewöhnen kann.

Aus dieser Perspektive kann vermutet werden, dass in der Erzählung von Adam und Eva die Erinnerung an die verlorene Vergangenheit festgehalten wurde. Die Erzählung erscheint als ein Gleichnis für
den historischen Umbruch in den Lebensbedingungen, der von den
Menschen als schmerzhaft und verlustreich erlebt wurde. Für diese
Interpretation spricht, dass die Strafe Gottes darin bestand, dass
Adam sein Brot »im Schweiße seines Angesichts« essen musste. Die
Nachfahren von Adam und Eva, Kain und Abel, waren als Acker-
bauern und Hirten Vertreter der neuen Lebensform der Landwirtschaft, in der das Getreide als das Hauptnahrungsmittel mit großem
Aufwand angebaut wurde und ein Teil der Ernte an die Herrschenden
abgeliefert werden musste. Eine Rückkehr zur früheren Lebensform
wurde den Menschen verwehrt, denn die Pforte zum Paradies wird
von einem von Gott eingesetzten Kämpfer »mit flammendem, blit-
zendem Schwert« bewacht. Das Bild von der dramatischen Vertreibung aus dem Paradies drückt aus, wie schmerzhaft der Umbruch erfahren wurde.

Viele Autoren, die sich in der letzten Zeit mit dem historischen
Umbruch befasst haben, bewerten ihn als eine historische Katastro-
phe. Die Erfindung der Landwirtschaft ist für Jared Diamond »der

größte Fehler« und für Yuval Noah Harari der »größte Betrug der Menschheit«.[1] Nach Carel van Schaik leben die Menschen seitdem in einem Ausnahmezustand, da sie im Widerspruch mit ihrer Natur leben müssen, die sich evolutionär in der Lebensform der Sammler und Jäger entwickelt hatte.[2] Aus der Sicht der heute lebenden indigenen Stämme hat Jean Liedloff die These vertreten, dass das tiefe Unbehagen damit zusammenhängt, dass die Menschen den Weg verlassen haben, der ihnen von der Evolution vorbestimmt ist.[3] Für David Graeber besteht kein Zweifel, dass »etwas mit der Welt entsetzlich schiefgelaufen« ist.[4] Der gemeinsame Tenor ist, dass die Menschheit auf einen Irrweg geraten ist, der mit Leiden und schlechter Gesundheit verbunden ist.

Aus dieser Sicht ist die religiöse Erklärung der Vertreibung mit der Erbsünde völlig abwegig. Ebenso wenig reicht die Erklärung aus, dass die Menschen seit der Erfindung der Landwirtschaft sesshaft geworden sind. Warum war es Gott so wichtig, dass die Menschen nicht den Unterschied zwischen Gut und Böse erkennen? Darauf konnten die religiösen Interpreten keine plausible Antwort geben.

Die eigentliche Ursache für den Sündenfall scheint darin zu bestehen, dass die Menschen seit der Etablierung von Eigentum und Staat gezwungen wurden, für andere Menschen zu arbeiten und zu kämpfen. Früher gab es nur den Besitz an persönlichen Geräten und Vorräten von Lebensmitteln, aber die landwirtschaftlich genutzten Flächen waren Gemeingut. Während früher alle Arbeitsprodukte kollektiv geteilt wurden und niemand beanspruchen konnte, dass ein bestimmter Teil der Natur nur ihm gehört, wurden jetzt die landwirtschaftlichen Flächen auf einzelne Eigentümer zur ausschließlichen Verfügung aufgeteilt. Wenn aber der landwirtschaftliche Boden exklusiv von einer Einzelperson bzw. Familie bewirtschaftet wird, entsteht eine völlig neue soziale Dynamik in Richtung Ungleichvertei-

1   Diamond 2006, S. 237, Harari, S. 104.
2   Schaik 2023, S. 9.
3   Liedloff, S. 39 und 268.
4   Graeber 2022, S. 94.

lung des Eigentums. Das Privateigentum hat die inhärente Tendenz sich zu vermehren, mit der Folge, dass einerseits Reichtum entsteht und andererseits immer mehr Menschen ihr Eigentum verlieren und sie dadurch in Abhängigkeit von Eigentümern und in Armut geraten.

Da die neue Eigentumsordnung auf heftigen Widerstand stieß und heftig bekämpft wurde, mussten die neuen Eigentumsrechte mit brutaler Gewalt durchgesetzt werden. Parallel zur Eigentumsordnung entstanden neue politische Herrschaftssysteme. Mächtige Eigentümer beanspruchten für sich einen kollektiven Führungsanspruch. Sie hatten deshalb ein elementares Interesse daran, das Eigentum zu schützen, da damit ihre Herrschaftsposition verbunden war. Nach der Auffassung von Carel van Schaik ist die Strafe der Vertreibung aus dem Paradies so hoch ausgefallen, weil Adam und Eva gegen das neue Eigentumsgebot verstoßen haben.

Aus meiner Sicht ist in der Erzählung auch die Erkenntnis verborgen, dass die Menschen vor dem Sündenfall keine Gebote kannten, da sie sich in ihrem Verhalten am gegenseitigen Respekt voreinander orientiert hatten. Die Unterscheidung von Gut und Böse kam erst mit der Einrichtung von sozialer Herrschaft auf, weil jetzt Gebote aufgestellt wurden, die häufig den Bedürfnissen der Menschen zuwiderliefen und mit Zwang durchgesetzt werden mussten. Im Paradies wurde keine Moral benötigt. Alle Menschen waren frei, niemand musste für andere Menschen arbeiten. Sie mussten im Grund wenig arbeiten, da sie sich von den »Früchten der Bäume« ernähren konnten. Der Sündenfall ist in dem Sinne selbst verschuldet, dass er nicht durch äußere Kräfte, sondern von den Menschen selbst verursacht wurde. Die Menschen waren nicht in der Lage zu verhindern, dass sie in die dauerhafte Abhängigkeit von einer kleinen Gruppe von Eigentümern gerieten.

Aus historischer Sicht ist also die Erzählung von Adam und Eva ein Versuch, die traumatische Erfahrung zu verarbeiten, die die Menschen beim Verlust ihrer Selbständigkeit machen mussten. Die Erzählung von Adam und Eva, die während des ca. 60-jährigen Exils der Oberschicht der Juden im despotisch regierten Mesopotamien entstand, hält die Erinnerung an die friedlichen Verhältnisse vor der Etablierung von sozialer und politischer Herrschaft fest. Dem Ereignis wurde ein Sinn zu geben und der Schmerz ausgedrückt, der weiterhin fortbesteht und immer wieder geweckt wurde. Der Schmerz verlangt nach Wiederherstellung der alten Verhältnisse. Die Erzählung drückt die tiefe Sehnsucht der Menschen aus, aus der Fremde in die Heimat zurückzukehren. Sie hat nie ihre Faszination verloren. Nach Ansicht von Stephen Greenblatt ist sie »der mächtigste Mythos der Geschichte«.

Die Vertreibung kann als eine Metapher dafür verstanden werden, dass das Trauma der Vertreibung von jeder Generation in unterschiedlichem Ausmaß neu erlitten wird. Mit der Eigentumsordnung ist das Prinzip der Herrschaft in alle sozialen Beziehungen eingedrungen und hat sie in Beziehungen der Kontrolle und Bevormundung umgewandelt. Jeder Mensch wird früher oder später in seiner Lebensgeschichte durch die Erfahrung von Gewalt aus dem Leben im Hier und Jetzt vertrieben. Unter Bedingungen von sozialer Herrschaft zu leben, ist mit der Gefahr verbunden, durch die Erfahrung von Gewalt emotional verletzt zu werden. Kinder haben Angst, verlassen zu werden, die Liebe der Eltern zu verlieren und kritisiert oder bestraft zu werden. Erwachsene haben Angst, ihre Familie nicht versorgen zu können, ausgenutzt und missbraucht zu werden oder bei Krankheit und Not keine Unterstützung zu finden. Jedes dieser Ereignisse reicht aus, um zu einer traumatischen Verletzung zu führen, bei der man sich hilflos und ohnmächtig fühlt. Solche Verletzungen heilen in der Regel nicht von selbst aus, sondern prägen das weitere Leben, weil die Angst unterdrückt werden muss und damit Einschränkungen im Verhalten verbunden sind. Es ist nicht zufällig, dass viele Menschen, die eine unbeschwerte Kindheit hatten, diese nachträglich als Paradies erleben.

Die Tragik traumatischer Verletzungen besteht darin, dass die Verletzungen unbewusst und ungewollt an andere Menschen und vor allem auch an die Kinder weitergegeben werden. Denn die Sensibilität für die Bedürfnisse von anderen, vor allem von kleinen Kindern, geht durch traumatische Verletzungen verloren. Obwohl sich alle Menschen vornehmen, das Beste für ihre Kinder zu tun, geraten sie immer wieder in Situationen, in denen sie Kinder allein lassen, mit Liebesentzug bestrafen, demütigen, vernachlässigen und zu wenig beachten, oder sogar ihnen den Eindruck vermitteln, unerwünscht zu sein. Es wird meistens nicht bemerkt, dass negatives Verhalten von Kindern bereits eine Reaktion auf traumatische Verletzungen ist. Traumata beeinträchtigten auch die Lernfähigkeit. Deshalb sind Armut und Arbeitslosigkeit häufig auch die Spätfolgen von kindlichen Traumata. Auch wenn sich viele Menschen vornehmen, ihre Konflikte ohne Gewalt zu lösen, passiert es, dass sie zur Durchsetzung ihrer Interessen zur Gewalt greifen. Selbst diejenigen, die relativ unbeschädigt aufwachsen, werden mit der Gefühllosigkeit und Härte der anderen konfrontiert und tun sich sehr schwer, sich mit stressigen Arbeitsbedingungen zu arrangieren. Auch die Herrschenden sind nicht gegen Traumata gefeit.

Es gehört zur Eigenart der traumatischen Verletzungen, dass sie in der Regel aus dem Bewusstsein verdrängt werden. Wahrscheinlich haben die Menschen es ausgehalten, permanent unter dem Damoklesschwert der Angst zu leben, weil die Angst verleugnet wurde. Durch die Routinisierung allen Verhaltens können die Ängste einigermaßen in Schach gehalten werden. Dank der Gewohnheiten werden die Angstzustände als normal hingenommen. Aber das gelingt nur um den Preis von zwischenmenschlichen Störungen, des Verlustes an Empathie und des egoistischen Verhaltens. Vielfach misslingt das Arrangement mit dem, was als Normalität gilt. Es entstehen Depressionen, Panikanfälle, Zwangsstörungen, Persönlichkeitsstörungen u. a. Psychische Störungen scheinen zur Normalität zu gehören. Sie sind aber kein individuelles Versagen, sondern ein Symptom, dass es nicht gelingt, sich in die verkehrte Welt einzufügen. Traumata sind kein individuelles Schicksal, sondern Symptome einer verkehrten sozialen Verfassung.

Aus diesen Überlegungen folgt die These, dass die Menschheit seit Etablierung von sozialer Herrschaft in einer fremden Welt leben müssen, in der sie nicht heimisch werden können. Diese These steht im Kontrast zu der verbreiteten Überzeugung, dass die Geschichte eine Höherentwicklung durchlaufen hat. So wird behauptet, dass Adam und Eva die Freiheit entdeckt hätten. Außerdem hätten sie den Unterschied zwischen Gut und Böse erkannt. In der Neuzeit kam die Überzeugung auf, dass sich die Menschen auf dem Weg zu einer höheren Stufe der Zivilisation befinden würden. Für Immanuel Kant gingen die Menschen »aus der Vormundschaft der Natur in den Stand der Freiheit« über. Erich Fromm sprach vom »Emportauchen der Vernunft aus dem Naturzustand«. Dafür sprachen die Entwicklung der Wissenschaften, die ökonomische und technologische Entwicklung und der zunehmende Wohlstand.

Dieser positiven Bewertung der Geschichte ist entgegenzuhalten, dass die negativen Aspekte der sozialen Herrschaft und des Privateigentums verharmlost werden. Die soziale Abhängigkeit wird in Kauf genommen, weil sie mit wachsendem Wohlstand verbunden ist. Die soziale Herrschaft, die bis in die Neuzeit hinein an Personen festgemacht wurde und als Gewalt von Herrschern erfahren wurde, ist in der Gegenwart im Alltag unsichtbar geworden. Fast die ganze Bevölkerung hat den direkten Zugang zu den natürlichen Lebensmitteln (»den Früchten der Bäume«) verloren und ist von den Wechselfällen der ökonomischen Konjunktur abhängig geworden. Das gesamte Leben wird nicht mehr von der Angst vor direkter Gewalt geprägt, aber von der Angst vor wirtschaftlichen Krisen, Arbeitslosigkeit, sozialem Abstieg und Altersarmut überschattet.

Unter den veränderten Lebensbedingungen wird deshalb der Begriff der sozialen Herrschaft kaum noch verwendet. In demokratisch regierten Ländern scheint soziale Herrschaft kein Thema mehr zu sein. Dabei wird aber übersehen, dass die gegenwärtigen demokratischen Verfassungen im Kern aus der rechtlichen Absicherung des Privateigentums bestehen. Alle demokratischen Verfassungen haben die zentrale Aufgabe, den Widerstand derjenigen, die unter der sozialen Abhängigkeit leiden, zu delegitimieren und zu brechen. Das geschieht in erster Linie durch die Tabuisierung jeglicher Kritik am Privateigentum und an Herrschaft. Der absolute Mangel an öffentlicher Herrschaftskritik ist ein Symptom, wie stark das Denken bereits vom Diktat des Eigentums infiziert ist und das Bewusstsein für die Ursachen des sozialen Unbehagens verloren gegangen ist. Auch wenn soziale Herrschaft weitgehend unsichtbar geworden ist, besteht sie unverändert fort und zeigt sofort ihr repressives Gesicht, wenn die Eigentumsordnung angegriffen wird.

Herrschaft gründet primär in der Eigentumsordnung. Sie basiert auf der sozialen Abhängigkeit der Eigentumslosen von der kleinen Gruppe der Eigentümer, die über den Boden, die Wohngebäude und die Produktionsstätten verfügen. Die staatlichen Organe haben lediglich die Funktion, den rechtlichen Rahmen der Eigentumsordnung herzustellen und zu sichern. Herrschaft würde missverstanden, wenn sie ausschließlich als ein staatlicher Überwachungsapparat verstanden wird.

Die soziale Herrschaft hat nicht nur die sozialen Beziehungen, sondern auch das Denken verändert. Solange die sozialen Lebensbedingungen von Gleichheit und Solidarität geprägt waren, hatte das Denken eine empathische Qualität, da es stets auf die Bedürfnisse der Mitmenschen ausgerichtet war. Da den Menschen bewusst war, wie stark sie voneinander abhängig sind, wurden in allem Handeln und damit auch beim vorbereitenden Denken die Bedürfnisse der Menschen, mit denen man kooperiert, mitberücksichtigt. Dieses Denken kann als empathisch bezeichnet werden, da es darauf ausgerichtet ist, anderen zu helfen und sie nicht zu verletzen. Es zeichnet sich durch große Sensibilität für die Bedürfnisse der Mitmenschen aus.

Unter den Bedingungen von sozialer Herrschaft geht die empathische Qualität des Denkens verloren. Die Menschen werden vom Privateigentum gezwungen, sich primär um ihre eigenen Bedürfnisse zu kümmern. Das Denken wird instrumentell und egozentrisch. Das Denken richtet sich primär darauf, andere Menschen zu kontrollieren, mit der Folge, dass die gleiche Haltung auch gegenüber den Dingen eingenommen wird. Bei Menschen, die über kein Eigentum verfügen, bewirken die psychischen Traumata, dass sich ihr Denken pri-

mär auf die eigenen Interessen und Bedürfnisse konzentriert und die
Rücksicht auf die Mitmenschen vernachlässigt wird. Insofern trägt
das Privateigentum indirekt dazu bei, dass das Denken seine empathische Qualität verliert.

Aus der Einsicht in die Abhängigkeit des Denkens von den konkreten Lebensbedingungen muss das Menschenbild der Vernunft und
Freiheit, das sich seit der Etablierung von sozialer Herrschaft und
Privateigentum durchgesetzt hat, korrigiert werden. Die neu entstandenen Werte der Freiheit, Vernunft, Gerechtigkeit, Wahrheit und
Gleichheit wurden zu absoluten Werten überhöht, da sie unter den
neuen Bedingungen nicht verwirklichbar sind. Sie leben von der kollektiven Erinnerung an die Zeit vor der Vertreibung aus dem Paradies, in der sie nicht angestrebt werden mussten, weil sie ein
selbstverständlicher Bestandteil des alltäglichen Lebens waren. Dass
das Menschenbild der Vernunft und Freiheit Ausdruck von sozialer
Herrschaft ist, ist daran abzulesen, dass der Geist bzw. die Vernunft
wie ein innerer Herrscher behandelt wird, der die Aufgabe hat, die
Gefühle und die körperlichen Impulse zu kontrollieren. Das neue
Menschenbild hat offensichtlich die Funktion, das Trauma zu verarbeiten, in der Fremde leben zu müssen.

Im Menschenbild der Vernunft und Freiheit wird die Erfahrung
verdrängt, dass das menschliche Verhalten weitgehend von unbewussten Kräften geführt wird. Es wird von Impulsen gesteuert, die
spontan im Kontakt mit der Umwelt entstehen. In der Evolutionstheorie wird inzwischen immer häufiger die These vertreten, dass die
natürliche Entwicklung selbstgesteuert erfolgt ist. Es wird erkannt,
wie stark auch die Entwicklung der Menschen von den Zufällen der
Geburt und den örtlichen Umständen bestimmt wird. Es liegt nahe,
den Gedanken der natürlichen Selbstorganisation auch auf die
menschliche Entwicklung zu übertragen. Das würde bedeuten, dass
im Gegensatz zu der vorherrschenden Auffassung, dass das menschliche Leben bewusst geführt wird, die individuelle Entwicklung nicht
aktiv gesteuert wird, sondern weitgehend ungeplant verläuft. Diese
alternative Betrachtungsweise wird von der theoretischen Überle-

gung unterstützt, dass das Denken nur angemessen verstanden werden kann, wenn es aus der Perspektive der Gewohnheiten betrachtet wird. Denn die Gewohnheiten haben die Eigenart, dass sie zwar bewusst gestaltet werden können, aber nach ihrer Prägung automatisch ablaufen. Damit können die widersprüchlichen Erfahrungen erklärt werden, dass die Menschen einerseits ihr Handeln bewusst planen können und andererseits die Gedanken von selbst kommen und dass das Handeln häufig wie von selbst geschieht. An den Gewohnheiten kann erfahren werden, was es heißt, dass das Leben selbstorganisiert abläuft.

Es war ein Fehler, dass die Gewohnheiten von der Philosophie und Psychologie weitgehend ignoriert und zum Teil sogar diskriminiert wurden. Es soll in diesem Buch gezeigt werden, dass die Besonderheiten der Menschen – ihre Kreativität, Selbstreflektiertheit, Sprachfähigkeit, Lernfähigkeit und Flexibilität – mit Hilfe der Analyse der Gewohnheiten besser verstanden werden können. Vor allem wird ein Konzept angeboten, mit dem das Rätsel des menschlichen Denkens gelöst werden kann.

Die Korrektur des Menschenbildes der Vernunft und Freiheit muss darin bestehen, dass der Tatsache Rechnung getragen wird, dass die mentalen und psychischen Prozesse spontan und unbewusst ablaufen. Menschliche Freiheit besteht allein darin, dass die Gewohnheiten, die sich als ungeeignet erweisen, korrigiert werden können. Das gelingt nur, wenn die Anforderungen der Umwelt beachtet werden. Das neue Menschenbild kommt ohne einen inneren Herrscher (Vernunft, Seele u. Ä.) aus. Es wird von Gelassenheit und Vertrauen geprägt. Das Leben muss nicht geführt werden, sondern das Handeln ergibt sich von selbst, wenn man sich auf die Anforderungen der Situation einlässt. Es wird anerkannt, dass die Umwelt einen starken Einfluss auf Denken und Handeln nimmt. Die Menschen können allerdings nur solidarisch und glücklich leben, wenn die sozialen Lebensbedingungen von sozialer Gleichheit und Solidarität geprägt sind, so dass sich jeder gemäß seinen eigenen Bedürfnissen entfalten kann. Die Freiheit ist dann kein Problem mehr.

Es spricht also viel für die These, dass infolge der Etablierung von Privateigentum und sozialer Herrschaft historisch ein kollektives Trauma entstanden ist, das bis heute verdrängt wird. Es wird in jeder neuen Generation reproduziert, da die objektiven sozialen Lebensbedingungen, die zur Aufrechterhaltung von sozialer Herrschaft erforderlich sind, immer wieder neue Traumatisierungen erzwingen. Das Leben ist unter den Fluch des Wiederholungszwanges des Traumas geraten. Die Menschen sind blind dafür geworden, dass sie in eine Fehlentwicklung hineingeraten sind und in einer Welt leben, die ihren Bedürfnissen widersprechen.

Alle Utopien waren Versuche, die historische Fehlentwicklung zu korrigieren. Der erste Schritt zur kollektiven Therapie muss in der Vergewisserung bestehen, was passiert ist. Nur wenn die historischen Gründe der Fehlentwicklung erkannt werden, können die richtigen Schritte zur Heilung ergriffen werden. Auf jeden Fall kann die Fehlentwicklung nur allmählich und in kleinen Schritten korrigiert werden. Die Gewohnheiten der Menschen müssen mitwachsen können. Die zukünftige Gestalt der Gesellschaft kann nicht vorweggenommen werden. Wenn die Verblendung durchschaut wird, wird deutlich, welche nächsten Schritte unternommen werden müssen, um dem Ziel näher zu kommen, ohne Angst vor anderen Menschen zu leben. Die Pforte zum Paradies ist nicht verschlossen, wie in der Erzählung von Adam und Eva behauptet wird. Sie kann jederzeit durchschritten werden.

Zur Bearbeitung des Traumas gehört eine Wiedergeburt des utopischen Denkens. Es ist ein Symptom der gegenwärtigen Malaise, dass der uralte Traum vom Paradies, der im Verlauf der Geschichte immer wieder mit kühnen Entwürfen des Paradieses weitergegeben wurde, heute völlig in Vergessenheit geraten ist. Obwohl das Paradies gegenwärtig dank der durch den technischen Fortschritt erreichten hohen Arbeitsproduktivität in Europa und Amerika durchaus realisierbar wäre. Der offensichtliche Widerspruch zwischen den historischen Möglichkeiten und der aktuellen Misere drängt sich immer mehr ins Bewusstsein, darf aber nicht artikuliert werden. Die Macht der herrschenden Gruppe reicht bis in die Träume der Menschen hinein.

Bei den utopischen Überlegungen geht es nicht um die Rückkehr an den Ort, der verlassen werden musste. Die Menschen sind mehr oder wenig unbeabsichtigt in den gegenwärtigen Krisenzustand hineingeschlittert. Die soziale Herrschaft hat eine Dynamik in Gang gesetzt, die das soziale Zusammenleben zerstört. Es geht nicht allein darum, sich von irrationalen Ideen zu befreien und die soziale Ordnung auf der Vernunft aufzubauen, sondern zu erkennen, dass eine radikale Kurskorrektur vorgenommen und der ursprünglich gelebte Zustand der Gleichheit und Solidarität auf einem neuen Niveau wiederhergestellt werden muss.

Die Formel von der »Rückkehr zur Natur« (Rousseau) ist genauso falsch wie die polemische Formel des »Zurück in die Steinzeit«. Die Vergangenheit kann nicht zurückgeholt werden. Es geht um die Wiederherstellung der sozialen Grundprinzipien der Gleichheit und des solidarischen Teilens, die vermutlich im Paradies galten. Die zwischenzeitlich historisch erworbenen nützlichen Fähigkeiten und Produktionskapazitäten müssen bewahrt werden. Was kann aufgegeben werden, weil es nur für die Aufrechterhaltung der Herrschaft gebraucht wurde (Gefängnisse, Luxusautos, Sexualverbote, Eigentumstabu u. a.)? Heute könnte etwas aufgebaut werden, das besser ist als das, was im Paradies verlassen wurde.

Mit dem Blick auf die letzten 5000 Jahre der Menschheitsgeschichte als einem Traumageschehen kann die Einsicht gefördert werden, dass die Menschheit seitdem einen Irrweg eingeschlagen hat. Das neue Menschenbild stellt einen Kompass für die Schritte dar, die für den Abbau von sozialer Herrschaft erforderlich sind. Alle Krisen, in denen die Menschheit zurzeit steckt, sind direkte und indirekte Folgen der Etablierung von sozialer Herrschaft. Die Klimakrise kann deshalb nicht überwunden werden, ohne dass die durch soziale Herrschaft entstandene Grundkrise angegangen wird.

Kann die Neuinterpretation der Erzählung von Adam und Eva Mut machen, wieder von einer gerechten Zukunft zu träumen?

2. Die Allgegenwart der Angst

»Die Gewohnheit ist so mächtig, dass sie uns selbst aus dem Bösen ein Bedürfnis macht.« (Théodore Jouffroy)

Die Erzählung von der Vertreibung von Adam und Eva aus dem Paradies enthält die zentrale Botschaft, dass die Menschheit in eine historische Entwicklung hineingeraten sind, in der sich ihre Lebensbedingungen total verschlechtert haben. Wo früher Frieden und Überfluss war, herrscht jetzt Angst, Mord und Armut. Die Menschheit ist in einen Zustand hineingeraten, der ihren Bedürfnissen völlig widerspricht. Zweifellos vollzog sich der Umwandlungsprozess nicht über Nacht, sondern geschah als ein schleichender Prozess über viele Generationen hinweg. Aber im historischen Rückblick wurde deutlich, dass die Entwicklung zu großen Verlusten geführt hat.

Den Autoren der Erzählung von Adam und Eva war die historische Ursache des Umbruchs nicht bewusst. Sie hatten die Schuld in dem moralischen Fehlverhalten von Eva gesehen und folgten damit dem damaligen patriarchalischen Weltbild. Nachdem Historiker erkannt haben, dass im Zeitraum zwischen dem 10. und 2. Jahrtausend v. Chr. relativ zeitgleich die Landwirtschaft, das Privateigentum und der Staat erfunden wurden, drängt sich die Hypothese auf, dass die soziale Transformation primär durch die Erfindung des Privateigentums ausgelöst wurde.

2.1. Zur Entstehung des Privateigentums

»Eigentum ist Ausbeutung des Schwachen durch den Starken.« (Pierre-Joseph Proudhon)

Als das Privateigentum erfunden wurde, kam ein völlig neues Prinzip in die Welt, wie die von der Gemeinschaft erarbeiteten Produkte verteilt werden. Früher hatte jeder alles der Natur entnommen, was für das Leben benötigt wurde. Die gesammelten Lebensmittel wurden in der Gruppe nach Bedarf verteilt. Die für das alltägliche

Leben benötigten Geräte und Sachen galten als persönlicher Besitz. Wenn jedoch jemand mehr besaß, als er selbst braucht, war es selbstverständlich, dass er es anderen unentgeltlich ausleiht. Die Vorstellung, dass ein bestimmtes Territorium einer Einzelperson gehört und von ihr exklusiv benutzt werden darf, war völlig fremd. Das Privateigentum hat mit dem Prinzip der solidarischen Nutzung aller Güter gebrochen, das sich in der langen Menschheitsgeschichte bewährt hatte.

Das Privateigentum schwächte allmählich den solidarischen Geist. Nach der Erfindung der Landwirtschaft wurden einzelne Clans reicher. Sie hatten mehr Geräte und Lebensmittelvorräte, als sie für den Konsum benötigten und besaßen mehr Grund und Boden, als sie selbst bewirtschaften konnten. Die erste Voraussetzung dafür, dass es zur Ungleichverteilung von Besitz kam, war zweifellos die Sesshaftigkeit. Die Menschen hatten bereits vor der Erfindung der Landwirtschaft in Gebieten mit einem reichlichen Nahrungsangebot dauerhafte Siedlungen gegründet, meist an Seen, wo auch Fische gefangen werden und andere Meeresfrüchte benutzt werden konnten. Wer besonders fruchtbaren Boden besaß, konnte größere Vorräte anhäufen. Wer mehr Kinder hatte, konnte mehr Flächen bebauen und damit die Erträge erhöhen. Entscheidend für die Entstehung von Reichtum war aber, dass Lebensmittel zur Verfügung standen, die lagerfähig sind. Dies war erst mit der Kultivierung von Getreide gegeben, das früher auch genutzt, aber nicht systematisch angebaut wurde. Erst wenn größere Vorräte über längere Zeit zur Verfügung stehen, kann von Reichtum gesprochen werden.

Nachdem Getreide systematisch angebaut wurde, entstand Reichtum allerdings auch häufig auf kriegerischem Wege. Die dauerhaften Siedlungen mit ihren konzentrierten Vorräten waren häufig das Ziel von Plünderungen, Überfällen und Raub durch Gruppen, die in größerer Armut lebten. Die Eroberer eigneten sich den Besitz an Geräten und Land an und machten die Überfallenen häufig zu Sklaven oder Leibeigenen. Das Eigentum ist deshalb von Anfang mit dem Stigma belastet, dass es illegal erworben wurde. So warf Pierre-Joseph

Proudhon dem Eigentum vor, dass es Diebstahl sei.

Der erste Anstoß zur Erfindung des Privateigentums ging von der Zunahme der Bevölkerung in den Siedlungen aus. Der Konsum von Getreide begünstigte die Fruchtbarkeit der Frauen. Bekamen die Frauen früher im Durchschnitt alle 4 Jahre ein Kind, waren es jetzt ca. 2 Kinder. Im Laufe von mehreren Generationen hatten manche Siedlungen mehr als tausend Einwohner. In großen Siedlungen waren die Gemeinschaftsspeicher nicht mehr praktikabel. Es bot sich die Strategie an, dass jeder Clan eine Parzelle zur exklusiven Nutzung erhält. Sobald aber bestimmte Flächen dauerhaft von einem Clan bearbeitet werden, entstand das Interesse, die Erträge des Bodens exklusiv für den Clan zu verwenden und das Land innerhalb des Clans zu vererben. Es bildete sich das Interesse, den Reichtum als rechtmäßig zu begründen. Denn in der jahrtausendelangen Tradition waren soziale Gleichheit und Solidarität oberste Gebote.

Der nächste Schritt in Richtung Privateigentum bestand darin, dass der Boden gekauft, verkauft und beliehen werden konnte, was vorher völlig ausgeschlossen war. Erst seitdem konnten die Reicheren die Notlagen von Ärmeren ausnutzen und ihren Besitz vergrößern. Da es keine Gemeinschaftsspeicher mehr gab, mussten die Menschen, die wegen Ernteausfall oder Krankheit in eine Notlage geraten waren, bei anderen Menschen Getreide ausleihen und den Kredit mit dem Boden absichern. Wenn sie den Kredit nicht begleichen konnten, musste der Boden verkauft werden oder er fiel in den Besitz des Kreditgebers. Nachdem der Grund und Boden zum Handelsgut geworden ist, waren die Schleusen für die Konzentration des Bodens in wenigen Händen geöffnet.

Die reicheren Bauern hatten ein großes Interesse daran, dass ihr Besitz von Grund und Boden vor Raub geschützt und die Einhaltung von Verträgen bei Kauf und Verkauf von Grund und Boden vom Staat rechtlich geschützt werden. Der Staat ist historisch von größeren Landbesitzern gegründet worden, die beanspruchten, auch die Regeln des Umgangs mit Grund und Boden zu bestimmen. Der frühe Staat hatte ein starkes Interesse daran, den Besitz von Grund und Boden abzusichern, da er die ökonomische Basis seiner Macht war. Zunächst konnte die eigene Macht nur mit einem selbst finanzierten Militär und Verwaltungsapparat gesichert werden. Später kamen Abgaben und Steuern als zusätzliche Finanzierungsquelle hinzu.

Von Privateigentum kann eigentlich erst dann gesprochen werden, wenn einerseits einige mehr Grund und Boden besitzen, als sie für ihren eigenen Konsum benötigen, und andererseits andere über keinen Boden verfügen und darauf angewiesen sind, versorgt zu werden. Da die Armen nicht mehr von der Gemeinschaft versorgt wurden und nur überleben konnten, wenn ihnen von anderen Menschen Arbeit angeboten wurde, mussten sie sich in die soziale Abhängigkeit von Eigentümern begeben und ihren Geboten gehorchen. Wenn der Besitz von Grund und Boden dazu benutzt wird, andere Menschen in die Abhängigkeit zu zwingen, wird er zum Privateigentum. Bloßer Besitz ist sozial relativ bedeutungslos. Wenn er aber die Potenz hat, die sozialen Lebensbedingungen grundlegend zu verändern, ist es zweckmäßig, für diese Art des Besitzes einen eigenen Begriff zu verwenden. Zurecht wird dem Eigentum das Adjektiv *privat*[5] vorangestellt, um zum Ausdruck zu bringen, dass das Eigentum mit dem Recht verbunden ist, andere von seiner Nutzung auszuschließen.

Das Privateigentum führt zu sozialen Problemen, weil es die inhärente Tendenz hat, sich zu vermehren. Seitdem die Gemeinschaftsspeicher aufgelöst wurden, musste sich jeder um ausreichende Vorräte für Notlagen kümmern. Da nicht mehr mit der Solidarität der Gruppen gerechnet werden konnte, war Sicherheit nur durch die Anhäufung von Eigentum zu erlangen. Zugleich erhöhte sich dadurch die soziale Macht, Verträge zum eigenen Vorteil abzuschließen und die Länge des Arbeitstages, das Arbeitstempo und das Entgelt für die eingestellten Arbeiter zu bestimmen.

Privateigentum war von Anfang an ein großes Ärgernis, weil es im Widerspruch mit dem menschlichen Grundbedürfnis nach sozialer Unabhängigkeit steht. Jahrtausendelang war es selbstverständlich,

5   Das Wort privat leitet sich vom lateinischen Verb privare ab, das rauben, andere vom Gebrauch ausschließen bedeutet.

dass sich jeder gesunde Erwachsene um seinen Lebensunterhalt selbst sorgt. In agrarischen Gesellschaften ist der Besitz von Grund und Boden die zentrale Voraussetzung für soziale Selbstständigkeit. Ohne Grund und Boden gab es kein Überleben. Sein Verlust kam einer Existenzvernichtung gleich. Deshalb haben die Menschen stets für ihre Selbstständigkeit gekämpft. An dem starken Verlangen von kleinen Kindern, alles allein zu machen, ist abzulesen, wie stark dieses Grundbedürfnis ist. Der Verlust der selbständigen Lebensführung wird als emotionale Verletzung erfahren. Lange Zeit wurde Abhängigkeit als Schande empfunden.

Das Privateigentum wurde in der Phase seiner Etablierung noch heftig bekämpft. So hatte z. B. Jesus das Eigentum heftig kritisiert. Der heftige Widerstand derjenigen, die ihren Besitz an Grund und Boden verloren hatten, wurde mit äußerster Gewalt niedergeschlagen. Das Privateigentum wurde mit drakonischen Strafen für Diebstahl (Tod, körperliche Verstümmelung, Verbannung u. Ä.) durchgesetzt. Das Privateigentum hat allmählich das Bedürfnis nach sozialer Selbstständigkeit untergraben und schließlich ganz zerstört, so dass ihr Verlust gar nicht mehr gespürt wird.

Daraus folgt, dass im Privateigentum eine destruktive Kraft angelegt ist, die einen zunehmenden Anteil der Menschen in soziale Abhängigkeit zwingt. Es verschafft soziale Macht, die Bedingungen der Arbeit zu bestimmen und mit Gewalt durchzusetzen. Privateigentum begründet so soziale Herrschaft. Da sich Herrschaft nur mit Gewalt behaupten kann, hat Privateigentum Gewalt allgegenwärtig gemacht.

Der Eigentumsgedanke drang zusammen mit der mit ihm verbundenen Gewalt in alle sozialen Beziehungen ein. So hat sich die patriarchalische Ordnung der Familie parallel mit der Durchsetzung des Privateigentums entwickelt. Ehefrauen und Kinder wurden genauso wie das Vieh und die Sklaven als Eigentum betrachtet, über die der Familienvorstand absolut verfügen kann.

Warum haben die Menschen den Verlust ihrer Selbstständigkeit nicht abgewehrt? Von den Stammesgesellschaften wird berichtet, dass sie sehr erfolgreich verhindert haben, dass einzelne Menschen dauerhaft Dominanzpositionen einnehmen und andere parasitär ausnutzen. Autoritätspositionen wurden nur temporär verliehen und wieder zurückgenommen, wenn sie nicht mehr benötigt wurden. In den Stammesgesellschaften war die Arbeit so organisiert, dass jede Familie selbständig und kooperativ für ihren Lebensunterhalt sorgte. Jeder gestaltete die Arbeit so, wie es seinen körperlichen Fähigkeiten entsprach und wie es von der Tradition vorgegeben wurde. Niemand erteilte Vorschriften, wie man arbeiten soll. Niemand musste für andere arbeiten. Die Kooperation wurde so gestaltet, dass möglichst wenig Spannungen und Konflikte entstehen. Deshalb verfügte jedes Stammesmitglied über eine große Selbstwirksamkeit und hatte ein großes Interesse daran, dass der eigene Handlungsspielraum nicht durch andere eingeschränkt wird.

Zu Beginn der Etablierung von Privateigentum wurde sicherlich ein gewisses Maß an Ungleichheit hingenommen, solange die eigene soziale Selbständigkeit gewahrt blieb. Als aber das Eigentum vom Staat institutionalisiert wurde, war der Prozess der Eigentumskonzentration schon weit vorangeschritten. Jeder Widerstand gegen die neue Eigentumsordnung wurde vom Staat mit seiner militärischen Übermacht niedergeschlagen. Die Menschen gerieten ahnungslos in die Falle des Eigentums. Nachdem seit zwei Jahrhunderten das Eigentum als Grundrecht in viele staatliche Verfassungen aufgenommen wurde, ist es gleichsam sakrosankt geworden und scheinen Alternativen zu der gegenwärtigen Form des Eigentums undenkbar geworden zu sein.

Staat und große Eigentümer sind von Anfang an eine stillschweigende Allianz eingegangen. Aufgrund der Machtasymmetrie zwischen der Allianz von Staat und Eigentümern auf der einen Seite und der eigentumslosen Bevölkerung auf der anderen Seite gelang es der sozialen Herrschaft, sich dauerhaft zu etablieren. Im Verlauf der Geschichte wurde die soziale und politische Herrschaft immer unpersönlicher und stabiler, da die Machtausübung an Institutionen der Bürokratie, der Polizei und der Justiz übertragen wurde.

Die Allianz der großen Eigentümer mit dem politischen Herrscher führte zu einer zunehmenden Vermögensungleichheit und damit zu sozialen Spannungen innerhalb der Gruppe der Eigentümer. Alle historischen Regierungsreformen waren Versuche, die kleinen Eigentümer mit Zugeständnissen ruhig zu stellen, ohne dass sich etwas an der Grundordnung änderte. So war z. B. die Einführung der demokratischen Verfassung im antiken Griechenland ein Versuch, die Unzufriedenheit der kleinen Eigentümer dadurch einzudämmen, dass sie in das Regierungshandeln einbezogen wurden.[6] Dadurch blieben aber die Lebensbedingungen der eigentumslosen Bevölkerungsmehrheit unverändert.

Normalerweise wird die Stabilität der sozialen Herrschaft damit erklärt, dass die Könige im Auftrag der Götter handeln oder sogar Verkörperungen der Götter seien. Widerstand gegen soziale Herrschaft wurde als Kritik an der kosmischen Ordnung betrachtet und entsprechend geahndet. Solche Erzählungen bewirkten ohne Zweifel, dass die Herrschaft von der breiten Bevölkerung zähneknirschend akzeptiert wurde, solange sie nicht an Hunger litt. Aber ohne die Akzeptanz von den großen Eigentümern hätte sich kein Herrscher dauerhaft behaupten können.

Die neue destruktive soziale Ordnung stand unter einem gewaltigen Rechtfertigungsdruck. Es ist deshalb kein Wunder, dass neue Weltanschauungen entstanden, die ein baldiges Ende des Elends versprachen. Aber diese Erzählungen konnten nichts daran verändern, dass Widerstand stets nur dazu geführt hat, die Machtposition der Eigentümer durch bessere Militärtechnik und Institutionen zu befestigen wurde. So wurde z. B. das rebellische frühe Christentum im römischen Reich zu einer staatstragenden Institution umgewandelt, indem die religiösen Führer in den staatlichen Machtapparat integriert wurden.

War das Privateigentum wirklich die zentrale Ursache für die soziale Fehlentwicklung, in die die Menschheit hineingeraten ist? Da in

---

6 Vgl. Mausfeld.

der Gegenwart fast alle sozialen Probleme mit der rasant wachsenden Ungleichverteilung von Einkommen und Vermögen zusammenhängen, scheint die These plausibel zu sein. Die früher vorherrschende Erklärung, dass die sozialen Probleme auf politische Herrschaft zurückzuführen seien, muss auf jeden Fall relativiert werden. Privateigentum und politische Herrschaft haben sich wechselseitig verstärkt. Die Traumatisierungen sind offensichtlich erst entstanden, als exklusives Eigentum aufgehäuft wurde. Deshalb muss die These intensiv geprüft werden.

Es ist keineswegs im Privateigentum als solchem angelegt, dass es soziale Abhängigkeit erzwingt. Privateigentum besteht aus einem Satz von Regeln, wie die kollektiv erzeugten Güter verteilt werden. In den agrarischen Gesellschaften beanspruchte politische Herrschaft, die Regeln allein zu bestimmen, da ihre Macht auf dem Besitz von Grund und Boden basierte und mit der uneingeschränkten Verfügungsgewalt über die Erträge maximiert werden konnte. In den seit ca. 200 Jahren existierenden industriellen Gesellschaften hat sich die große Bedeutung von Grund und Boden für die politische Herrschaft und die soziale Identität völlig aufgelöst. Die gegenwärtigen sozialen Probleme ergeben sich daraus, dass die unter agrarischen Lebensbedingungen entstandenen Regeln der exklusiven Nutzung des Eigentums nicht korrigiert und an die neuen Lebensbedingungen angepasst wurden.

2.2. Herrschaft macht Stress

»Kein Mensch ist gut genug, einen anderen Menschen ohne seine Zustimmung zu regieren.« (Abraham Lincoln)

Wie oben bereits erwähnt wurde, bedeutet die Vertreibung aus dem Paradies, dass Gewalt in alle soziale Beziehungen eindrang. Das Privateigentum hatte von Anfang an die Gesellschaft in Reiche und Arme, in Mächtige und Ohnmächtige gespalten. Die Armen hatten Angst, zu verhungern oder Verletzungen zu erleiden, und die Reichen hatten Angst, ihre Privilegien wieder zu verlieren. Beide Seiten mussten Gewalt einsetzen, um sich zu behaupten. Chronische Angst wurde zum Grundelement der sozialen Beziehungen.

Die von sozialer Herrschaft geprägten Lebensbedingungen unterschieden sich gewaltig von den früheren Verhältnissen. Das Merkmal, dass früher das Zusammenleben der Menschen prägte, war die Gemeinsamkeit des Handelns. Man nahm gemeinsam die Mahlzeiten ein, die Väter beteiligten sich an der Erziehung der Kinder. Die Männer gingen gemeinsam auf die Jagd und teilten die Beute mit der ganzen Gruppe. Die Herstellung von Tempeln, Wohnhäusern und Geräten war regelmäßig ein Gemeinschaftswerk. Auch die religiösen Rituale wurden gemeinsam ausgeübt. Michael Tomasello weist in seinen Büchern immer wieder darauf hin, dass das gemeinsame Handeln das zentrale Merkmal ist, das die Menschen von den Menschenaffen unterscheidet.

Aus dem gemeinsamen Handeln ergeben sich zwangsläufig bestimmte Anforderungen an das Verhalten des Einzelnen, die über die individuelle Motivation, die jeder als Erbe aus der Welt der Menschenaffen mitbringt, hinausgehen. Damit das Zusammenleben reibungslos funktioniert, muss gelernt werden, die individuelle Motivation gegenüber den Anforderungen des Zusammenlebens zurückstellen zu können. Wenn die Nahrungsmittel knapp sind, müssen die eigenen Bedürfnisse zu Gunsten der anderen eingeschränkt werden. Man muss auf die Gesten und Botschaften der anderen achten und sie bei seinem eigenen Handeln berücksichtigten. Das Zusammenleben erfordert Ehrlichkeit, Fairness und Hilfsbereitschaft. Jeder verpflichtet sich implizit, die Normen einzuhalten, auch wenn sie gelegentlich den individuellen Motiven widersprechen. Jeder verpflichtet sich auch dazu, darauf zu achten, dass die anderen diese Normen einhalten, und sie ggf. zu ermahnen und das richtige Verhalten einzufordern. Vor allem muss jeder die Chance habe, alle seine Fähigkeiten zu entwickeln, die für das Überleben der Gruppe wesentlich sind. Deshalb verbietet es sich, die Entwicklung einzelner durch Gewalt oder Misshandlungen zu behindern. Es muss das richtige Verhältnis zwischen Kritikfähigkeit und Konformität mit der Gruppe gefunden

werden, da die Gruppe auf das Engagement jedes Einzelnen angewiesen ist.

Aus dem gemeinsamen Handeln ist praktisch ein neuer Steue-
rungsmechanismus für die Regulation des Zusammenlebens entstanden. Es wird gelernt, bei jeder einzelnen Handlung auch die Bedürfnisse der anderen Gruppenmitglieder zu beachten. Die individuelle
Motivation der Menschenaffen wird in eine kollektive Motivation
umgebaut. Es wird ganz selbstverständlich, dass das Handeln von
den gemeinsamen Normen der Gruppe mitbestimmt wird. In Grenz-
fällen der Not und Angst kann es zu einem Konflikt der kollektiven
Motivation mit der individuellen kommen, aber im Normalfall reguliert sich das Handeln gemäß den Gruppennormen.

Die Kooperation funktioniert nach den Prinzipien der Freiwillig-
keit und Einsicht. Die Beteiligten wissen, dass es zu ihrem Vorteil
ist, die anderen zu respektieren und sie nicht zu übervorteilen oder
auszunutzen. Dieses Prinzip wird durch die soziale Herrschaft aufgehoben, die mit dem Privateigentum in die Welt kam. Herrschaft verlangt eine Steuerung von oben mit Befehlen, die Gehorsam und Unterwerfung verlangen. An die Stelle der traditionellen horizontalen
Kooperation tritt die vertikale Kooperation. Die Vorteile der horizontalen Kooperation, dass jeder am Gelingen der Kooperation engagiert
ist und alle Beteiligten respektiert werden, gehen verloren. Da die
vertikale Kooperation primär auf der Kontrolle von oben nach unten
basiert, wird der Lerneffekt, der mit jeder Kooperation verbunden
sein kann, zerstört. Es findet keine Rückkopplung mehr statt, die für
die traditionelle Kooperation prägend war. Wer Befehle ausführt, ist
nicht mehr an der Verbesserung der Kooperation interessiert. Die
Identifikation mit den gemeinsamen Zielen, die der freiwilligen Kooperation zugrunde liegen, zerfällt. Die Kooperation wird steril. Erst
in der vertikalen Kooperation kommt es zum Konformismus, der
häufig fälschlicherweise der traditionellen Kooperation vorgeworfen
wird. Die Einzelnen fixieren sich primär auf ihre individuellen Motive. Es geht die Gemeinsamkeit verloren, die eigentlich das Mensch-
sein ausmacht.

Es ist ein Paradox, dass die stürmische kulturelle Dynamik erst mit der vertikalen Kooperation eingesetzt hat, während in den Zeiten der horizontalen Kooperation die kulturelle Entwicklung nur sehr langsam voranschritt. Die stürmische kulturelle Entwicklung setzte praktisch erst mit der Etablierung von Privateigentum und Herrschaft ein. Das liegt zweifellos daran, dass die herrschenden Gruppen ein starkes Interesse daran hatten, die technischen Möglichkeiten auszuschöpfen, die mit der Metallverarbeitung für die Herstellung besserer Waffen entstanden sind. Die kulturelle Entwicklung fand praktisch primär in der herrschenden Gruppe statt. An der Armut der breiten Bevölkerung hatte sich bis zu Beginn der Neuzeit und der industriellen Revolution nichts geändert.

Mit der sozialen Herrschaft sind zahlreiche Bedrohungen hinzugekommen, die früher unbekannt waren: arbeitslos zu werden und die eigene Familie nicht mehr versorgen zu können; versklavt zu werden; die selbständige Existenz zu verlieren, weil man einen Kredit wegen Ernteausfall nicht zurückzahlen kann; seine Kinder zu verlieren, weil sie als Pfand für einen Kredit eingesetzt wurden; mehr arbeiten zu müssen, als es die eigenen Kräfte zulassen; unter Bedingungen arbeiten zu müssen, die langweilig, gefährlich oder gesundheitsschädigend sind; harte Strafen bei unbeabsichtigten Vergehen; und vieles mehr. Die Art der Bedrohungen hat sich historisch immer wieder verändert. Insgesamt ist festzustellen, dass das Angstniveau im Laufe der Geschichte angestiegen ist, da die soziale Abhängigkeit immer mehr zugenommen hat. Gegenwärtig ist jeder in unterschiedlichem Maße von den Wechselfällen des Marktes abhängig und von jederzeitiger Arbeitslosigkeit oder Statusverlust betroffen.

Da die Bedrohungen nicht nur kurzzeitig auftreten und die Menschen ihnen hilflos ausgeliefert sind, sind viele Menschen chronischem Stress ausgesetzt mit der Folge größerer Krankheitsanfälligkeit und schlechterem Gesundheitszustand. Das Ohnmachtsgefühl führte zu einer tiefen Unzufriedenheit und zur Bereitschaft, sich rebellischen Gruppen anzuschließen, die die Eigentumsordnung bekämpfen.

Die eingeschränkte Handlungsfähigkeit der Mehrheit der Bevölkerung führte langfristig zur Unfähigkeit, Verantwortung für sich
und für die Gemeinschaft zu übernehmen. Es entstand die Neigung,
die geschwächte Handlungsmacht mit der blinden Bindung an Autoritätspersonen zu kompensieren in der irren Annahme, dadurch das
Verlorene wiederzuerlangen. Paradoxerweise haben dadurch die Beherrschten ihren Herrscher so etwas wie Allmacht verliehen. Totale
Ohnmacht ermöglicht totale Macht. Diese Psychodynamik ist ein Er-
klärungsansatz für die barbarischen Untaten in der Geschichte der
letzten 2000 Jahre (Völkermord, Vertreibung, Konzentrationslager
u. a.).

Ohnmacht wurde zum Normalzustand und kaum noch gespürt.
Die verbliebene Handlungsfähigkeit reichte aus, um den Alltag zu
bewältigen. Die Ohnmächtigen neigen dazu, ihre Ohnmachtserfah-
rung unbewusst bei den noch Schwächeren zu kompensieren, so dass
die Benachteiligten oft doppelt leiden müssen. Auch die Herrscher
leiden unter der Gewalt. Denn Gewalt verlangt ein hohes Maß an
Gleichgültigkeit gegenüber den Schmerzen der Beherrschten und Re-
spektlosigkeit gegenüber deren Bedürfnissen. Allerdings wird dies
selten als Leiden wahrgenommen, sondern drückt sich nur in einem
diffusen Unbehagen und in Angst vor anderen Menschen aus. Da sowohl die Beherrschten als auch die Herrscher Opfer von emotionalen
Verletzungen werden, ist soziale Herrschaft eine Quelle von psychischen Traumata.

Der chronische Stress führte auch dazu, dass die privaten Beziehungen innerhalb der Familie vergiftet werden. Die frühere Gleich-
rangigkeit der beiden Geschlechter wurde durch die patriarchale Unterordnung der Frauen aufgelöst. Die Frauen wurden de facto ent-
mündigt. Gewalt gegen Frauen und Kinder gehört seitdem zur Tages-
ordnung.

Besonders verhängnisvoll war, dass die Gewalt auch in die Kindererziehung eingedrungen ist. In den Stammesgesellschaften wurden die Kinder wie kleine Erwachsene respektiert. Sie wuchsen weitgehend ohne Angst und Gängelung auf. Ihr Drang nach Selbststän-

digkeit wurde akzeptiert. In der Eigentumsordnung verlangten Eltern nun von den Kindern Gehorsam, Unterwerfung und Triebunterdrückung, praktisch alles, was auch von ihnen verlangt wurde und was sie nur mit Schmerzen leisten konnten. Sie neigen deshalb dazu, das Mittel der Strafe, womit sie selbst zur Anpassung gezwungen wurden, auch gegenüber ihren Kindern anzuwenden. Die starken Impulse der Kinder nach Selbstständigkeit stellen im Grunde eine Bedrohung dar, weil sie an die eigenen Verletzungen erinnern. Es fällt Eltern mit geschwächter Handlungsfähigkeit schwer, selbstbewusste Kinder zu ertragen. Mit Strafen und Demütigungen werden unbewusst unmündige Kinder herangezogen, um sich selbst zu schützen. Die durch die soziale Herrschaft hervorgerufene Gewalt wurde so ungewollt an die nächste Generation weitergegeben.

Da lange Zeit Männer zum Kriegsdienst gezwungen werden, wurde in der Kindererziehung großer Wert auf Gehorsam und Härte gegen sich selbst gelegt. Unbewusst wurde die Erfahrung umgesetzt, dass Menschen eher zur Anwendung von Gewalt bereit sind, wenn sie selbst in der Kindheit Gewalt erfahren haben.

Vor allem trug das neu entstandene Menschenbild der Freiheit und Vernunft dazu bei, die neuen Verhältnisse zu akzeptieren. Die Vernunft wurde wie ein innerer Herrscher betrachtet. Demnach verstand sich jeder als ein Herrscher, der sich selbst regiert. Dieses Verständnis ergab sich aus der Erfahrung, dass beim Handeln bewusste Absichten ausgeführt werden, mit bewussten rationalen Überlegungen Ziele ausgewählt werden und bestimmte Begierden unterdrückt werden müssen. Die Absicht und das Ziel wurden als etwas Geistiges verstanden, da sie selbst ausgewählt wurden.

Die Theorie, dass sich in der Neuzeit eine positiv zu bewertende Individualisierung durchgesetzt hat, erweist sich als eine fragwürdige Erzählung. Unter Individualisierung wird verstanden, dass der Einzelne aus dem engen Korsett früherer Reglementierungen befreit wird. Aber die Kehrseite des größeren Entscheidungsspielraums ist ein hohes Maß an Angst, dem jeder Einzelne ausgesetzt ist. Die Angst resultiert aus dem Zusammenbruch der solidarischen Stammesgesellschaft, die dem Einzelnen Zugehörigkeit, Eingebundenheit, Sicherheit und absolute Akzeptanz gewährt hatte. Jeder muss jetzt versuchen, die tiefe Existenzunsicherheit mit der Fixierung auf Macht, Status, Geld oder Anerkennung zu kompensieren, ohne dass die zugrunde liegende Angst je beseitigt werden kann. Bei der Individualisierung überwiegen ohne Zweifel die negativen Folgewirkungen die positiven Aspekte. Die Individualisierung ist primär ein Abwehrmechanismus, um in einer feindlichen, von Herrschaft geprägten Umwelt zu überleben. Sicherheit gibt es nur in der freiwilligen gemeinschaftlichen Kooperation.

2.3. Emotionale Verletzungen

*»Die Welt wird nicht bedroht von den Menschen, die **böse** sind, sondern von denen, die das **Böse** zulassen.« (Albert Einstein)*

Die zerstörerische Wirkung von Gewalt wurde lange Zeit von der Psychologie systematisch unterschätzt.[7] Erst die Psychoanalyse hat auf ihre krankmachende Wirkung aufmerksam gemacht. Allmählich wird erkannt, dass die meisten psychischen Störungen die Folge von Gewalteinwirkungen sind. Die gravierenden Spätfolgen des Vietnamkrieges haben das Problem der emotionalen Verletzung in den Fokus der Psychologie gerückt und veranlasst, den Begriff des Traumas einzuführen. Es wird immer mehr erkannt, dass auch Ablehnungen, Vernachlässigungen, Demütigungen oder ein Mangel an Zuwendung Gewalt darstellen.

Der Begriff des Traumas wurde ursprünglich eingeführt, um damit auf die langanhaltenden psychischen Störungen durch Gewalteinwirkungen im Krieg, bei sexueller Vergewaltigung, Naturkatastrophen, der Erfahrung von Gewalt in der Familie, körperlicher Missbrauch oder bei Überfällen u. a. hinzuweisen. Die altgriechische Wurzel des Begriffs bezog sich auf körperliche Wunden. In der Psychologie sollte mit dem Traumabegriff hervorgehoben werden,

---

7   Vgl. Seidler, S. 56.

dass emotionale Verletzungen genauso zerstörend und folgenreich wie körperliche Verletzungen sein können.

Es macht aber wenig Sinn, den Begriff des Traumas ausschließlich für schwere emotionale Verletzungen zu reservieren, wie es viele Traumapsychotherapeuten fordern. Es gibt eine große Bandbreite von emotionalen Verletzungen mit unterschiedlicher Stärke, ohne dass eine klare Grenze zwischen leichten und schweren Verletzungen gezogen werden kann. Auch leichte emotionale Verletzungen können langfristige Folgen für das Verhalten haben, vor allem wenn sie wiederholt geschehen. Sie können zur Folge haben, dass man immer wieder aus dem psychischen Gleichgewicht gerät, wenn man mit Situationen konfrontiert wird, die der ursprünglichen Verletzungssituation ähnlich sind.

Analog zu den körperlichen Verletzungen, bei denen biologische Strukturen zerstört werden, finden auch bei emotionalen Verletzungen Zerstörungen statt. Es geht das Vertrauen verloren, die eigenen Probleme aus eigener Kraft bewältigen zu können. Die dabei empfundenen Gefühle der Ohnmacht und Hilflosigkeit sind sehr schmerzhaft. Es schmerzt, dass man sich gegenüber dem gewaltsamen Eingriff, der das Bedürfnis nach Integrität und Schutz verletzt hat, nicht zur Wehr setzen konnte. Man leidet daran, dass die Situation nicht kontrolliert werden konnte und die Fähigkeit fehlt, sich für seine Bedürfnisse einzusetzen. Es geht das Vertrauen verloren, seine eigenen Probleme aus eigener Kraft bewältigen zu können. Jede Erfahrung, dass die eigene Handlungsfähigkeit mangelhaft **ist**, wird als bedrohlich erlebt, weil man dann nicht mehr vor weiteren Verletzungen geschützt ist.

Nach meiner Auffassung liegen emotionale Traumata immer dann vor, wenn die emotionalen Verletzungen nicht gleich restlos ausheilen, sondern Reaktionsgewohnheiten aufgebaut werden, die das weitere Leben beeinträchtigen. Man leidet unter ihnen, weil sie das Zusammenleben mit anderen Menschen stören und unglücklich machen. Alle emotionalen Traumata hinterlassen Narben, die die Funktionsfähigkeit des Organismus stören. Traumata bewirken einen

Umbau der Psyche, um mit der Angst leben zu können.

Allen Traumata ist gemeinsam, dass die Art und Weise, wie auf Verletzungen reagiert wird, automatisch erfolgt. Jeder natürliche Organismus entwickelt Strategien, wie mit Notlagen, in denen die Bedürfnisse nicht ausreichend erfüllt werden, umgegangen werden kann. So werden bei körperlichen Verletzungen automatisch die Mechanismen der Blutgerinnung und Wundheilung aktiviert. Analog dazu greift der Organismus bei emotionalen Verletzungen auf die Strategien der Sucht, der Leugnung, Abspaltung, der Aggressivität, des Egoismus, des Rückzugs u. Ä. zurück. Der Organismus entscheidet automatisch, welche der zahlreichen Strategien in bestimmten Notlagen eingesetzt werden. Deshalb entsteht der Eindruck, dass man von den Traumata überwältigt wird.

Für leichtere emotionale Verletzungen wird in der Psychologie oft der Begriff der psychischen Störung verwendet. Er wird aber dem psychischen Prozess, der durch die Gewalteinwirkung hervorgerufen wird, nicht gerecht. Da jede psychische Auffälligkeit auf ein gestörtes Verhältnis zur Umwelt zurückzuführen ist, sollte der Begriff der emotionalen Verletzung bevorzugt werden, da er hervorhebt, dass Gewalt von außen auf den Organismus einwirkt und zerstörend in die Struktur der Emotionen eingreift.

Wie die Psychoanalyse lehrt, sind die emotionalen Verletzungen der Kindheit nur sehr mühsam zu korrigieren, da sich die jahrelang eingeübten Verhaltensweisen zu Gewohnheiten verfestigen und im Körper ablagern. Die individuellen Verhaltensgewohnheiten fühlen sich als normal an, so dass meistens gar kein Motiv besteht, etwas daran zu verändern.

Die emotionalen Verletzungen wurden wahrscheinlich von den Psychologen lange Zeit nicht als ein Problem erkannt, da das Nachdenken über die inneren Prozesse des Fühlens, Wollens, Entscheidens und Bewertens die gleichen Probleme aufwirft, mit denen sich die Philosophie jahrhundertelang herumgeschlagen hat. Beim Blick nach innen sind nur unklare Impulse, Stimmungen, Verspannungen u. a. wahrzunehmen. Die inneren Zustände haben nicht die geringste

Ähnlichkeit mit der Beschaffenheit der äußeren Objekte, die mit den Sinnesorganen erfasst werden können. Ihnen fehlt jede mit den äußeren Objekten vergleichbare Struktur. Deshalb fällt es sehr schwer, für die inneren Prozesse treffende Begriffe zu finden. Alle psychologischen Begriffe sind willkürliche Notbehelfe. Allzu leicht verführen sie dazu anzunehmen, dass ihnen identifizierbare Objekte zugrunde liegen. Es darf nicht vergessen werden, dass die abstrakten Begriffe nur für die Kommunikation entwickelt wurden, um anderen Hinweise zu geben, in welchem Zustand man sich gerade befindet. Aber für die Analyse der psychischen Innenwelt sind sie wenig geeignet.

Die Besonderheit der psychischen Prozesse besteht darin, dass sie nicht von vornherein gegeben sind, sondern erlernt werden müssen. Es ist wie beim Hunger: Zunächst wird nur ein unspezifischer Spannungszustand im Bauch gespürt. Es muss gelernt werden, mit welchen konkreten Aktivitäten das Mangelgefühl beseitigt werden kann. Sobald ein festes Reaktionsmuster gelernt wurde, wird die Aktivität sofort ausgelöst, wenn ein Spannungszustand im Bauch registriert wird. Nach diesem Muster entstehen vermutlich auch die psychischen Reaktionsmuster. Für innere Zustände, die z. B. als Bedrohung empfunden werden, müssen konkrete Reaktionsweisen entwickelt werden. Es muss gelernt werden, die verschiedenen Formen der Bedrohung – Entzug von Nahrung, Verlassenwerden, Nichtbeachtetwerden, Entzug von Zuwendung, körperliche Verletzung, Kälte u. a. – zu unterscheiden und dafür jeweils angepasste Reaktionsweisen auszubilden. Auch für die zunächst unspezifischen Bedürfnisse nach Nähe, Kontakt, Wissen, Sicherheit u. a. müssen konkrete Verhaltensweisen entwickelt werden.

Der Organismus fühlt sich wohl, wenn er für alle zwischenmenschlichen Ereignisse passende Reaktionsweisen besitzt. Was als Charakter bezeichnet wird, ist im Grunde nichts anderes als die Summe der individuellen emotionalen Reaktionsweisen. Da alle Reaktionsweisen als Gewohnheiten ausgebildet werden, wenn sie sich bewähren, stellen die Gewohnheiten sozusagen das Rückgrat der individuellen Identität dar. In der Regel identifiziert man sich so sehr mit ihnen, dass nicht bemerkt wird, dass es sich um gelernte Gewohnheiten handelt.

Im Laufe der Zeit werden für die verschiedenen psychischen Aktivitäten die Wörter gelernt, die von den Erwachsenen dafür verwendet werden. Der Lernprozess wird allerdings dadurch erschwert, dass die psychischen Begriffe auch gelernt werden können, wenn die entsprechenden Fähigkeiten noch gar nicht ausgebildet wurden, nur schwach ausgeprägt sind oder wieder verlernt wurden. So ist es z. B. schwierig, mit dem Begriff Neid richtig umzugehen, wenn man die entsprechende Reaktionsweise nicht gelernt hat, weil man keinen Anlass hatte, sie auszubilden. Oder es wird in einer bestimmten Situation überhaupt keine Freude oder Dankbarkeit gespürt, obwohl die anderen diese Gefühle erwarten. Die psychischen Begriffe lassen allzu leicht den Eindruck entstehen, dass die ihnen entsprechenden Fähigkeiten verfügbar sind bzw. ohne weiteres erlernt werden können, wenn man ihren Mangel feststellt. Dies ist ein Irrtum, da sich alle psychischen Fähigkeiten spontan in Reaktion auf konkrete Erfahrungen bilden.

Zum Verständnis der emotionalen Verletzungen sollen im Folgenden die Mechanismen dargestellt werden, wie soziale Herrschaft in jede individuelle Psyche eindringt und sie verändert.

2.4. Dominanz der Ersatzgefühle

»Wenn ein Kind angefeindet wird, lernt es zu kämpfen. Wenn ein Kind gerecht behandelt wird, lernt es, gerecht zu sein.« (Tibet)

Kleine Kinder haben einen starken Drang, alles alleine machen zu wollen und wehren sich gegen jede Hilfestellung beim Laufen, Balancieren, Klettern, Erkunden der Umwelt u. a. Sie haben den starken Wunsch, sich so früh wie möglich aus der Abhängigkeit von den Erwachsenen zu befreien und orientieren sich dabei an ihren Bedürfnissen und Impulsen. Sie empören sich gegen ungerechte Verteilung und fordern faire Behandlung und faires Teilen ein. Hindernisse werden als Aufforderungen begriffen, das Lernen zu intensivieren. Auf die Schmerzen und Not anderer Kinder reagieren sie mit Empathie und Hilfsbereitschaft. Mit anderen Worten: sie haben das Grundbedürfnis nach einer selbstgesteuerten Entwicklung.

Kinder reagieren äußerst empfindlich auf Verletzungen ihrer Grundbedürfnisse. Strafe, Kritik, Beschimpfung, Ablehnung, Bevormundung, Desinteresse, Belohnung, Verlassenheit, Liebesentzug, Entmutigung, Demütigung, Vernachlässigung u. a. erleben Kinder so, dass ihre Bedürfnisse nicht ernst genommen werden. Als Gegenreaktion wird Wut ausgelöst. Wenn aber die wütenden Versuche, sich für die eigenen Bedürfnisse einzusetzen, erfolglos sind und sogar bestraft werden, wird das Vertrauen erschüttert, Hilfe zu bekommen, wenn sie gebraucht wird. Es ist deshalb für die Entwicklung von Kindern verhängnisvoll, wenn Eltern ihnen ihren Willen aufzwingen. Genauso schlimm ist es, wenn die Bedürfnisse der Kinder ignoriert oder Kinder überfürsorglich behandelt werden.

Jede emotionale Verletzung löst die Angst aus, nicht geliebt oder sogar verlassen zu werden. Nichts ist kleinen Kindern wichtiger, als sich der Zuwendung und Hilfe ihrer Eltern sicher zu sein. Die Angst ist ein wichtiger Ratgeber. Was muss getan werden, damit sich die Angst nicht wiederholt? Das können folgende Verhaltensweisen sein: bestimmte Situationen vermeiden, sich anpassen oder unterwerfen, sich ganz aus dem Kontakt zurückziehen, rebellieren u. a. Aus der Verletzung der Grundbedürfnisse nach Zuwendung, Fürsorge, Fairness und Autonomie entstehen so Verhaltensweisen, die in der Kindheit nützlich waren, aber im Erwachsenenleben zu zwischenmenschlichen Störungen führen können. Vielfach sind sie auch im Erwachsenenleben nützlich, da sie die Anpassung an gewaltförmige Beziehungen erleichtern.

Wenn kleine Kinder über längere Zeit unter einem Mangel an Zuwendung und Liebe leiden, verlieren sie die Kraft, mit Wut dafür zu kämpfen. Sie finden sich mit dem Mangel ab. Zum Ausgleich werden sie ihre Eltern mit widerspenstigem Verhalten ärgern oder sich zurückziehen. Sie fühlen sich häufig beleidigt. Es können auch Perfektionismus, Narzissmus, Egoismus oder Feindseligkeit entstehen.

Wenn das Grundbedürfnis nach Zuwendung versagt bleibt, entstehen Gewohnheiten, die häufig als negativ bezeichnet werden, weil sie ihrerseits emotionale Verletzungen bei anderen bewirken. Denn die Bedürfnisse nach Zuwendung, Bestätigung und Anerkennung werden indirekt entweder mithilfe von Gewalt, Provokation oder Manipulation oder mit Streben nach Erfolg, Ansehen und Macht eingefordert.

Wenn der Drang, die Wirklichkeit zu erforschen und kennenzulernen, immer wieder blockiert wird und nicht die Kompetenzen entwickelt werden können, die sie bei anderen Kindern beobachten, tendieren sie dazu, Neid zu entwickeln. Neid wird bei der Wahrnehmung geweckt, dass andere Menschen etwas besitzen oder können, das man auch gerne hätte oder könnte. Er ist mit dem Gefühl der Verachtung verbunden. Dies hat die Wirkung, dass das dem Neid zugrunde liegende Gefühl der Minderwertigkeit vorübergehend kompensiert und der Schmerz, nicht geliebt worden zu sein, verdrängt wird. Außerdem wird der Handlungsimpuls unterdrückt, sich direkt um die Erlangung von Zuwendung und Liebe zu bemühen.

Bei Erwachsenen lösen emotionale Verletzungen die gleichen Ängste wie bei Kindern aus. In der Regel haben sie längst Reaktionsgewohnheiten gelernt, wie sie mit den vielfältigen kleinen alltäglichen Verletzungen fertig werden können. Aber gegenüber schweren Verletzungen durch direkte Gewalteinwirkungen sind sie meistens nicht geschützt, so dass neue Abwehrmechanismen aufgebaut werden müssen. Dabei werden die gleichen Mechanismen der Vermeidung, der Verdrängung und des Rückzugs eingesetzt. Allerdings sind die Folgen für das Zusammenleben meistens gravierender.

Die Entstehung von Ersatzgefühlen und den damit verbundenen dysfunktionalen Verhaltensgewohnheiten findet auf der unbewussten Ebene statt. Kleine Kinder haben nicht die Kapazität, sich bewusst zu überlegen, wie erfahrene Defizite kompensiert werden könnten. Sie werden von der Angst überwältigt, die durch die Verletzung ihrer Bedürfnisse ausgelöst wird. So geht z. B. die Bindungstheorie von John Bowlby von der Erfahrung aus, dass Verletzungen von Bedürfnissen in der Kindheit zur Bildung von dauerhaften fehlangepassten

Verhaltensmustern führen. In der Bindungstheorie steht das Grundbedürfnis nach Liebe, Schutz und Fürsorge im Mittelpunkt. Das Kleinkind fühlt sich geborgen, wenn alle seine Impulse von der Mutter prompt, angemessen, zuverlässig und feinfühlig beantwortet werden. Es lernt Beziehungen zu anderen Menschen aufzubauen und die Umwelt zu erkunden. Jede Missachtung von Impulsen löst Angst aus und wird als Ablehnung erfahren. Wenn das Kleinkind den mütterlichen Schutz längere Zeit entbehren muss, wird **es** Verhaltensmuster entwickeln, die es vor der Angst vor Trennung schützen.[8] Diese Verhaltensmuster erstarren und führen im Erwachsenenalter zu unangemessenen Reaktionen. Ein Grundmuster ist z. B. die Vermeidung von Kontakten, die als bedrohlich erlebt werden. Alle Persönlichkeitsstörungen (asoziales Verhalten, Kontaktstörungen, Neigung zu kriminellen Handlungen, Gewalttätigkeit, Egoismus, sexuelles Fehlverhalten u. a.) werden auf frühe Entbehrungen der mütterlichen Fürsorge und Zuwendung und andere Traumatisierungen zurückgeführt.

Die Bindungstheorie geht davon aus, dass die Verhaltensmuster unterhalb der Schwelle der bewussten Wahrnehmung entstehen.[9] Sie werden in kritischen Entwicklungsphasen des ersten und zweiten Lebensjahres gebildet, in denen negative emotionale Erfahrungen tiefgreifende und lang anhaltende Wirkungen haben. Sie nehmen die Gestalt von starren Verhaltensgewohnheiten an, so dass die Fähigkeit verloren geht, sich flexibel an die Umwelt anzupassen. Angst führt dazu, dass die Korrekturfähigkeit der Verhaltensmuster verloren geht.

Es muss deshalb davon ausgegangen werden, dass die Verhaltensmuster in der frühen Kindheit völlig spontan entstehen und als Gewohnheiten auf Dauer gestellt werden. Dysfunktionale Verhaltensmuster stellen unbewusste Versuche dar, erfahrene Defizite zu verarbeiten. In der Kindheit stellen sie durchaus nützliche Verhaltensmuster dar, um sich mit Defiziten zu arrangieren. So kompensiert

8 Bowlby spricht nicht von Verhaltensmustern, sondern von internalen Arbeitsmodellen. Funktional sind beide Begriffe identisch.
9 Grossmann, S. 446.

z. B. aggressives Verhalten die Gefühle der Ohnmacht und Hilflosig-keit. Egozentrisches Verhalten wird gelernt, weil man nur so seine Interessen durchsetzen konnte. Aber im Erwachsenenalter erweisen sich solche Verhaltensgewohnheiten als dysfunktional und können nicht mehr ohne weiteres korrigiert werden. Sie erschweren es, weni-ger schädliche Verhaltensweisen dafür aufzubauen, dass Zuwendung und Akzeptanz u. a. erlangt werden.

Die bisher aufgeführten emotionalen Verletzungen haben schein-bar nichts mit Gewalt zu tun. Von Kleinkindern werden sie aber durchaus als gewaltsame Eingriffe erlebt, da sie am spontanen Aus-druck ihrer Gefühle und Verhaltensweisen behindert werden. Die Er-wachsenen nehmen die Gewalt nicht wahr, da es in autoritären Ge-sellschaften für selbstverständlich gehalten wird, dass Kinder mit körperlicher Strafe, Liebesentzug oder anderen Zurechtweisungen er-zogen werden müssen. Die Gewalt, die in der eigenen Kindheit er-fahren wurde, wird unbewusst in die Kindererziehung hineingetra-gen.

Wer immer wieder Gewalt erfährt, neigt dazu, Gewalt gegenüber anderen anzuwenden. Man handelt gewalttätig, weil gelernt wurde, auf diese Weise mit Kränkungen und Ablehnungen umzugehen. Wer viele Ängste erfahren hat, die er nicht bewältigen konnte, braucht Sündenböcke, die er für seine Ängste schuldig machen kann und an denen die Wut abreagiert werden kann. Auch erfahrene Rücksichts-losigkeit kann sich in verschiedene Formen der Gewalt umwandeln. Vernachlässigung und Überfürsorglichkeit schlagen sich ebenfalls in negativen Gewohnheiten nieder. Wer erfährt, dass er wie ein Objekt behandelt wird, lernt, andere genauso zu behandeln. Wenn Kinder von ihren Eltern als Partnerersatz missbraucht werden, verlernen sie es, auf ihre Bedürfnisse zu achten, und sie neigen dazu, die Grenzen anderer Menschen zu verletzen.

Wenn von Kindern von früh an bedingungsloser Gehorsam ge-genüber den Geboten der Eltern verlangt wird und die Beziehung durch wenig Liebe und Zuneigung geprägt ist, bleibt ihnen keine an-dere Wahl, als ihre Bedürfnisse zu verdrängen. Eine Folge der Missachtung ihrer Bedürfnisse kann die Entstehung eines autoritären Charakters sein, der sich durch uneingeschränkte Unterwerfung unter die Erwartungen von sozialen und politischen Autoritären auszeichnet. Es kann nicht gelernt werden, für seine eigenen Bedürfnisse zu sorgen. Die daraus folgende mangelhafte Selbstachtung muss durch die Anlehnung an Führerpersönlichkeiten kompensiert werden.

Als Reaktion auf emotionale Verletzungen entstehen Gefühle wie Rache, Gewalt, Aufsässigkeit, Feindseligkeit, Neid, Ressentiment und im Extrem sogar Resignation und sozialer Rückzug, die oben als Ersatzgefühle gekennzeichnet wurden, da sie die ursprünglichen Basisemotionen verdrängen. Alle Ersatzgefühle zeichnen sich dadurch aus, dass sie nicht mit Veränderungen im Gesichtsausdruck, in der Körperhaltung, in den körperlichen Empfindungen, in der Stimme u. a. verbunden sind. Ihnen fehlt der Handlungsimpuls, sich direkt für die eigenen Bedürfnisse einzusetzen. Statt zu handeln, werden Schuldvorwürfe, Beleidigungen und Anklagen an andere gerichtet.

Es ist für Ersatzgefühle charakteristisch, dass die Schuld für das eigene Leiden den Menschen zugeschoben wird, in dessen Gegenwart die emotionalen Verletzungen passiert sind. Die Ersatzgefühle lösen eine immer wiederkehrende gedankliche Beschäftigung mit der Verletzung aus. Hätte man die Verletzung vermeiden können? Warum hat mir niemand geholfen? Die Schuldvorwürfe werden häufig wiederholt und erneuert. Insgeheim wird erwartet, dass sich der Täter entschuldigt und sein Verhalten ändert. Oft kommt es auch zu Selbstkritik.

Die Ersatzgefühle sind auch regelmäßig mit typischen Sätzen verbunden, die häufig als Glaubenssätze bezeichnet werden, weil man von ihrer Richtigkeit absolut überzeugt ist. »Es ist nicht richtig, dass ich kritisiert werde!« »Man muss mich akzeptieren!« »Der ... muss sich bei mir entschuldigen!« »Ich bin nichts wert!« »Ich bin unfähig ...!« Jedes Mal, wenn ein Ersatzgefühl aktiviert wird, werden auch die Sätze rekapituliert.

Das Gemeinsame aller Ersatzgefühle besteht darin, dass infolge der Abhängigkeit von übermächtigen Eltern ein symbiotisches

Grundmuster im Verhältnis zu anderen Menschen aufgebaut wird. Da nicht gelernt wurde, sich für seine Bedürfnisse einzusetzen und für sich selbst zu sorgen, entstehen Gefühle der Hilflosigkeit, Minderwertigkeit und Unsicherheit. Man sucht Halt in den Erwartungen anderer, in Konventionen oder in allgemeinen moralischen Prinzipien und neigt dazu, sich von anderen Menschen abhängig zu machen oder sich Autoritäten zu unterwerfen. Anderen wird die Schuld dafür gegeben, dass es einem schlecht geht. Die Ersatzgefühle fixieren so ein infantiles symbiotisches Verhaltensmuster. Es kann nicht die Fähigkeit entwickelt werden, sich als Urheber der eigenen Gefühle zu akzeptieren. Ohne diese Fähigkeit ist es unmöglich, erwachsen zu werden. Erwachsensein heißt, sich für die eigenen Bedürfnisse einsetzen zu können.

Alle Ersatzgefühle gehen mit körperlichen Verspannungen einher. Denn die verletzten Gefühle können am besten mit muskulären Verspannungen kontrolliert werden. Dazu werden die Muskeln, die für ihren Ausdruck erforderlich sind, chronisch angespannt. Verspannte Muskeln hemmen den Atem und reduzieren damit die Lebendigkeit. Zusätzlich bringt das verspannte Zwerchfell den Körper aus dem Lot. Es wird aufwendig, das körperliche Gleichgewicht zu halten. Insofern ist die Redeweise, dass die Ersatzgefühle das seelische Gleichgewicht stören, mehr als eine Metapher.

Im Gegensatz zu den Basisgefühlen werden die Ersatzgefühle als störend erlebt. Man erlebt sich so, als würde man von fremden Kräften getrieben. Oft wird gesagt, dass man zum Sklaven seiner eigenen Bedürfnisse geworden sei, verhext sei oder dass man von inneren Kräften beherrscht werde, die sich hinter dem Rücken durchsetzen. Man fühlt sich als Opfer der eigenen Gefühle, die als fremde Kräfte erfahren werden. Man leidet unter ihnen, weil sie mit ihrer Tendenz zum Rückzug, zu aggressiver Verteidigung und zum Beleidigtsein keine harmonischen Beziehungen zulassen. Es geht das Gefühl verloren, ein aktiv bestimmender Akteur des eigenen Lebens zu sein.

Auch wenn die Ersatzgefühle als etwas Fremdes betrachtet werden, darf nicht übersehen werden, dass man sich – unbewusst – für

sie entschieden hat, um damit emotionale Verletzungen zu bewältigen. Der Organismus hat diese Gewohnheiten gewählt, um damit
ängstigende Situationen zu bearbeiten. Im Grunde sind alle Ersatzgefühle Selbstheilungsversuche, um übermäßige Belastungen durch die
soziale Umwelt abzuwehren und mit einem erlittenen Mangel zurechtzukommen.

An den Ersatzgefühlen zeigt sich, wie stark die Lebensumstände
in den Gefühlshaushalt eingreifen. Wenn Eltern die Bedürfnisse ihrer
Kinder nicht ernst nehmen, wird deren Entwicklung gestört, so dass
sich negative Verhaltensgewohnheiten entwickeln. Die emotionalen
Gewohnheiten werden quasi automatisch aktiviert, wenn Situationen
auftreten, die ihrer Lernsituation ähnlich sind. Sie fühlen sich völlig
natürlich an. Ihre Herkunft aus emotionalen Verletzungen wird vollständig vergessen. Das ist der Grund dafür, dass die Menschen kaum
ein Bewusstsein für ihre emotionalen Gewohnheitsmuster haben.

Die Ersatzgefühle haben weitreichende Folgen für das Verhalten,
da die daraus entstehenden Verhaltensgewohnheiten ein harmonisches Zusammenleben stören. Sie schränken die Empathie und Rücksichtnahme auf andere ein und fördern egozentrisches Verhalten. Es
wird nicht gelernt, sich selbst zu unterstützen und zu beruhigen, falls
man beim Handeln scheitert und in emotionale Unruhe gerät. Vor allem wird die Fähigkeit nicht gelernt, sich für die eigenen Bedürfnisse
einzusetzen. Die ursprünglichen Bedürfnisse werden so tief verdrängt, dass die Defizite nicht mehr bewusst sind. Was Friedrich
Nietzsche über das Ressentiment behauptet hatte, dass es die Seele
vergiftet, gilt für alle Ersatzgefühle.

Ersatzgefühle beschädigen vor allem die Basisemotion des Interesses und der Neugierde. Bei kleinen Kindern zeigt sich das Interesse
an einer lebhaften Hinwendung zu allen Dingen und anderen Menschen, um sie kennenzulernen und zu erfahren, wie sie für die eigenen Bedürfnisse genutzt werden können. Diese Bezogenheit wird
eingeschränkt, wenn sie immer wieder gestört oder sogar bestraft
wird. Auf die Dauer entstehen daraus Desinteresse, Langeweile und
Gleichgültigkeit.

Ersatzgefühle haben damit für den gesamten emotionalen Haushalt eine große Bedeutung. Im Gegensatz zu den Menschen, die von Basisemotionen geleitet werden, werden diejenigen, die von Ersatzgefühlen angetrieben werden, von Angst beherrscht. Angst schwächt die Fähigkeit, sich anderen Menschen zu öffnen, deren Bedürfnisse zu respektieren und die Dinge unvoreingenommen wahrzunehmen. Es entstehen Verhaltensweisen, die immer wieder zu Konflikten, Unzufriedenheit und Vermeidungsverhalten führen und damit die Beziehungen zu anderen Menschen belasten. Die Ersatzgefühle werden deshalb häufig als negativ abgewertet. Man kann sich nicht mit den eigenen Gefühlen identifizieren, weil sie zu einem Verhalten antreiben, das mit den ursprünglichen Gefühlen, die nach wie vor – allerdings geschwächt – lebendig sind, im Widerspruch steht.

Ersatzgefühle sind bei anderen Säugetieren nicht zu beobachten. Wahrscheinlich haben die Menschen deshalb ein so reichhaltiges Gefühlsleben, da sie im Gegensatz zu den Tieren ihre Ängste hemmen können, um Situationen zu vermeiden, die eventuell Angst auslösen könnten. Bei diesen Gefühlen handelt es sich deshalb nicht um natürliche, sondern um sozial geprägte Gefühle.

Neben den Basisemotionen und Ersatzgefühlen gibt es viele psychische Zustände, die auch als Gefühle bezeichnet werden, obwohl sie sich wesentlich von den Basisgefühlen und Ersatzgefühlen unterscheiden. Dazu zählen Liebe, Hoffnung, Achtung, Begeisterung, Bewunderung, Empathie, Dankbarkeit, Vertrauen, Verzeihen, Egoismus u. Ä. Diese besonderen psychischen Zustände erhalten ihre konkrete Gestalt vermutlich dadurch, dass Verhaltensweisen habitualisiert werden, die sich aus dem sozialen Kontakt heraus ergeben. Da sie häufig von Gefühlen begleitet werden, werden sie als emotionale Dispositionen bezeichnet.

Im Folgenden soll am Beispiel der Liebe, die sicherlich die stärkste emotionale Disposition ist, die Entstehung von emotionalen Dispositionen dargestellt werden. Aus dem dauerhaften Zusammenleben entwickeln sich Gewohnheiten, die sich mit den Gewohnheiten des Partners verschränken, so dass dessen Verhalten immer vertrau-

ter wird. »Liebe ... bedeutet Fürsorge, Respekt, Verantwortungsgefühl und Verstehen. Liebe ist kein Affekt in dem Sinne, daß man von
jemandem angetan ist. Sie ist ein Streben, das in der eigenen Liebes-
fähigkeit wurzelt und auf die Entfaltung und das Glück der geliebten
Person bedacht ist.«[10] »Etwas von ganzem Herzen zu lieben versorgt
einen jeden von uns mit klaren Antworten auf die Frage, worum wir
uns sorgen sollten. Eine solche Liebe drückt aus, was wir als aktive
Individuen zu sein haben. Wir haben keine andere Wahl, als uns ihren Forderungen zu unterwerfen. Die von ganzem Herzen kommende
Liebe bringt außerdem - und darüber hinaus - das zum Ausdruck,
was wir nicht umhinkönnen, von ganzem Herzen sein zu wollen.«[11]

Harry Frankfurt charakterisiert die Liebe als einen Modus der
Sorge. Was uns wert ist, um das kümmern wir uns. In der Gewalt der
Liebe zu sein bedeutet, dass wir nicht verhindern können, dass bestimmte Überlegungen uns zum Handeln bewegen und dass wir sie
als Handlungsgründe betrachten. Liebe ist nach Frankfurts Auffassung in ihrem Kern weder emotional noch kognitiv, sondern rein vo-
litional.[12] Aus der wechselseitigen Beziehung entstehen so direkte
Handlungsimpulse, ohne dass Gefühle dazukommen müssen. Liebe
ist im Grunde kein Gefühl, sondern der Wunsch, dass eine Beziehung
als intensiv, stabil und nährend empfunden wird. Sie wird als Gefühl
empfunden, weil sie in der Regel mit dem Gefühl der Freude verbunden ist. Liebe ist die Grundhaltung in empathischen Beziehungen. Wo Liebe herrscht, braucht es im Grunde keine Moral. In diesem Sinne schrieb Augustinus: »Liebe und tue, was du willst!«

Damit Liebe entstehen kann, ist die Erfahrung von Respekt erforderlich. Da aber in Beziehungen, die von Gewalt zerstört werden, der
wechselseitige Respekt verkümmert, kann sich dort die Liebe kaum
entfalten. Stattdessen entsteht eine symbiotische Abhängigkeit vom
Partner. Es wird mehr Nähe vom anderen erwartet, als er eigentlich
zu geben bereit ist. Der kulturelle Anspruch, dass Beziehungen von

10   Fromm 1978, S. 144.
11   Frankfurt 2007, S. 70.
12   Frankfurt 2007, S. 61.

Liebe getragen sein sollten, führt dazu, dass die gewohnheitsmäßige Abhängigkeit als Liebe missinterpretiert wird.

Die emotionalen Dispositionen unterscheiden sich von den Basisgefühlen dadurch, dass sie nicht mit körperlichen Veränderungen in der Atemdynamik, Gestik und Mimik einhergehen. Sie gleichen den Gefühlen darin, dass sie direkt zum Handeln motivieren. Sie sind nicht wie die Basisgefühle kurzfristige Reaktionen auf äußere Ereignisse, sondern eher dauerhafte Verhaltensbereitschaften. Die emotionalen Dispositionen wie Vertrauen, Dankbarkeit und Verzeihen entwickeln sich nur unter dafür günstigen Bedingungen. Emotionale Verletzungen führen dazu, dass sie sich nicht voll entfalten können. Häufig werden sie dadurch in ihr Gegenteil verkehrt: aus Vertrauen wird Misstrauen, aus Achtung und Empathie wird Gleichgültigkeit, aus Verzeihen wird Rache oder aus Hoffnung Resignation. Aus den emotionalen Dispositionen können genauso wie aus den Basisemotionen Ersatzgefühle entstehen.

Als Fazit ist festzuhalten, dass die durch Gewalteinwirkung ausgelösten Ängste damit bewältigt werden, dass die Psyche umgebaut wird. Es werden Ersatzgefühle gebildet, mit denen die Wiederholung von Ängsten vermieden werden können. Bei schweren Verletzungen wird die Erinnerung an das traumatische Ereignis abgespalten und alles vermieden, was die Erinnerung daran auslösen könnte. Der persönliche Charakter ist im Grunde nichts anderes als die Gesamtheit der Reaktionsgewohnheiten, die für die Bewältigung von emotionalen Verletzungen durch die soziale und natürliche Umwelt aufgebaut wurden. Alle persönlichen Reaktionsgewohnheiten haben ihre besondere Entwicklungsgeschichte. Sie bilden sich spontan. Niemand kann Einfluss darauf nehmen, auf welche Weise emotionale Verletzungen verarbeitet werden.

2.5. Empathie

*»Wer ein Unrecht begeht, ist viel unglücklicher, als wer es
erleidet».* (Demokrit)

Die Empathie soll im Folgenden ausführlicher behandelt werden,
weil sie für die Analyse der Folgewirkungen der Eigentumsordnung
von zentraler Bedeutung ist. Dies ist auch deshalb erforderlich, weil
der Begriff in der öffentlichen Diskussion häufig mit einer abweichenden Bedeutung verwendet wird.

Seit einigen Jahren wird die Empathie als der zentrale Schlüssel
zum Verständnis des Zusammenlebens verstanden. Viele betrachten
die Empathie als moralischen Leitwert zur Lösung von sozialen Problemen. Jeremy Rifkin sieht in der Empathie sogar den moralischen
Kitt der Gesellschaft. Zugleich warnen viele Kritiker vor einer Überschätzung der Empathie. Sie weisen darauf hin, dass die Empathie oft
ein schlechter Ratgeber ist, da sie parteiisch ist[13] und auch dunkle
Seiten hat. Empathie käme deshalb als Grundlage der Moral nicht infrage.[14]

Die kontroverse Einschätzung der Empathie hängt damit zusammen, dass in der Regel ein sehr weiter und relativ unbestimmter
Begriff verwendet wird. Es ist bemerkenswert, dass der Begriff der
Empathie historisch relativ jung ist. Er ist erst 1907 aus der Übersetzung der deutschen »Einfühlung« durch den amerikanischen Psychologen Edward Titchener hervorgegangen. Der Begriff der Einfühlung
bezog sich ursprünglich bei Theodor Lippe auf die ästhetische Wahrnehmung. Kunstwerke würden verstanden werden, indem der Be-
trachter seine eigenen Gefühle in sie hineinprojiziert. Aus der Rück-
übersetzung ins Deutsche entstand die Empathie. Seitdem wurde der
neue Begriff auch für das psychische Verstehen anderer Menschen
verwendet.

Der gemeinsame Kern aller gebräuchlichen Definitionen der Em-

---

13   Vgl. http://www.zeit.de/2015/49/psychologie-empathie-terror-mitgefuehl-
     interview/komplettansicht.
14   Breithaupt 2015.

pathie ist das Mitfühlen mit den Gefühlen anderer Menschen. Viele
orientieren sich an der Definition in Wikipedia: »Empathie bezeichnet die Fähigkeit und Bereitschaft, Empfindungen, Gedanken, Emotionen, Motive und Persönlichkeitsmerkmale einer anderen Person zu
erkennen und zu verstehen.« Fritz Breithaupt definiert Empathie als
Mit-Erleben. »Mit-Erleben im Allgemeinen heißt, imaginär den
Standpunkt eines anderen einzunehmen und seine oder ihre Reaktion
auf die Situation zu teilen. Man schlüpft dort in die Haut eines anderen, wo sie auf ihre Umwelt trifft.« »Mit-Erleben bedeutet, dass man
in die (kognitive, emotionale, leibliche) Situation eines anderen We-
sens transportiert wird.«[15] Der Psychologe Jesper Juul definiert Empathie als eine Fähigkeit, sich in die Emotionen, Gefühle und Empfindungen anderer Menschen hineinsetzen.[16] Häufig wird Empathie
auch als emotionale Resonanz bestimmt.

   Diese weiten Definitionen sind für das Verständnis der Empathie
unbrauchbar. Denn das Mitfühlen und Miterleben ist stets im Spiel,
wenn man im Kontakt mit anderen Menschen ist. Alle Gefühle müssen innerlich nachvollzogen bzw. simuliert werden, damit sie verstanden werden können. Zu Recht wird von Mitfreude und Mitleiden
gesprochen. Das Mitgefühl ist eine Grundfähigkeit, um die Handlungen anderer innerlich nachvollziehend verstehen zu können. Es ist
deshalb nicht dafür geeignet, die Besonderheit der Empathie zu erfassen.

   Das spezifische Merkmal der Empathie besteht nach meiner Auffassung darin, sich auf eine Weise in einen anderen hinein zu verset-
zen, dass gespürt wird, was er braucht, ohne dass man selbst in dessen manifesten Gefühlszustand eintritt. Es wird unmittelbar gespürt,
was dem anderen fehlt und wie ihm geholfen werden kann. So nimmt
z. B. die Mutter das Schreien des Säuglings als einen Auftrag wahr,
alles zu tun, was seinem Wohl dient. Es ist nicht erforderlich, die
Empfindungen und Gefühle des Säuglings mitzufühlen. Wenn sich
jemand verletzt hat, müssen die Schmerzen nicht nachvollzogen wer-

15   Breithaupt 2015, S. 16.
16   Juul 2013, S. 114.

den, da intuitiv gespürt wird, dass ihm geholfen werden muss. Im
Kern ist die Empathie ein Handlungsimpuls zugunsten anderer. Sie
ist im Gegensatz zu den Gefühlen keine Reaktion auf etwas, was einem zustößt, sondern verbindet die Wahrnehmung, dass andere leiden und Hilfe brauchen, mit dem Impuls, ihnen zu helfen. Empathie
hat also primär nichts mit den Gefühlen anderer, sondern mit deren
Bedürfnissen zu tun. Die Empathie »befiehlt«, was zu tun ist. Demnach würde sie missverstanden werden, wenn sie als eine Fähigkeit
betrachtet wird, mit der man sich in den mentalen oder emotionalen
Zustand anderer Menschen einfühlt.[17] [18] Empathie liegt nur vor, wenn
es auch zum Handeln zugunsten anderer kommt.

Empathie unterscheidet sich von normalen Gefühlen, da sie nicht
mit einem spezifischen körperlichen Ausdruck verbunden ist, wie
dies für die Gefühle typisch ist. Sie hat mit den Gefühlen gemeinsam,
dass sie ein Handlungsimpuls ist. Außerdem geht der Impuls, anderen zu helfen, häufig mit Gefühlen einher. Meistens ist es Trauer. Bei
der Empathie handelt es sich vermutlich um eine angeborene Disposition. Bereits bei einjährigen Kindern ist zu beobachten, dass sie anderen helfen wollen, die traurig sind. Es ist deshalb berechtigt, von
einer Art von Sinn zu sprechen, der es ermöglicht, den Zustand anderer zu erfassen und darauf zu reagieren. Die mütterliche Fürsorge ist
eine unmittelbare Reaktion auf die Hilfeschreie des Säuglings. Sie
ergibt sich gleichsam aus der Sache selbst.[19] Die Mutter hält sich dabei weder an moralische Gebote noch orientiert sie sich an den Erwartungen anderer.

Es wird vermutet, dass die Fähigkeit, die Bedürfnisse anderer zu
spüren und sich für deren Befriedigung einzusetzen, evolutionär aufgrund der langjährigen Abhängigkeit des Kleinkindes von der elterlichen Fürsorge und Pflege entstanden ist. Bereits bei den Menschen-

---

17 z. B. Breithaupt 2015.
18 Die verbreitete These, dass die Spiegelneuronen die Basis für die Empathie
    sind, ist sehr umstritten. Ich lehne sie ab, weil nicht klar zwischen Mitgefühl
    und Empathie unterschieden wird.
19 Hauskeller, S. 69.

affen sind die Säuglinge auf die empathische mütterliche Versorgung angewiesen.[20] Ohne die langjährige empathische Anteilnahme der Mutter könnte das Neugeborene nicht überleben. Zu Recht wird die Empathie häufig als ein sozialer Instinkt bezeichnet, da sie sich wie ein Reflex einstellt und das Handeln anstößt (Theodor Lippe). Es handelt sich um eine natürliche körperliche Fähigkeit, die nicht auf andere Fähigkeiten zurückgeführt werden kann.

Da Mütter während der ersten Monate nach der Geburt des Säuglings ihre normalen Funktionen bei der Nahrungssuche u. a. nur eingeschränkt wahrnehmen können, werden sie stets durch andere Gruppenangehörige unterstützt. Aus dem kooperativen Zusammenwirken mehrerer Menschen bei der Kinderpflege entwickelten sich Verhaltensweisen, die die Kooperation absichern. Dazu gehört, nicht zu lügen, nicht zu stehlen, Versprechen einzuhalten, die Wahrheit zu sagen, sich zu bedanken, nicht zu töten u. Ä. Sicherlich gehört dazu auch die Abneigung gegen Grausamkeit gegenüber Gruppenmitgliedern. Es geht darum, anderen zu helfen und nicht zu schaden. Helfen ist ein sehr weit gespannter Begriff: er umfasst materielle Hilfe, Unterstützung bei psychischen Problemen, Trösten, Zuhören u. Ä. Aus dem Interesse am anderen erwächst das Interesse an guten Bedingungen des Zusammenlebens und damit das Interesse an moralischen Fragen.

Die Empathie ist zwar eine natürliche Fähigkeit, aber sie braucht ein liebevolles Milieu, damit sie sich entfalten kann. Untersuchungen zeigen, dass die Empathie durch eine unzureichende Bindung in der Kindheit[21], durch Stress und traumatische Erfahrungen beeinträchtigt wird.[22] Sie zeigen auch, dass eine geschwächte Empathie durch gezielte Lernprozesse wiederhergestellt werden kann.

Der Humanismus, der im Mittelalter von Erasmus von Rotterdam begründet wurde, wurzelt in der empathischen Wahrnehmung der Bedürfnisse anderer Menschen. Humanismus verlangt, alle sozialen

20 Vgl. De Waal 2022, S. 337.
21 a.a.O., S.149.
22 Rosa 2016, S. 729.

Entwicklungen zu bekämpfen, die die Empathie schwächen, in erster Linie soziale Herrschaft, die die spontane Entfaltung von moralischen Gewohnheiten behindert.

Solidarität ist die Form der Empathie, die sich auf das Teilen der materiellen Güter in einer Gruppe bezieht. Der Begriff leitet sich von dem römischen Prinzip der solidarischen Haftung ab, bei dem jedes einzelne Gruppenmitglied für die Schuld der ganzen Gruppe haftet. Deshalb muss sich jeder um das Ganze kümmern. Im Bedarfsfall wird er von der Gruppe materiell unterstützt. Wenn der Begriff immer mehr für die Bezeichnung von Zusammengehörigkeit und Verbundenheit verwendet wird, wird seine ursprüngliche Bedeutung verwässert.

Zum besseren Verständnis der Empathie soll im Folgenden analysiert werden, wie sie sich vom Mitleid, von der Sympathie, von der Liebe und von der Gefühlsansteckung unterscheidet.

Mitleid erschöpft sich im reinen Mitfühlen und Mitleiden mit dem anderen. Der starke affektive Zustand, der beim Mitleid vorherrscht und der dem affektiven Zustand des anderen ähnelt, fehlt bei der Empathie. Damit aus Mitleid Empathie wird, muss nicht nur die Fähigkeit hinzukommen zu spüren, dass dem anderen geholfen werden muss, sondern dass dies auch handelnd umgesetzt wird. Damit die Empathie wirksam wird, muss die Voraussetzung erfüllt sein, dass dem anderen ein negatives Ereignis zugestoßen ist, das er selbst nicht verschuldet hat. Wenn das Leiden als selbst verschuldet oder als Ausdruck der sozialen Verhältnisse, die nicht zu ändern sind, angesehen wird, bleibt die Empathie in der Regel völlig aus.

Nach der Theorie von Adam Smith besteht Sympathie darin, dass das Leiden der anderen als eigenes Leiden erfahren wird. Das erklärt, warum anderen geholfen wird. Wer hilft, tut dies im Grunde für sich selbst. Empathie unterscheidet sich von Sympathie dadurch, dass sie nicht mit einem affektiven Zustand verbunden ist.

Beim Vergleich der Empathie mit der Liebe, die oben als emotionale Disposition charakterisiert wurde, fällt auf, dass das Grundmotiv der Liebe – nämlich die Sorge für andere – identisch mit der Empathie ist. Beide Begriffe überlappen sich. Der Begriff der Liebe hebt die Zuneigung hervor, die aus dem von Empathie getragenen Zusammenleben spontan erwächst.

Empathie hat auch nichts mit Gefühlsansteckung zu tun. Gefühlsansteckung liegt vor, wenn die Gefühle anderer unbewusst nachgeahmt werden. Bereits Säuglinge fangen an zu schreien, wenn sie das Schreien anderer Babys hören. Wer angelächelt wird, lächelt spontan zurück. Ohne es zu merken, wird die Gesichtsmimik des Gegenübers nachgeahmt. Zu Recht wird gesagt, dass Gefühle anstecken. Bei der Gefühlsansteckung verschwimmen die Grenzen zum anderen. Es fehlt der Aspekt der Empathie, dass man sich bewusst ist, dass die andere Person die Quelle des eigenen Zustands ist, dass aber die eigenen Gefühle nicht identisch mit denen des Gegenübers sind.

Als Fazit ist festzuhalten, dass Empathie eine Bezeichnung der Grundfähigkeit ist, die Bedürfnisse anderer Menschen zu spüren und darauf zu reagieren. Empathie ist im Grunde kein Gefühl. Sie ähnelt den Gefühlen, da sie aus einem Handlungsimpuls besteht, der allen Gefühlen gemeinsam ist. Die Empathie darf nicht mit dem Mitfühlen gleichgesetzt werden, das für das Verstehen anderer Menschen unerlässlich ist. Dadurch wird sein eigentliches Ziel verfehlt, die Bedürfnisse anderer zu spüren und dementsprechend zu handeln. Da sie keine moralische Kategorie ist, kann sie nicht von anderen gefordert werden. Obwohl sie angeboren zu sein scheint, kann sie leicht verloren gehen. Erziehungsmängel und repressive Lebensbedingungen führen zu einem Mangel an Empathie. Das Ergebnis ist Egoismus. Bei schweren emotionalen Verletzungen wird sie völlig zerstört, so dass gefühllose Wesen entstehen, die zu Folter und Mord fähig sind. Wenn die moralischen Regeln nicht eingehalten werden, liegt das regelmäßig am Mangel an Empathie, wie weiter unten gezeigt wird.

2.6. Die Dynamik der Gewalt

»Kein Bösewicht kann glücklich sein.« (Juvenal)

Nach der Erzählung von Adam und Eva haben die Menschen den Unterschied zwischen Gut und Böse erst erkannt, als sie die Früchte vom Baum der Erkenntnis gegessen haben. Kann daraus der Schluss gezogen werden, dass es das Böse vorher gar nicht gab, sondern erst mit dem Sündenfall in die Welt gekommen ist? Nach meiner These, dass sich in der Erzählung von Adam und Eva das Trauma der Herrschaft ausdrückt, scheint dies der Fall zu sein. Die uralte Frage, warum die Menschen böse sind, muss deshalb in dieser Perspektive betrachtet werden.

Die philosophischen Erklärungen des Bösen haben den Mangel, dass sie stark von der religiösen Interpretation des Sündenfalls bestimmt wurden, wonach das Böse im Ungehorsam gegenüber dem Willen Gottes besteht. Es wird behauptet, dass das Böse die Folge der menschlichen Freiheit sei, sich gegen das Gute entscheiden zu können. Zum Teil wird die These vertreten, dass das Böse der falsche Gebrauch der Vernunft sei. In der Neuzeit dominiert die Theorie, dass das Böse in der egoistischen Natur der Menschen angelegt ist. Dies schien angesichts der Statuskämpfe der Schimpansen glaubwürdig zu sein. Allen Erklärungsversuchen ist gemeinsam, dass das Böse auf menschliche Entscheidungen zurückgeführt und letztlich mit dem Wesen der Menschen begründet wird. Da aber das Wesen ein mythologischer Begriff ist, ist solchen Erklärungen zu misstrauen.

Es ist auch ein Fehler, die bösen Handlungen damit zu erklären, dass gegen die Regeln der Gemeinschaft verstoßen wird. Dabei bleibt ungeklärt, warum die Regeln nicht eingehalten wurden, obwohl man unter ihrem Einfluss aufgewachsenen ist. Warum ist das Erlernen der Regeln gescheitert?

Die philosophischen und religiösen Erklärungen des Bösen machen den Fehler, dass die historische Dimension des Problems vernachlässigt wird, die bereits in der Erzählung von Adam und Eva anklingt. Analysen von Jäger- und Sammlerkulturen belegen deren überragende Friedfertigkeit. Gelegentlich gab es wohl Kämpfe mit benachbarten Gruppen, aber innerhalb der Gruppen herrschte Freundlichkeit und Kooperation. Die Menschen waren auf wechselseitige Hilfe und Solidarität gepolt. Offenbar haben die Menschen ihr Zusammenleben so organisiert, dass die Konflikte um die knappen Ressourcen durch Zusammenarbeit und Teilen der Lebensmittel erfolgreich und dauerhaft gelöst werden konnten. Auch wenn es gelegentlich Menschen mit überragenden Fähigkeiten gelang, Privilegien zu erwerben, wurde die ursprüngliche Gleichheit spätestens nach ihrem Tod wiederhergestellt. Diese Sicht auf die Jäger- und Sammlerkulturen wird durch die Beobachtung der Friedfertigkeit der Bonobos bestätigt, die mit den Menschen genauso eng wie mit den Schimpansen verwandt sind.

Erst als das Privateigentum durchgesetzt wurde und Märkte mit Geldwirtschaft entstanden, kam die Klage über die Selbstsucht und den Egoismus der Menschen auf. Denn Eigentum erzwingt die Gier nach mehr Eigentum. Wer Eigentum hat, muss es vermehren, um es zu erhalten. Aus dieser Sicht ist der Egoismus ein historisches Produkt. Hinzu kommt, dass in der neuen Ordnung massenhaft emotionale Verletzungen geschehen, so dass immer mehr Menschen ihre emotionalen Traumata mit der Entwicklung von Egoismus lösen.

Zugleich entstand mit der neuen Eigentumsordnung die Möglichkeit, die mit dem Privateigentum verbundenen Privilegien dauerhaft abzusichern. Da die Privilegien von den Beherrschten aufgrund des Verlustes an Gleichheit und Freiheit nicht anerkannt wurden, waren Angriffe auf die Privilegien allgegenwärtig und mussten mit Einsatz von Gewalt abgewehrt werden. Mit den angehäuften Ressourcen konnten Helfer bezahlt werden, die dafür sorgten, dass die Privilegien verteidigt und vermehrt werden. Daraus entstanden die Organisationen der Polizei und des Militärs. Auf diese Weise konnte soziale Herrschaft von zufälligen persönlichen Fähigkeiten abgekoppelt und auf Dauer gestellt werden.

Die ständige Aufgabe, die Privilegien zu verteidigen, hat Rückwirkungen auf die Verhaltensgewohnheiten. Das Gefühl der Bedrohung, die Kontrolle über das Eigentum zu verlieren, bedeutet, dass Angst zum Kernelement der sozialen Beziehungen wurde. Andere Menschen werden primär als Konkurrenten oder sogar als Feind verstanden. Sie werden nicht mehr als gleichberechtigt, sondern nur als Mittel zum Zweck der Reichtumsvermehrung und -absicherung wahrgenommen. Damit ist verbunden, dass man sich über ihre Bedürfnisse hinwegsetzt. Gefühle der Empathie, Solidarität und Scham müssen zurückgedrängt werden. Es wird kaum noch gespürt, dass andere durch die eigenen Handlungen verletzt werden. Es wird als ganz selbstverständlich betrachtet, dass andere für Verletzungen der Eigentumsrechte bestraft werden. Das gemeinsame Merkmal der neuen Verhaltensgewohnheiten ist der Egoismus. Während früher Freundschaft, Hilfsbereitschaft und Respekt vorherrschten, wurden unter der sozialen Herrschaft Feindseligkeit, Eigennutz und Konkurrenz zu den Hauptmerkmalen der sozialen Beziehungen. Wenn Gewalt in die alltäglichen Beziehungen eindringt, werden Freunde potentiell zu Feinden.

Der Verlust sozialer Gleichheit bewirkt nicht nur einen Umbau der Psyche der herrschenden Gruppe in Richtung Egoismus, sondern zwingt auch den Beherrschten egoistische Verhaltensgewohnheiten auf. Die Erfahrung der Ohnmacht löst die Neigung aus, die eingebüßte Handlungsfähigkeit mit der Unterdrückung schwächerer Menschen (Frauen, Kinder, fremde Gruppen) zu kompensieren. Wie oben bereits erwähnt, dringt Gewalt auch in die Kindererziehung ein und beschädigt dadurch die Entwicklung vieler Kinder. Gewalt von Personen ist immer die Reaktion auf Erniedrigung, Abwertung oder Demütigung.

Seit der Entdeckung der Psychoanalyse, dass Gewalt den Charakter zerstört, kann nicht mehr geleugnet werden, dass das Böse das Ergebnis von erfahrener Gewalt ist. Bei Gewalttätern kann nachgewiesen werden, dass sie selbst Opfer von Gewalt waren und unter dem Zwang gehandelt haben, die inneren Verletzungen auszugleichen. Aus den kindlichen Traumaopfern werden erwachsene Gewalttäter. Wie oben dargestellt wurde, lösen Gewalterfahrungen, die nicht ver-

arbeitet werden konnten, einen Umbau der psychischen Verhaltensgewohnheiten aus. Es entstehen psychische Narben der Unsicherheit,
der Selbstzweifel, der Angst vor Wiederholung der Traumata und der
Angst, neuen Bedrohungen nicht gewachsen zu sein. Es ist eine ge-
fährliche Eigenart der Traumata, dass sie nicht vergessen werden
können und jederzeit unbewusst reaktiviert werden können, wenn eine Bedrohung an das frühere Trauma erinnern lässt. Dadurch kann
ein unerträglicher innerer Spannungszustand der Lähmung und Ohnmacht entstehen. Wenn es die äußere Situation zulässt, wird die Bedrohung mit Gewalt abgewehrt, umso eher, je mehr man sich gegenüber demjenigen, der ungewollt die Erinnerung ausgelöst hat, mächtiger fühlt.

Gewalt erzeugt eine Spirale der Gewalt, die sich verselbständigt.
Gewalt wird als ein Weg wahrgenommen, um sich von inneren Span-
nungszuständen zu befreien. Gewalt ist verführerisch, da sie mit dem
Gefühl verbunden ist, statt leer und ohnmächtig sich für einen Moment lebendig und stark zu fühlen. Darauf beruht der Wiederho-
lungszwang der Gewalt. Dieser Mechanismus läuft zwanghaft ab und
entzieht sich der persönlichen Kontrolle. Die Täter leiden deshalb
regelmäßig unter ihrem Kontrollverlust.

Ohne Zweifel kann der größte Teil der »bösen« Handlungen
(Kriege, Völkermord, Vertreibung, Sklaverei u. a.) in der Menschheitsgeschichte auf Organisationen mit paranoiden oder narziss-
tischen Anführern zurückgeführt werden, die Menschen befehligten,
die aufgrund ihrer Traumatisierungen die natürliche Tötungshem-
mung verloren haben und häufig ein unbewusstes Bedürfnis nach
Gewaltausübung haben, um damit ihre inneren Spannungszustände
zu lindern. Die Mitglieder von Organisationen handeln meistens in
dem Glauben, etwas Gutes für den König, das Vaterland, für Gott
oder für die menschliche Entwicklung u. Ä. zu tun. Da Herrschaftssysteme das moralische Empfinden schwächen und Gehorsam zur
Pflicht machen, ist es nicht weiter überraschend, dass den Befehlen
von oben wenig Widerstand entgegengesetzt wird. Häufig führen
Gruppenzwänge und die Abhängigkeit des gesamten Lebens von den

Organisationen dazu, dass Befehle von oben sogar mit innerer Zustimmung ausgeführt werden.

Die Quelle des Bösen sind also primär machthungrige Herrscher,
die mit Hilfe von Eroberungskriegen, Vertreibungen u. a. von den inneren sozialen Konflikten ablenken. Außerdem fördern sie die Entwicklung von Ideologien, die gewaltsame Handlungen für einen höheren Zweck legitimieren.

Bei der Bewertung von »bösen« Handlungen in Organisationen
geht es nicht um persönliche Schuld und Verantwortung, sondern um
die Frage, inwieweit sie durch die sozialen Bedingungen gefördert
werden. Es geht um die Tragödie, dass sich soziale Herrschaft dauerhaft etabliert hat und dadurch alle Menschen in die Gewaltspirale hi-
neingezogen und beschädigt wurden. Das Böse ist ein Symptom der
historischen Fehlentwicklung, in die die Menschheit seit der Etablierung von sozialer Herrschaft hineingeraten ist.

Bei der Diskussion des Bösen muss klar zwischen den gewalttätigen Handlungen von Organisationen einerseits und von Einzelpersonen andererseits unterschieden werden. Einzelpersonen übertreten
moralische Gebote, weil nach emotionalen Verletzungen Verhaltensgewohnheiten aufgebaut wurden, um erneute Abwertungen, Demütigungen oder Erniedrigungen mit Gewalt abwehren zu können. Das
Böse ist also keineswegs ein Akt der Freiheit, wie die Philosophen
immer wieder behauptet haben (z. B. Kant), sondern vielmehr ein
Zwangsgeschehen, um sich vor weiterer Gewalt zu schützen. Es ist
nicht so, dass man etwas tun muss, was man nicht will. In der Regel
weiß man, dass man soziale Gebote übertreten wird. Aber der innere
Impuls zum gewalttätigen Handeln ist so stark, dass Gründe gesucht
werden, um es vor sich selbst zu rechtfertigen. Man gibt sich selbst
die Erlaubnis und erwartet, dass es einem danach besser geht. Die
Zustimmung erfolgt nicht aus einem freien Entschluss, sondern ist
selbst ein spontaner Vorgang. Das Böse von Einzelpersonen ist Folge
von erlittener Gewalt.

Aus diesen Überlegungen ergibt sich, dass der Egoismus zwar in
der menschlichen Natur angelegt ist, dass er sich aber erst entfaltet,

wenn die freie Entfaltung der Menschen behindert wird. Seitdem er in Herrschaftssystemen zur Charakterstruktur gehört, wird er von den Herrschenden als natürliche Eigenschaft behauptet, weil damit soziale Herrschaft als Ausdruck der menschlichen Natur legitimiert werden kann. Offensichtlich ist der natürliche Egoismus eine Projektion des eigennützigen Verhaltens der Herrschenden.

Es wird selten gefragt, was eigentlich die Sklaverei mit den Menschen gemacht hat, die relativ zeitgleich mit dem Privateigentum aufgekommen ist. Bekanntlich hatten in den antiken Gesellschaften alle größeren Eigentümer Sklaven. So hatte z. B. sogar der Philosoph Platon mehrere Sklaven. Sklaven beugen sich nicht freiwillig ihrem Schicksal, sondern leisten zunächst immer wieder Widerstand. Sklaven können nur gehalten werden, wenn ihr Wille absolut gebrochen wird. Dies setzt den Einsatz von massiver Gewalt voraus. Die Sklaven müssen stark traumatisiert werden. Das verlangt von den Eigentümern, dass sie ihr Mitleiden völlig unterdrücken und sich einreden, dass die Sklaven keine richtigen Menschen sind, so dass die totale Verfügungsgewalt über sie berechtigt ist. Die Sklaverei hat deshalb vermutlich stark dazu beigetragen, dass die Gewalt gegenüber anderen Menschen alltäglich und die Sensibilität für die Verletzungen, die anderen Menschen damit angetan wurden, abgestumpft wurde.

Als Fazit ergibt sich, dass das Böse die Kehrseite von sozialer Herrschaft ist. Soziale Herrschaft kann sich nur behaupten, indem Gewalt in alle sozialen Beziehungen dringt und sie dadurch zerstört werden. Dauerhafte Gewalt in sozialen Beziehungen schafft das Böse. Das Böse ist nicht der Preis der Freiheit, sondern der Preis der von sozialer Herrschaft zerstörten Handlungsfähigkeit. Es darf deshalb nicht an der egoistischen menschlichen Natur festgemacht werden.

2.7. Der flexible Charakter

»Es gibt kein grausameres Tier als einen Menschen ohne Mitleid.« (August von Kotzebue)

Seitdem über Erziehung nachgedacht wird, gilt es als ihre Aufgabe, die Kinder an die jeweiligen sozialen Lebensbedingungen anzupassen. Seit der Etablierung der Eigentumsordnung sollen mit der Erziehung die Werte und Verhaltensweisen vermittelt werden, die fähig machen, das Leben erfolgreich zu führen. Kinder galten als von Natur aus wilde Naturwesen, die für die realen Lebensbedingungen diszipliniert werden müssen. Es müsse gelernt werden, sich egoistisch für seine Interessen ohne Rücksicht auf andere einzusetzen, sich gleichgültig gegenüber den Gefühlen der anderen zu verhalten und sich im Wettbewerb durchzusetzen. Je früher gelernt werde, mit Gewalt umzugehen, umso leichter falle es, sich in die bestehenden Strukturen einzufügen. Wer früh lernte, Autoritäten widerspruchslos zu folgen, galt als eine zivilisierte Person. Die Erziehung orientierte sich an den Prinzipien Pflicht, Gehorsam und Strafe. Das Ergebnis dieses traditionellen Erziehungsstils wurde von ihren Kritikern als autoritärer Sozialcharakter bezeichnet, weil der Fügsamkeit gegenüber Autoritäten absolute Priorität gegeben und Werte der Humanität vernachlässigt wurden.

In der Auseinandersetzung mit der nationalsozialistischen Vergangenheit ist seit 1968 der autoritäre Erziehungsstil problematisiert worden. Es sollten die patriarchalische Binnenstruktur der Familie durch eine partnerschaftliche Gleichheit ersetzt und die Bedürfnisse der Kinder mit einer verständigungsorientierten, einfühlsamen Erziehung ernst genommen werden. Es bildete sich das Ideal, dass sich Kinder am besten entfalten, wenn sie überhaupt nicht gegängelt werden, sondern sich frei entfalten können. Sanfte Missbilligungen der Eltern seien ausreichend, um den Kindern einen sozial akzeptablen Weg zu weisen. Die kindlichen Emotionen der Empathie, des Respekts und des Sinns für Fairness würden als Kompass für die kindliche Entwicklung völlig ausreichen.

Martin Dornes fasst das Ergebnis des neuen Erziehungsideals wie folgt zusammen: »Der »psychische Apparat« wird durch modernisierte Erziehungs- und Sozialisationspraktiken sowie ein Leben in enttraditionalisierten Gesellschaften einerseits autonomer und freier, andererseits auch etwas fragiler. Die psychischen Instanzen von Es, Ich und Über-Ich sind weniger gegeneinander abgeschottet als früher, der Charakter ist weniger starr, unter bestimmten Umständen aber auch weniger belastbar, die Verdrängungen sind reversibler und weniger endgültig. Die vormals autoritären Befehls- und Bevormundungsbeziehungen haben sich erheblich gewandelt und einer Demokratisierung des Beziehungslebens Platz gemacht. Die Chancen dieser Entwicklung bestehen in einem Abbau von Herrschaft und einem Zugewinn an persönlicher Autonomie.«[23] Bei der Beschreibung des neuen Sozialcharakters fällt die Minderungsform aller Adjektive (»weniger«) auf. Es wird damit indirekt zum Ausdruck gebracht, dass der Abbau von autoritären Elementen in der Familie und der Erziehung noch nicht zu Ende gekommen ist.

Es ist ein historisch völlig einzigartiges Phänomen, dass immer mehr Menschen unter einem nicht-repressiven Erziehungsstil aufwachsen. Sie lernen Prinzipien des Miteinanders, die im Widerspruch zu den in der Arbeitswelt vorherrschenden Prinzipien des Wettbewerbs, der egoistischen Interessendurchsetzung und Rücksichtslosigkeit stehen. Wenn die Menschen in das autoritär geführte Arbeitsleben eintreten, stoßen zwei diametral entgegengesetzte moralische Welten aufeinander.

Die freiere Erziehung führt dazu, dass bei der Generation, die nach 1995 geboren wurde (die sogenannte Generation Z), eine Verschiebung der Werte zu beobachten ist. Es wird auf eine klare Trennung zwischen Arbeit und Privatleben Wert gelegt und der Familie, Freizeit und Freunden eine höhere Priorität gegeben. Karriere wird nicht mehr um jeden Preis angestrebt. Es wird eine sinnvolle, abwechslungsreiche und herausfordernde Arbeit gefordert. Jedem soll

---

23 Dornes, S. 108.

die Möglichkeit zur individuellen Entwicklung gegeben werden. Insgesamt lässt sich diese Generation mehr von den Werten der Selbstbestimmung, Empathie, Toleranz und Hilfsbereitschaft leiten, muss aber mit dem großen Risiko leben, zu scheitern oder zu versagen.

Bei den Analysen des neuen Sozialcharakters ist auffällig, dass völlig ignoriert wird, dass die Erziehung nach wie vor in einem gesamtgesellschaftlichen Herrschaftszusammenhang stattfindet. Wie wirkt sich die erfahrene Ohnmacht der Erwachsenen auf die Kindererziehung aus? Es wird nicht die Frage gestellt, ob Erwachsene, die sich sozialer Herrschaft unterordnen müssen, überhaupt fähig sind, Kinder zu Selbständigkeit und Selbstbestimmung zu erziehen.

Es ist bemerkenswert, dass sich die Quote gescheiterter Existenzen seit der Auflösung des autoritären Erziehungsmodells überhaupt nicht erhöht hat. Obwohl die Kinder nicht mehr zu Gehorsam und Pflichterfüllung abgerichtet werden, fügen sich die jungen Erwachsenen relativ problemlos in die nach wie vor autoritär geprägte Arbeitswelt ein. Es stellt sich damit die Frage, ob die autoritäre Erziehung überhaupt notwendig ist, um die Menschen an autoritäre Strukturen anzupassen. War die autoritäre Erziehung ein Missverständnis?

Man muss davon ausgehen, dass Kinder von sich aus Selbständigkeit, Kompetenzen und gute Beziehungen anstreben. Kinder gelten gegenwärtig zu Recht nicht mehr als triebhafte Naturwesen, sondern als soziale Wesen, denen Empathie, Kooperation und Liebe sehr wichtig sind. Allerdings ist der Lernprozess für die sozialen Fähigkeiten sehr störanfällig. Eltern, die selbst traumatisiert wurden, fällt es schwer, ihre Kinder geduldig und einfühlsam zu fördern. Alle von der Psychotherapie beschriebenen psychischen Störungen sind die Folge davon, dass unbeabsichtigt Druck auf die Entwicklung der Kinder ausgeübt wurde, in der Regel durch Vernachlässigung, Alleinlassen, psychischen Missbrauch, Einschränkungen von Spiel und Neugierde, Abwertung oder Überfürsorglichkeit. Die Folgen sind mangelnde Arbeitsfähigkeit, Bindungsschwäche, geringe Empathie und Kreativität oder schwache psychische Widerstandskraft. Psychische Störungen sind die indirekten Folgen von sozialer Herrschaft, da traumatisierte Eltern selbst die Opfer von Gewalterfahrungen sind.

Mit der Befreiung der Erziehung von autoritären Elementen setzt sich der langfristige historische Trend zur Individualisierung fort, der der sozialen Herrschaft inhärent ist. Soziale Herrschaft zerstört alle Formen der Gemeinschaftlichkeit mit der Folge zunehmender Vereinzelung und Vereinsamung. Das fing mit der Auflösung der Großfamilie an und setzt sich in der Gegenwart in der allmählichen Auflösung der religiösen, kulturellen und politischen Vereinigungen und schließlich sogar der Kleinfamilie fort. Aufgrund der mangelnden Einbindung in eine solidarische Gemeinschaft macht sich ein tiefes Gefühl der Unsicherheit breit. Zu Recht wird die Individualisierung auch als Atomisierung bezeichnet. Es werden nicht mehr Institutionen vorgefunden, in die man einfach hineinwächst (z. B. den Beruf des Vaters übernehmen), sondern man wird mit der Aufgabe belastet, seinen Lebensweg in Eigenverantwortung zu gestalten. Die damit verbundenen Verhaltensspielräume und Ungewissheiten stellen eine hohe Belastung dar. Zu Recht sah Niklas Luhmann in den neuen Freiheiten eine potentielle Überforderung des Einzelnen, weil ihm eine soziale Integrationslast aufgebürdet wird, die früher von der Organisation der Gesellschaft abgenommen wurde.

War es für den autoritären Charakter selbstverständlich, alle sozialen Phänomene mit den Denkschemata der Herrschaft, Kontrolle und Unterordnung zu betrachten, so herrscht unter den neuen Lebensbedingungen das Denkschema des Vergleichens vor. Da die Individualisierung mit einem Gefühl der persönlichen Unzulänglichkeit und der Angst vor Versagen und Scheitern verbunden ist, muss man sich durch das Vergleichen mit anderen ständig vergewissern, ob man noch ausreichend leistungsfähig, schön oder angepasst ist. Dadurch wird die soziale Isolierung weiter verstärkt.

Mit dem Monopolkapitalismus hat soziale Herrschaft ihren persönlichen Charakter verloren und ist anonym geworden. Zu Recht hat Erich Fromm bereits 1941 in seinem Buch *Die Furcht vor der Freiheit* darauf hingewiesen, dass zunehmend anonyme Autoritären wie die Wissenschaft, die öffentliche Meinung oder der gesunde

Menschenverstand als Orientierungsinstanzen fungieren. Außerdem orientieren sich immer mehr Menschen an Psychotherapeuten, Influenzern oder Gesundheitsgurus, die unbewusst mit magischen Fähigkeiten ausgestattet werden. Es wird geglaubt, dass damit das große Loch der Unsicherheit und Hilflosigkeit gefüllt werden kann. Da es aber durch die objektiven Lebensbedingungen entstanden ist, wird der Glaube an magische Helfer über kurz oder lang enttäuscht.

Erich Fromm sah in der unbewussten Anpassung eine Automatisierung des Individuums. Dieser Eindruck konnte entstehen, da alle Orientierungshilfen einen Gewohnheitscharakter annehmen. Der Einzelne steht vor dem Dilemma, dass die Sicherheit und Gewissheit, die früher die solidarische Gemeinschaft gegeben hat, nicht im eigenen Inneren gefunden werden kann. Die mit der Unsicherheit und Hilflosigkeit verbundenen Ängste können aber nur vorübergehend mit Gewohnheiten abgemildert werden. Es muss die Haltung aufgebaut werden, jederzeit bereit zu sein, die alten Verhaltensweisen aufzugeben und das Risiko neuer Gewohnheiten auf sich zu nehmen. Deshalb gilt Flexibilität als Haupteigenschaft des neuen Sozialcharakters.

Die Diskrepanz zwischen den moralischen Welten der Familie und der Arbeit muss von jedem Einzelnen bewältigt werden. Wenn in der Kindheit gelernt werden konnte, sich gegen Einschränkungen zur Wehr zu setzen und Widerstand zu artikulieren, kann die Kritik an als unzumutbar empfundenen Arbeitsbedingungen offen ausgetragen werden. Wenn der Widerstand allerdings ins Leere geht, kann dies zur stillen Arbeitsverweigerung, zur inneren Kündigung oder zu psychischen Störungen führen. In der Regel wird der kindliche Widerstand gegen Einschränkungen immer noch sehr früh in der Kindheit gebrochen, so dass die Anpassung mehr oder weniger unbewusst erfolgt und die Kosten der Anpassung nicht gespürt werden. Vermutlich ist dies die Ursache für den völligen Mangel an utopischen Vorstellungen über eine bessere Zukunft.

Als Fazit ist festzuhalten, dass gegenwärtig die psychische Entwicklung jedes Einzelnen von dem Widerspruch belastet wird, dass die Arbeitswelt nach wie vor einen autoritären Charakter verlangt, aber vom Einzelnen liberale Arbeitsbedingungen erwartet werden. Die Anpassung wird zur einer traumatischen Erfahrung.

2.8. Eine traumatisierende Kultur

»Die meisten wohnen in den Ruinen ihrer Gewohnheiten.« (Jean Cocteau)

In der Psychologie wurde wenig beachtet, welche große Bedeutung emotionale Verletzungen für die Prägung des Charakters, für das Handeln und für die Entwicklung der Kultur insgesamt haben. Da die soziale Herrschaft in alle Winkel der Psyche hineinwirkt, wird der Charakter durch traumatische Narben geprägt. Es gibt fast keine Verhaltensweisen, die nicht dadurch beeinflusst werden. Es ist unmöglich zu bestimmen, was normal und was pathologisch ist. »Das, womit jemand in dieser Gesellschaft Erfolg hat, entpuppt sich bei näherem Hinsehen als gegen seine seelische Gesundheit gerichtet. Das Normale muß sich deshalb den Verdacht gefallen lassen, Ausdruck einer krankhaften Entwicklung zu sein.«[24]

Es kann durchaus von einer traumatisierenden Kultur gesprochen werden, weil das Erleiden von Traumata in der objektiven Struktur der Lebensbedingungen angelegt ist. Wo Herrschaft ist, gibt es Angst und Gewalt. Misshandlungen sind die Kehrseite von Herrschaft. Herrschaft kann sich nur mit Gewalt behaupten. Individuelle Traumata sind deshalb keine zufälligen Ereignisse, die sich durch Stärkung der psychischen Abwehrkräfte vermeiden lassen, sondern müssen als Verkörperungen der krankmachenden Lebensbedingungen verstanden werden.

Der geschichtliche Prozess seit der Etablierung des Privateigentums führt zwangsläufig zu wachsender Inhumanität und Barbarei. Eine Aufklärung hat noch nicht stattgefunden, da es bisher nicht gelungen ist, den Menschen die Dauerangst zu nehmen. Im Gegenteil

---

24 Fromm 2006, S. 10.

ist die Angst sogar angewachsen, weil die sichere Zugehörigkeit zu einer Gemeinschaft, der Schutzschild vor Traumatisierung, zunehmend zerstört wurde.

Traumata verändern die Menschen, weil sie zu veränderten Gewohnheiten führen. Die unterschiedlichen Charaktere der Menschen dürfen deshalb nicht als zufällig angeborene Unterschiede interpretiert werden. Sie sind die Folgewirkungen von emotionalen Verletzungen, die wiederum Ausdruck von sozialer Herrschaft sind. Traumata durchdringen die gesamte Kultur. Was für normal gehalten wird, ist das Produkt von herrschaftlich geprägten Lebensbedingungen. So wie die Schlüsselbegriffe des Selbstverständnisses (Freiheit, Vernunft, Verantwortung u. a.) Produkte sozialer Herrschaft sind, ist nicht nur das abweichende, sondern auch das normale Verhalten Ausdruck einer traumatischen Kultur.

Psychische Traumata machen anfällig für Stress. Chronische Angst kann auf die Dauer nur verarbeitet werden, indem sich der Körper an das Überangebot an Stresshormonen, an die damit verbundenen Mangelzustände von anderen lebenswichtigen Stoffen (z.B. Kohlendioxid) und an das geschwächte Immunsystem anpasst. Dies manifestiert sich in Atemstörungen oder anderen chronischen Erkrankungen wie Hypertonie, Diabetes oder Autoimmunkrankheiten (Neurodermitis, Multiple Sklerose u.a.). Die weit verbreiteten Atemstörungen, deren man sich meist nicht bewusst ist und die meist erst im Alter oder bei größeren Belastungen sichtbar werden, sind das primäre Symptom dafür, dass die vorherrschenden Lebensbedingungen zunehmend die Gesundheit beeinträchtigen.

Die Angst hat ihre Qualität total verändert. In den Stammesgesellschaften war sie eine hilfreiche Kraft, um einzelne bedrohliche Situationen zu bewältigen. Die Angst war eine direkte Aufforderung zum Handeln. Seit der Etablierung von sozialer Herrschaft und Privateigentum ist aus einer psychologischen eine soziale Kategorie geworden. Die Angst ist zur treibenden Kraft der sozialen Dynamik geworden, da sie unauflösbare soziale Widersprüche geschaffen hat. Die Angst ist eine dauerhafte Grundstimmung geworden, die das

Handeln lähmt, insbesondere den Widerstand gegen die als ungerecht empfundenen Verhältnisse. Außerdem beeinträchtigt sie die Vitalität und raubt die Lebensfreude.

Im folgenden Kapitel soll dargestellt werden, wie das Denken unter dem Einfluss von sozialer Herrschaft und Privateigentum zum egozentrischen Denken transformiert wurde. Es hat seine ursprüngliche empathische Qualität verloren, weil die Menschen aufgrund von Traumatisierungen gezwungen werden, ihr Denken auf die individuellen Bedürfnisse zu fixieren.

3. Die Entstehung des egozentrischen Denkens

»Nur wenn man noch viel verrückter denkt als die Philosophen, kann man ihre Probleme lösen.« (Ludwig Wittgenstein)

Im Paradies lebten die Menschen in enger Verbundenheit und vertrauten darauf, dass ihnen in Notlagen von anderen Gruppenmitgliedern geholfen wird. Als die Menschen jedoch nach der Einführung des Privateigentums im Zustand ständiger Angst leben mussten, löste sich die Orientierung an der Gruppe allmählich auf und machte einem egozentrischen, nur an den unmittelbaren individuellen Interessen orientierten Denken Platz. Der Verlust der Unschuld von Adam und Eva kann als eine Metapher gelesen werden, dass mit der Vertreibung aus dem Paradies das sichere und friedliche Leben beendet wurde.

Die gewaltige Veränderung des Denkens und Handelns wurde erstmals im antiken Griechenland thematisiert. Es wurde erkannt, dass die neuen Lebensbedingungen nicht mehr mit den herkömmlichen Denkgewohnheiten verstanden werden können. Die Suche nach neuen Antworten wurde von den antiken Philosophen aufgenommen. Während früher das Denken über die Lebensbedingungen im Rahmen der religiösen und mythologischen Vorstellungen stattfand, wurde jetzt zum ersten Mal in der Geschichte versucht, das Leben ohne außerirdische Kräfte zu erklären. Es entstanden die Vorstellungen, dass die Menschen von Natur aus egoistische Wesen sind und dass das Böse in der menschlichen Natur angelegt ist. Es entstand die Überzeugung, dass die Menschen ihr Leben mit Hilfe des Geistes und der Vernunft steuern und dass die Gefühle kontrolliert werden müssen. Die Philosophen haben das neue geistige Menschenbild ausformuliert, das bis heute das menschliche Selbstverständnis prägt. Insofern kann die Philosophie als eine Verarbeitung des Traumas verstanden werden, das infolge des historischen Umbruchs entstanden war.

Das neue geistige Menschenbild wurde als kultureller Fortschritt gefeiert, da das Individuum aus den Fesseln des mythologischen Denkens befreit wurde. Es wurde aber übersehen, dass das neue Menschenbild ein Versuch ist, sich mit den neuen Lebensbedingungen zu arrangieren, und dass dafür der Preis bezahlt werden musste, dass die frühere soziale Eingebundenheit verlorenging und ein Leben gegen die menschlichen Grundbedürfnisse geführt werden musste.

3.1. Leben in der Fremde

»Das "Wahre" ist, um es kurz zu sagen, das, was uns im Denken weiter bringt. Das Richtige, was uns beim Handeln hilft.«
(William James)

Der Anstoß zur Entwicklung des philosophischen Denkens in Griechenland ging vermutlich von der Erfahrung aus, dass das soziale Zusammenleben durch eine zunehmende Spaltung zwischen reichen und armen Bürgern belastet wurde. Die benachteiligten Gruppen waren nicht bereit, die Privilegien der reichen Gruppen zu akzeptieren und forderten einen gerechten Anteil an den landwirtschaftlichen Flächen. Die Angst der reichen Gruppen vor Aufständen hatte den Anlass gegeben, die politische Verfassung in Richtung Demokratie zu öffnen, um den Zusammenbruch der sozialen Ordnung zu vermeiden.

Die sozialen Konflikte führten auch dazu, dass der radikale mentale Perspektivwechsel, der mit dem sozialen Umbruch einherging, reflektiert wurde. Bei den Eigentümern entstand der Konflikt, dass das Ziel, das Eigentum zu schützen und zu vermehren, oft nur zu erreichen ist, wenn die Bedürfnisse und Interessen der anderen Menschen missachtet werden und ihnen direkt oder indirekt geschadet wird. Außerdem musste das damit verbundene Schuldgefühl verdrängt werden. Die Gruppenmitglieder mit wenig oder gar keinem Eigentum mussten ständig die Bedrohungen ihres Status abwehren. Das frühere unreflektierte Verhältnis zu sich selbst musste aufgegeben werden, da jetzt bestimmte Gefühle, insbesondere die Wut über Ungerechtigkeiten und Demütigungen nicht mehr ausgelebt werden durften bzw. konnten. Es entstanden innere Konflikte mit den eigenen Gefühlen und Bedürfnissen. Auf diesem Boden entwickelte sich die Vorstellung, dass die Menschen von Natur aus egoistische Wesen sind und die menschliche Triebnatur durch eine innere Kontrollinstanz gezähmt werden muss, damit die egoistischen Triebe mit dem Leben in der Gemeinschaft vereinbar gemacht werden. Dazu trug einerseits die Erfahrungen mit der Domestizierung von Tieren und andererseits die Erfahrung bei, dass viele Menschen ständig Befehlen von Königen, Priestern oder Eigentümern von Produktionsmitteln ausgesetzt sind und absoluter Gehorsam verlangt wurde. Gehorsam musste als rigide Gewohnheit gelernt werden. Dabei half die Vorstellung, dass der eigene Körper vom Geist (Seele, Ich) wie ein Objekt beherrscht werden muss, um so die menschliche Triebnatur an die kulturellen Lebensbedingungen anzupassen. Es wurde geglaubt, dass man sich selbst Befehle erteilen könne. Platon hat dafür das Bild geprägt, dass die Seele wie ein Reiter das Körperpferd führt.

Es entwickelte sich die Überzeugung, dass die Menschen autonom handeln können, da sie über Geist und Vernunft verfügen. Mit Hilfe des Geistes können sie frei über sich selbst verfügen. Das Denken ist an der Wahrheit orientiert. Die frühere Überzeugung, dass die Gedanken und Gefühle von den Göttern stammen, wurde aufgegeben und der Geist als die innere Quelle des Denkens aufgefasst. Die Menschen wurden für ihre Gefühle verantwortlich gemacht. Die Menschen wurden aufgerufen, ihren Egoismus zu unterdrücken und ihre Hilfsbereitschaft für andere Menschen zu stärken.

In dem neuen Menschenbild wurde der Kosmos mit dem Geist bzw. der Vernunft gleichgesetzt. Er wurde als vernünftig organisiert verstanden. Alle menschlichen Probleme wurden aus einem gestörten Verhältnis zum Kosmos abgeleitet. Störungen wurden als von den Menschen selbst produziert verstanden. Damit entstand eine individualistische Sicht auf die Dinge.

So entstand das Menschenbild der Freiheit und Vernunft. Es ist offensichtlich ein Versuch, sich mit den durch soziale Herrschaft entstandenen Lebensbedingungen zu arrangieren, die das Gemeinschaftsgefühl und die Solidarität der früheren Lebensform zerstört haben. Im Zentrum des Menschenbildes stehen abstrakte Allgemeinbegriffe wie Freiheit, Geist, Vernunft, Gerechtigkeit und Verantwortung. Da sie relativ leer sind und nicht anhand der Realität überprüft werden können, fiel nicht auf, dass das Menschenbild nicht auf einer objektiven Analyse, sondern nur auf Werten, Ansprüchen und erdachten Zielen basiert. Die Menschen haben sich mit dem Menschenbild identifiziert, da es auch Werte festhält, die in der kollektiven Erinnerung aus der Zeit im Paradies entstammen. Es wurde aber nicht gesehen, dass sie eine völlig neue Bedeutung erhalten haben.

Die Besonderheiten des neuen Menschenbildes treten besonders scharf hervor, wenn man sie mit dem Weltbild der voragrarischen Zeit vergleicht, das weder Gehorsam noch Kontrolle kannte. Die Menschen hatten eine tiefe Achtung vor der Natur und waren sich ihrer Abhängigkeit von den natürlichen Lebensbedingungen bewusst. Das drückte sich in ihrer tiefen Schicksalsgläubigkeit und im animistischen Glauben aus, dass alle Lebensprozesse von Geistern bestimmt werden. Als die Religionen aufkamen, wurden die spontanen Impulse den Göttern zugeschrieben. Es war ganz selbstverständlich, dass sich die Menschen an ihren inneren Impulsen orientierten. Da die Menschen davon überzeugt waren, dass ihre Gedanken, Gefühle und Triebe von den Göttern geschickt werden, bestand keine Notwendigkeit, sie zu kontrollieren. Die Ideen der Selbstkontrolle und Selbstbestimmung waren unvorstellbar. Es gab weder die Vernunft noch das Ich, die den Anspruch erheben, das Leben zu führen. Das zwischenmenschliche Verhalten wurde von den Prinzipien der Solidarität, der Gelassenheit, des Vertrauens und der Freiheit im Sinne sozialer Unabhängigkeit geprägt.[25] Das Menschenbild der voragrarischen Stammesgesellschaften wurde vermutlich von der Grunderfahrung geprägt, dass die Natur alle Lebensmittel zur Verfügung stellt. Alles wächst zu seiner Zeit. Es gab keinen Anlass, auf das natürliche

---

25 Es ist ungesichert, ob sich das Selbstverständnis in den voragrarischen
    Stammesgesellschaften auf diese Formel konzentrieren lässt. Die mir
    zugänglichen Dokumente sprechen dafür. Vgl. Suzman.

Wachstum Einfluss zu nehmen. Da sich die auf relativer materieller Gleichheit basierenden Lebensbedingungen nur äußerst langsam veränderten, bestand wenig Anlass, sie infrage zu stellen. Die Werte der Gleichheit, Solidarität, Empathie und Respekt wurden nicht explizit thematisiert, weil sie implizit gelebt wurden.

Die neuen Werte der Freiheit, Vernunft und Gerechtigkeit, die sich mit der Eigentumsordnung ausbreiten, sind dagegen nur Versprechungen, die in der Realität nur mangelhaft eingelöst werden können. Sie stehen im Widerspruch zu den Werten, die für die Nicht-Eigentümer wichtig sind. Die Werte der Eigentümer bemänteln im Grunde nur den Anspruch auf hemmungslose Verfolgung ihrer individuellen Interessen. Das neue Menschenbild hat den Nachteil, dass es die Ängste, die aufgrund der sozialen Herrschaft in das soziale Zusammenleben eingedrungen sind, nur scheinbar auflösen kann. Wenn die Ängste auf die menschliche Natur zurückgeführt werden, werden sie nur verdrängt. Der zugrunde liegende soziale Konflikt bleibt unverändert bestehen. Das Denken, das normalerweise danach strebt, alle Probleme aufzulösen, wird gelähmt.

In der Eigentumsordnung mit seinem Klima der Herrschaft wird das Denken dazu gezwungen, sich primär um das eigene Überleben zu kümmern. Die Eigentümer müssen verdrängen, dass sie bei der Verfolgung ihres Interesses, ihr Eigentum zu schützen und zu vermehren, anderen Menschen unter Umständen schaden. Das Denken der Menschen mit wenig oder ohne Eigentum dreht sich primär darum, wie sie sich vor Übergriffen schützen und wie sie Verletzungen ihrer Bedürfnisse und Interessen verhindern können. Auf beiden Seiten wird das Denken von Angst geprägt. Angst zwingt das Denken dazu, sich auf das eigene Überleben zu konzentrieren und dabei die Bedürfnisse und Interessen der anderen zu vernachlässigen.

Wie oben dargestellt wurde, hat das menschliche Denken seine Prägung durch das gemeinsame Handeln erfahren. Für das menschliche Denken war charakteristisch, dass es überwiegend auf gemeinsame Ziele ausgerichtet ist. Man hatte immer im Blick, wie sich das eigene Handeln auf die Mitmenschen auswirkt. Es war ganz selbstverständlich, dass die Bedürfnisse der anderen beachtet werden und darauf Rücksicht genommen wird. Nur so konnte ein harmonisches Zusammenleben gelingen. Kleine Kinder wollen von Anfang an so wie ihre Eltern sein und übernehmen deren Verhaltens- und Denkmuster. Ihr Denken wird extrem stark von den Erwartungen ihrer Eltern geprägt. Erst allmählich stellt sich das Problem, wie sie die Erwartungen mit ihren eigenen Bedürfnissen vereinbaren können. Es zeigt sich, dass bereits in der Kindheit das Denken im Blick auf die Bedürfnisse der anderen geschult wird. Es ist in der späteren Kooperation mit anderen Erwachsenen völlig unentbehrlich, da nur dann das Zusammenleben gelingt.

Die chronische Angst lässt das empathische Denken verkümmern. Es entsteht der Eindruck, dass das Denken eine rein individuelle Tätigkeit ist. Es geht die Erfahrung verloren, dass das Denken von vornherein auf die Mitmenschen bezogen ist und damit einen sozialen Charakter hat. Das Missverständnis des Denkens als einer individuellen Tätigkeit ist durch die philosophische Erkenntnistheorie, in der das erkennende Subjekt dem äußeren Objekt gegenübergestellt wird, bestärkt worden.

Die Fixierung auf das egozentrische Denken hatte zur Folge, dass die kollektiven Probleme der sozialen Ungleichheit und der sozialen Abhängigkeit als individuelle Probleme wahrgenommen wurden. Alle Probleme werden aus der Sicht der individuellen Verfügung und Kontrolle betrachtet. Es kommen nur die Problemlösungen in Betracht, die mit der bestehenden sozialen Ordnung vereinbar sind. Da die Orientierung an den sozialen Grundbedürfnissen ausgeschlossen ist, kommen nur Lösungen in Betracht, die beim Verhalten der Einzelnen ansetzen. Im Rahmen der Eigentumsordnung sind die Lösungsmöglichkeiten eng begrenzt. Das Denken wird unpolitisch, da Reformen der sozialen Ordnung als ausgeschlossen erscheinen. Es versucht die Probleme, die durch objektive Prozesse entstanden sind, subjektiv im eigenen Inneren zu lösen.

Es wird vorgeschlagen, das neue Denken als egozentrisch zu bezeichnen, um so die Fixierung auf die engstirnigen individuellen In-

teressen und die Vernachlässigung der gemeinschaftlichen Problemlösung durch die richtige Ordnung des Zusammenlebens zu betonen.
Das neue Denken könnte auch als individualistisch bezeichnet werden, wie dies häufig vorgenommen wird. Aber damit wird die Eigenart des neuen Denkens, dass die Rücksicht auf die Bedürfnisse anderer vernachlässigt wird, unzureichend getroffen. Das egozentrische
Denken ist im Grunde mit dem autoritären Denken identisch. Auch
im autoritären Denken stehen die Muster der Kontrolle und Beherrschung im Zentrum. Andere Menschen werden ausschließlich als
Mittel oder Objekte betrachtet und nicht als Wesen mit eigenständigen Bedürfnissen und Interessen akzeptiert.

Häufig wird das neue Danken als ein Fortschritt gegenüber dem
herkömmlichen mythologischen Denken verstanden. Dies ist nicht
der Fall, weil es aus einer Reduzierung auf kurzsichtige egoistische
Interessenverfolgung besteht. Es ergreift unbewusst die Partei der
herrschenden Gruppe, da es die strukturellen Probleme aus dem Bewusstsein verdrängt.

Das egozentrische Denken wird ständig von Diskrepanzerfahrun-
gen gestört. Die Überzeugung, dass das menschliche Leben mit Vernunft und Freiheit geführt werden kann, stößt immer wieder auf die
Erfahrung, dass das Leben weitgehend von unbewussten Kräften angetrieben wird und dem individuellen Denken und Handeln enge
Grenzen gesetzt sind. Diese Diskrepanz hat das philosophische Denken in große Unruhe versetzt. Es wurden immer wieder neue Argumente gesucht, um die störenden Zweifel an dem Menschenbild zu
vertreiben. Da weiterhin an transzendente Wesenheit geglaubt wurde
und die Vernunft und Freiheit als Fähigkeiten begriffen wurden, die
die Menschen mit den Göttern gemeinsam haben, war es schwierig,
die illusionären Momente im geistigen Menschenbild und die Fixierung auf das egozentrische Denken zu erkennen.

3.2. Zur Überwindung des mythologischen Denkens

»Über die Wirklichkeit kann man nicht sprechen; wenn man darüber spricht, ist es nicht mehr die Wirklichkeit.«
(Krishnamurti)

Ein wesentlicher Anstoß zu dem neuen Denken kam auch von den Handwerkern in den Städten. Das Handwerk hat durch die Siedlungsdichte, den Handel, die Landwirtschaft und zahlreiche neue technische Erfindungen einen gewaltigen Entwicklungsschub erfahren. Handwerkliche Tätigkeiten hat es schon vom Anfang der Menschheitsgeschichte an gegeben. Aber sie waren immer nur ein Teilaspekt der vielfältigen Fähigkeiten, über die jedermann verfügte. Erst in den Städten hat sich im Handwerk eine arbeitsteilige Spezialisierung durchgesetzt, so dass die handwerklichen Fertigkeiten ständig verbessert und neue Techniken systematisch weiterentwickelt wurden. Im Schiffsbau, bei der Metallverarbeitung, bei der Landvermessung, in der Medizin und Architektur wurde eine große Menge an praktischem und theoretischem Wissen angehäuft. Dieser Prozess wurde massiv gesteigert, als nach der Einführung des Münzgeldes ca. 600 v. Chr. offene Märkte für die Produkte der Handwerker entstanden. Jetzt traten die Handwerker in Konkurrenz zueinander und mussten sich bemühen, gute und preiswerte Produkte anzubieten.

Die handwerkliche Tätigkeit übt einen starken Druck auf geordnetes, effizientes Denken aus. Gute Produkte gelingen nur, wenn die natürliche Beschaffenheit der verwendeten Materialien genau beachtet wird. Außerdem muss die genaue Reihenfolge der erforderlichen Arbeitsschritte eingehalten werden. Alle Mittel müssen genau auf den Zweck des Handelns abgestimmt werden. So schult die handwerkliche Tätigkeit systematisches Denken. Sie lenkt den Blick auf die regelmäßigen Zusammenhänge zwischen Ursache und Wirkung. Handwerker lernen, sich an ihre Erfahrungen zu halten. Handwerker wissen, dass sie nur das verstehen, was sie selbst hergestellt haben. Sie wissen, dass Wissen hergestellt wird. Theorien sind in ihren Augen nur Gebrauchsanweisungen, um etwas Bestimmtes herzustellen.

Wahr ist, was erfolgreiches Handeln ermöglicht. Handwerker favorisieren einen pragmatischen Blick auf die Realität. Wie Peter Janich herausgearbeitet hat, entwickelt sich aus der handwerklichen Herstellung von Objekten eine eigene Rationalität.[26]

Je mehr der handwerkliche Blick auf die Wirklichkeit geschult wurde, umso weniger konnte akzeptiert werden, dass überall magische Kräfte am Werk sind. Handwerker neigen dazu, mythologischem Wissen zu misstrauen, da es nicht durch Erfahrungen belegt werden kann. Magische Kräfte wurden deshalb in die jenseitige Welt zurückgedrängt oder ganz infrage gestellt. Daraus ergibt sich die These, dass das Handwerk der Geburtsort des zweckrationalen Denkens ist.

Die sozioökonomischen Veränderungen im Vorderen Orient erreichten mit einiger zeitlicher Verzögerung Griechenland, das am Rand der historischen Wandlungsprozesse lag. Die Griechen betrieben einen intensiven Handel mit dem orientalischen Raum und hatten viele Erfindungen von dort übernommen. Wegen der zerklüfteten geographischen Struktur Griechenlands hatte sich dort kein zentrales Königtum mit einem Herrschaftsanspruch über große Gebiete herausgebildet. Außerdem fehlte hier eine zentral organisierte Priesterschaft, die das Denken der Bevölkerung kontrollierte. Von zentraler Bedeutung war auch, dass das antike Griechenland die erste Gesellschaft war, die einen voll ausgebildeten Markt mit Münzen als Tauschmittel entwickelt hatte. Aufgrund dieser einzigartigen Konstellation waren in Griechenland die Kräfte der Tradition relativ schwach. Während in der übrigen Welt, in der das mythische Denken dominierte, die sozialen Lebensbedingungen als Manifestation der göttlichen Weltordnung galten, konnten sie zum ersten Mal als von den Menschen selbst gemacht und deshalb auch als veränderbar begriffen werden. Deshalb waren die Griechen in der Lage, die Konsequenzen der sozioökonomischen Veränderungen nach der Einführung des Privateigentums für das Denken und das Menschenbild zu

---

26 Vgl. Janich 2015, S. 17.

formulieren.

In dem relativ offenen Milieu konnten neue Begriffe gebildet werden, die als geeignet erschienen, die neuen Erfahrungen auszudrücken. Es entstanden die abstrakten Allgemeinbegriffe wie *Seele, Geist, Vernunft, Kosmos, Natur, Sein* u. Ä.. Die Verwendung solcher Begriffe war nach der Auffassung von David Graeber die Geburtsstunde der Philosophie.[27]

Das Neue am griechischen Denken war keineswegs, dass ein transzendenter Standpunkt entwickelt wurde, von dem aus die Welt als Ganze in den Blick genommen werden kann, wie Jürgen Habermas behauptet.[28] Vielmehr wurden zur Erklärung der grundsätzlichen Fragen nach der Herkunft des Lebens und der Stellung der Menschen in der Welt nicht mehr transzendente Instanzen, sondern die neuen unpersönlichem, abstrakten Allgemeinbegriffe verwendet. Mit dem Wandel der Begriffe wurde keineswegs ein kognitiver Durchbruch erzielt, sondern wurden lediglich die überkommenen mythologischen Erzählungen durch neue Erzählungen mit abstrakten Pseudopersonen ersetzt. Das Denken mit solchen Begriffen unterscheidet sich kaum vom traditionellen mythischen Denken, das überall transzendente Wesen am Werk sieht. Es werden nach wie vor imaginäre Verursacher angenommen. Während im mythischen Denken die Kräfte einer transzendenten Welt angehören, verlagert das philosophische Denken die Kräfte in die innere Welt des Geistes mit seinen Gedanken. Die philosophischen Begriffe wurden unbemerkt zu quasi-übernatürlichen Wesen mystifiziert. Der einzige Unterschied zum mythischen Denken liegt darin, dass sich die philosophischen Begriffe auf unpersönliche Kräfte oder Prinzipien beziehen. Indem den unbekannten Kräften ein Name gegeben wurde, schienen sie verstehbar und kontrollierbar zu sein. Die philosophischen Grundbegriffe erhielten eine magische Aura. Die Philosophie hat die Welt nicht entzaubert, sondern nur dem mythischen Zauber eine neue Gestalt gegeben.

Das zweckrationale, effizienzorientierte Denken der Handwerker

---

27   Graeber 2012, S. 258.
28   Vgl. Habermas, S. 473.

kollidierte mit dem mythischen Denken der Priester und Schamanen, das in den traditionellen Gesellschaften die vorherrschende Denkform war.[29] Alles, was den Menschen widerfuhr, wurde auf Geister oder magische Kräfte zurückgeführt. Es komme darauf an, das Wohlwollen der Geister mit Gebeten, Opfern u. a. zu erreichen. Die magischen Kräfte wurden als Teil der Wirklichkeit begriffen.

Die Philosophen haben sich in dem Konflikt zwischen dem mythischen und zweckrationalen Denken eher auf die Seite der Handwerker gestellt und den neuen handwerklichen Blick auf die Realität aufgegriffen. Zum Teil waren sie selbst Handwerker oder interessierten sich für deren Tätigkeit. Die meisten Philosophen waren sehr vielseitig interessiert. So wird von Demokrit berichtet, dass er sich mit Mathematik, Physik, Astronomie, Navigation, Geographie, Anatomie, Physiologie, Psychologie und Medizin beschäftigt hatte. Offensichtlich waren die Philosophen sehr offen für praktisches Wissen.

Die Philosophen, die der aristokratischen Welt entstammten, neigten aber dazu, die handwerkliche Tätigkeit im Vergleich zur politischen, theoretischen und kontemplativen Tätigkeit als minderwertig abzuwerten. Sie wollten sich die Freiheit des Denkens nicht durch die empirische Erfahrung einschränken lassen. Deshalb konnten sie sich noch nicht vollständig vom mythischen Denken emanzipieren. Das mythische Denken hat sich bloß aus dem Alltag in die begriffliche Transzendenz zurückgezogen. Selbst tausende Jahre später reichte bei dem philosophierenden Handwerker Spinoza die kritische Denkpotenz nur dazu aus, den Gottesbegriff zu einem abstrakten Prinzip zu entpersönlichen.

Viele Philosophen haben zum Teil an dem mythischen Blick auf die Realität festgehalten, weil sie davon ausgingen, dass die Dinge ihre Bedeutung in sich selbst haben. So verwendete Platon weiterhin mythologische Gedanken.[30] Er nahm an, dass die Sprache ein Abbild der objektiven Realität liefere. Dem Denken wurde die Funktion zu-

29 Vgl. Habermas, S. 417.
30 Vgl, Heit, S. 224.

geschrieben, die Realität zu erkennen. Die Philosophen sahen sich in der Rolle eines Zuschauers, der Gedanken vorfindet und berichtet, was wahr ist. Da sich ihre Gedanken auf die innere Welt des Geistes beziehen und untauglich für die Lösung von praktischen Problemen sind, haben sie einen mythologischen Charakter.

Demnach ging die Säkularisierung des Denkens nicht primär von den Philosophen, sondern von den Handwerkern aus. Die Behauptung, dass die Philosophie den Mythos überwunden hat, erweist sich als eine Erzählung mit dem Titel »Vom Mythos zum Logos«. Die Götter wurden durch Namen für unpersönliche Kräfte ersetzt. Es wurde vernachlässigt, dass alle kulturellen Fortschritte von konkreten materiellen Veränderungen der Lebenspraxis ausgegangen sind. Wegen der philosophischen Abwertung des Handwerks konnte seine riesige Bedeutung für die Geschichte des Denkens nicht erkannt werden.

3.3. In der geistigen Welt

»Gewöhnlich glaubt der Mensch, wenn er nur Worte hört, es müsse sich dabei doch auch was denken lassen.« (Johann Wolfgang von Goethe)

Die Besonderheit der Philosophie im Vergleich zur Religion wird erst deutlich, wenn die Eigenart ihrer typischen Begriffe analysiert wird. In meinem Buch *Wie Denken funktioniert* habe ich herausgearbeitet, dass es eine strukturelle Differenz zwischen den Begriffen für die Gegenstandswelt einerseits und den Begriffen für die sogenannte Welt der Gedanken, Bedeutungen, Überzeugungen und Gefühle gibt, und dass diese Differenz in der Philosophie viel zu wenig beachtet wurde. Viele philosophische Probleme ließen sich besser verstehen, wenn die Besonderheit der Begriffe für die Welt des Geistes beachtet werden würde.

Die Begriffe für Gegenstände umfassen eine Vielzahl von ähnlichen Gegenständen (z. B. Vogel). Mit den Begriffen werden Klassen von ähnlichen Gegenständen bzw. Lebewesen zusammengefasst und

von anderen abgegrenzt. Für alle Klassenbegriffe kann problemlos
ein gegenständlicher Prototyp benannt werden. Sie erhalten ihre Bedeutung von den Funktionen, die die bezeichneten Objekte für die
Menschen haben. Obwohl alle Begriffe abstrakt sind, hat das Denken
keine Probleme damit, da sie sich darauf beziehen, wie mit den Gegenständen umgegangen werden kann. Die Abstraktheit dieser Klassenbegriffe ist ein Vorteil, weil damit allgemeine Aussagen getroffen
werden können.

Demgegenüber werfen die Begriffe, die sich auf mentale und
psychische Zustände beziehen – wie z. B. die Begriffe Verstand, Ich,
Es, Selbst, Denken, Bewusstsein, Erkenntnis, Wahrheit, Freiheit,
Wille, Absicht, Geist, Seele, Verantwortung, Gerechtigkeit u. a. –
große Probleme auf. Sie sind keine Klassenbegriffe, unter die sich
vielfältige ähnliche Phänomene subsumieren lassen. Auch lassen sie
sich nicht einem Prototyp, noch weniger einem wahrnehmbaren Gegenstand zuordnen. Sie beziehen sich meistens auf innere Zustände
oder auf Urheber von inneren Aktivitäten. Während sich bei den normalen Begriffen die Bedeutung zwingend aus den wahrgenommenen
Funktionen der Gegenstände ergibt, ist dies bei den Begriffen für
mentale und psychische Zustände nicht der Fall. Sie werden deshalb
als abstrakt bezeichnet.

Die Besonderheit der philosophischen Begriffe tritt klarer hervor,
wenn vier Gruppen von Begriffen getrennt betrachtet werden.

1. Zur ersten Gruppe gehören die Begriffe wie Seele, Geist,
Selbst, Wille, Ich und Vernunft. Sie beziehen sich auf innere Urheber
von mentalen und psychischen Prozessen. Da sie sich nicht auf konkrete Anschauungen beziehen, verlangen sie nach einer Definition.
Bei den Begriffen Seele und Geist hat man sich z. B. ursprünglich
auf den Prozess des Atems gestützt, da er offensichtlich in engem
Zusammenhang mit den mentalen Prozessen steht. Andere abstrakte
Begriffe entstanden dadurch, dass Verben in Substantive umgewandelt wurden. Dadurch geht der ursprüngliche Bezug zu konkreten
Prozessen verloren, so dass es sich bei den neuen Begriffen um Gegenstände zu handeln scheint. Die Begriffe werden praktisch verge-

genständlicht. Um solche bedeutungslosen Begriffe verwenden zu können, müssen sie wie menschliche Personen behandelt werden. So wurde z. B. die Seele unbemerkt zu einem inneren Wesen mit einem Eigenleben. Man sieht den Begriffen nicht mehr ihre Herkunft aus menschlichen Aktivitäten an.

2. Die zweite Gruppe umfasst abstrakte philosophische Begriffe, die sich auf die Fähigkeiten der inneren Urheber beziehen. Dazu gehören z. B. Erkenntnis, Verstehen, Vorstellung, Entscheidung, Freiheit oder Gerechtigkeit. Diese Begriffe sind ebenfalls dadurch entstanden, dass Verben in Substantive umgewandelt wurden. So wird z. B. aus dem Verb *erkennen* die Erkenntnis, aus *wollen* der Wille, aus *nicht sterben* die Unsterblichkeit. Die künstlich gebildeten Begriffe haben in der Regel nur eine vage Beziehung zu den Begriffen, von denen sie grammatikalisch abgeleitet wurden. Insgeheim werden sie mit Gegenstandsbegriffen gleichgestellt. Sie werden verdinglicht, und es wird vergessen, dass es bei den Begriffen um Aktivitäten geht. Während die Verben unmittelbar verstanden werden, da sie sich auf bekannte menschliche Bewegungen beziehen, gilt dies wegen ihres Mangels an Anschauung nicht für die aus ihnen abgeleiteten abstrakten Begriffe. Auch diese Begriffe müssen so behandelt werden, als würde es sich um Personen mit besonderen Eigenschaften handeln.

3. Einige abstrakte philosophische Begriffe beziehen sich auf die Beziehungen zwischen Gegenständen (Kausalität, Funktion, Gesetz, Notwendigkeit, Zeit, Ordnung, System, Struktur) oder Personen (Wert, Sinn, Zweck, Grund, Anerkennung, Achtung). Wie unten dargestellt wird, muss die Art der Beziehung zwischen Gegenständen oder Personen interpretiert werden, da sie nicht beobachtet werden kann. Im Grunde handelt sich auch bei diesen Begriffen um Personifikationen von Aktivitäten. Es handelt sich letztlich um Erwartungen und Einstellungen. Etwas Gedachtes wird als etwas Faktisches betrachtet. Die Begriffe scheinen eine eigene Existenz zu haben.

4. Schließlich gibt es noch die abstrakten Begriffe, die den Raum abstecken, in dem das menschliche Handeln stattfindet (Welt, Reali-

tät, Sein, Raum, Wirklichkeit u. Ä.). Da das Außermenschliche immer nur partiell erfasst werden kann, verführen diese Begriff mit ihrem Anspruch auf Ganzheitlichkeit zu der Illusion, dass das Ganze
erkannt werden könnte.

In der Philosophie wurden die abstrakten philosophischen Begriffe lange Zeit als reine Begriffe verstanden. Es wurde davon ausgegangen, dass sie direkt dem Verstand entspringen und einen Bezug
zu immateriellen Entitäten haben. Deshalb konnte ihre Problematik
nicht erkannt werden. Die Besonderheit der abstrakten philosophischen Begriffe besteht darin, dass sie nicht Zeichen für etwas sind,
das im alltäglichen Gebrauch eine Bedeutung hat, sondern dass sie
reine Erfindungen sind, die eine bestimmte Funktion haben. Ihr entscheidendes Merkmal besteht darin, dass sie nicht aus dem Handeln
hervorgehen und deshalb bedeutungsleer sind. Da Begriffe ohne Bedeutung nicht benutzbar sind, muss ihre Bedeutung von woanders
her ausgeliehen werden. In der Regel geschieht dies mit Metaphern.
So wird z. B. der Begriff der Gerechtigkeit mit der Metapher der
Waage verbunden. Oder bei den Begriffen *Geist*, *Vernunft* und *Seele*
wird so getan, als ob es sich um innere denkende und fühlende Personen handeln würde, die bestimmte Eigenschaften haben. Daher hat
z. B. der Begriff der Vernunft bei jedem Philosophen eine andere Bedeutung.

Die neuen Begriffe waren eine Antwort auf das Problem, dass
viele überkommene mythologische Erklärungen als unzureichend
empfunden wurden. Seitdem erkannt wurde, dass die Notlage, in der
sich die Menschen aktuell befinden, von den Menschen selbst verursacht wurde, konnten nicht mehr die Götter dafür verantwortlich
gemacht werden. Offensichtlich sind die neuen abstrakten Allgemeinbegriffe ein Ersatz für die Götter, die auf der Suche nach einer
Erklärung für Naturkatastrophen wie Erdbeben, Überschwemmungen
oder Ernteausfälle erfunden wurden. Die neuen Begriffe haben die
Funktion, etwas zu erklären, zu begründen oder zu legitimieren. Sie
wurden nicht entwickelt, um das Handeln präzise zu beschreiben und
anzuleiten, sondern um theoretische Erklärungen für Phänomene zu

konstruieren, die schwer zu verstehen sind. Damit konnte die Überzeugung wiederhergestellt werden, dass die Menschen die äußere Natur kontrollieren können. Die philosophischen Allgemeinbegriffe waren im Grunde Strategien zur Bewältigung von Krisen und Notlagen.

Da man gewohnt war, Notlagen mit dem Walten von Göttern, die letztlich auch abstrakte Instanzen sind, zu erklären, wurde die Abgehobenheit der neuen abstrakten Begriffe nicht bemerkt. In der Regel wurde vergessen, dass die neuen Begriffe keinen Gegenstandsbezug haben und nur Hilfsmittel sind, um die Prozesse zu verstehen, von denen man überwältigt wurde. Sie wurden mit normalen Begriffen gleichgesetzt, und es wurde unterstellt, dass ihnen etwas Faktisches entspricht. So entstand z. B. die Überzeugung, dass sich der Begriff *Seele* auf ein reales Phänomen bezieht, obwohl er lediglich ein Kunstbegriff ist, um die eigentümliche Erfahrung zu fassen, dass die Menschen selbstbestimmte Akteure zu sein scheinen. Oder die Begriffe *Verstand*, *Vernunft* und *Geist*, die die Träger des Denkens sein sollen, wurden in Namen für real existierende Instanzen umgewandelt, obwohl sie bloß künstliche Hilfsbegriffe sind. Die Begriffe wurden mit der Wirklichkeit gleichgesetzt und verdinglicht. Man könnte auch sagen, dass sie mythologisiert wurden, da sie praktisch wie überirdische Wesenheiten behandelt werden. Es entstand die Täuschung, dass die Begriffe Bestandteile der Wirklichkeit sind (»Die Wirklichkeit ist sprachlich strukturiert«), und dass alle Begriffe von sich aus eine feste Bedeutung haben. Es konnte nicht bemerkt werden, dass die grammatikalisch konstruierten philosophischen Begriffe von Haus aus bedeutungslos und ihre Bedeutung vom kulturellen Kontext abhängig sind. So ist z. B. der Begriff der Gerechtigkeit dafür entwickelt worden, als richtig eingeschätzte Beziehungen der Menschen untereinander und zu den Dingen zu bezeichnen. Er enthält keine festen Eigenschaften, sondern muss in jeder historischen Situation neu mit den Regeln gefüllt werden, die für die jeweiligen Beziehungen als richtig empfunden werden. Wird jedoch nach dem Wesen der Gerechtigkeit gefragt, wird der Begriff wie ein Begriff für

Dinge behandelt. Es wird deshalb zu Recht von Sprachfetischismus gesprochen.

Die philosophischen Begriffe ließen eine innere Welt des Geistes entstehen, die von verschiedenen immateriellen Wesen bevölkert ist, die Überzeugungen, Absichten, Entscheidungen und eine relativ große Verfügungsmacht haben. Daneben gibt es eine Fülle von Zuständen und Prozessen, die mit Begriffen wie Gefühl, Emotion, Selbstachtung, Achtsamkeit, Selbstkontrolle, Selbstvertrauen, Integrität u. Ä. umschrieben werden. Weil sich keiner der Begriffe auf eindeutig identifizierbare Gegenstände bezieht, handelt es sich um eine Scheinwelt, die wenig mit der realen Welt des Handels zu tun hat. Typische philosophische Sätze lassen den Eindruck entstehen, dass sie mit normalen Sätzen identisch sind, da sie über Subjekte berichten, die bestimmte Aktivitäten tun. Beim genauen Hinschauen zeigt sich aber, dass es um Handlungen von Pseudosubjekten in einer geistigen Scheinwelt geht. Mit solchen abstrakten Begriffen entstand eine neue Form von Erzählungen. Sie handeln nicht mehr von transzendenten Wesenheiten wie in den mythologischen Erzählungen, sondern von immateriellen Urhebern wie Geist, Seele, Ich, Selbst, Wille, Vernunft u. a. So ist z. B. die Behauptung »Es gibt Willensfreiheit« ein Pseudosatz, da der Wille eine rein begriffliche Konstruktion und damit ein Pseudosubjekt ist.[31] Auch der Satz »Das Gehirn entscheidet« ist bloß eine Erzählung, da das Gehirn ebenso wie ein Pseudosubjekt behandelt wird.

Während das praktische Denken ständig im Kontakt mit der Wirklichkeit steht und von dort Impulse zur Korrektur erhält, können in der Scheinwelt des Geistes keine Erfahrungen gemacht werden. Philosophische Sätze sind deshalb genauso wenig wie mythologische Erzählungen überprüfbar.

Wie alle Begriffe nehmen auch die abstrakten philosophischen Hauptbegriffe Gewohnheitscharakter an. Wenn an ein bestimmtes Problem gedacht wird, stellt sich automatisch der entsprechende Be-

31 Vgl. Kap. 4.3.

griff ein. Während bei den Gewohnheiten des Handelns sofort gespürt wird, dass sie nicht mehr stimmig sind, fehlt bei den philosophischen Kunstbegriffen diese Rückkoppelung mit praktischen Erfahrungen. Der Gewohnheitscharakter der Kunstbegriffe wird noch
dadurch verstärkt, dass sie in der Regel in einem Autoritätsverhältnis
von Lehrer und Schüler gelernt werden. In einer herrschaftlich organisierten Gesellschaft beanspruchen die Lehrer Autorität für sich und
sind in der Regel wenig bereit, ihre zentralen Begriffe infrage stellen
zu lassen.

Allen künstlichen Allgemeinbegriffen ist gemeinsam, dass sie
nicht verstanden werden können, sondern auswendig gelernt werden
müssen, da ihnen keine eigene, aus der Erfahrung gewonnene Bedeutung zugeordnet werden kann. Ihre Bedeutung muss durch anerkann-
te Autoritäten festgelegt werden. Solche Begriffe können nur benutzt
werden, wenn die aktuell gültige Definition auswendig gelernt wird.
Der Gebrauch von abstrakten philosophischen Allgemeinbegriffen ist
damit immer auch eine Einübung in autoritäres Denken. Indirekt
wird Gehorsam gegenüber den Konzepten von Autoritäten erzwungen.

Der Gebrauch von künstlichen Allgemeinbegriffen ist nach Auffassung von Hans Vaihinger ein notwendiges Übel. Das Denken
müsse den Umweg über die Kunstbegriffe nehmen, damit es überhaupt in der Lage ist, dem Handeln zu helfen. Es würden aber unlös-
bare Scheinprobleme entstehen, wenn vergessen wird, dass diese Begriffe nur Hilfsmittel sind, um auf bestimmte Phänomene im Bereich
der mentalen und psychischen Innenwelt hinzuweisen. Denn solche
Begriffe sind nur künstlich geschaffene Fiktionen, die das Denken
von der Wirklichkeit wegführen.[32] Nur wenn die Begriffe im Bewusstsein ihres fiktiven Charakters verwendet werden würden, könnten mit ihnen brauchbare Ergebnisse erzielt werden.

Diese Kritik von Vaihinger übersieht, dass die philosophischen
Begriffe weder für das praktische Handeln noch für die Lösung von

---

32   Vgl. Vaihinger.

praktischen Problemen erforderlich sind, sondern für die Wiederherstellung der Überzeugung entwickelt wurden, dass die Menschen der äußeren Natur nicht ohnmächtig ausgeliefert sind. Wenn angenommen wird, dass die Natur eine vernünftige Ordnung hat, kann die Angst vor Katastrophen gebannt werden.

Die Spaltung von Denken und Handeln, die im aristokratischen Milieu Griechenlands selbstverständlich war, hat die Verwendung von abstrakten Allgemeinbegriffen begünstigt. Denn der Status der freien Männer bestimmte sich durch die Befreiung von handwerklicher und landwirtschaftlicher Arbeit. Die Geringschätzung des Handelns hatte dazu geführt, dass das Denken als Selbstzweck missverstanden wurde. Es wurde nicht erkannt, dass alle Gedanken von der jeweiligen historischen Situation und den sozial bedingten Interessen geprägt werden.

Abstraktes Denken gab es bereits in den voragrarischen Stammesgesellschaften. Schließlich ist jedes Ordnen von Erfahrungen eine Abstraktionsleistung. Aber es hatte sich nie von den konkreten Zusammenhängen abgelöst.[33] Es gab schlicht kein Bedürfnis für abstrakte Allgemeinbegriffe, weil sich das Denken stets an konkreten Problemen orientierte.[34] Die Qualität des abstrakten Denkens hat sich erst seit der Einführung des Münzgeldes im 6. Jh. v. Chr. radikal verändert. Relativ zeitgleich wurden in allen Gesellschaften, die das Münzgeld verwendeten, abstrakte Allgemeinbegriffe (Tao, Logos, Sein, Kosmos, das Unbegrenzte, Seele u. a.) erfunden und in philosophischen Überlegungen verwendet (z. B. Lao-Tse, Konfuzius, Buddha, Vorsokratiker). Es wird vermutet, dass dies damit zusammenhängt, dass beim Warentausch ungleiche Waren dadurch miteinander verglichen werden, dass sie auf ihren quantitativen Wert reduziert werden. Beim Vergleich des Geldwertes von Waren wird indirekt gelernt, von jeder empirischen Qualität zu abstrahieren und in abstrak-

---

33   Diamond, S. 148.
34   Die animistischen Begriffe für Götter und Geister waren keine abstrakten Allgemeinbegriffe, sondern wurden wie Namen verwendet.

ten Formen zu denken.[35] Die neuen Begriffe wurden allmählich akzeptiert, weil durch die Münzwirtschaft der Boden für das Denken mit unanschaulichen Begriffen vorbereitet worden ist. Da der Tauschwert eine Eigenschaft der Dinge zu sein scheint, konnte sich die Überzeugung bilden, dass es sich auch bei den abstrakten Allgemeinbegriffen um reale Entitäten handelt und dass die Dinge ein inneres objektives Wesen haben.

Die herrschenden Gruppen unterstützen regelmäßig den Gebrauch der abstrakten Allgemeinbegriffe, da sie sich wegen ihrer relativen Unbestimmtheit vorzüglich dafür eignen, die soziale Herrschaft und die damit verbundene Ungleichheit zu legitimieren. So konnten mit dem neuen Menschenbild der Vernunft und Freiheit, das sich ausschließlich auf abstrakte Allgemeinbegriffe stützt, die neuen sozialen Lebensbedingungen als eine natürliche Ordnung gerechtfertigt werden. Herrschaftssysteme sind ein idealer Nährboden für abstrakte Allgemeinbegriffe.

Als Fazit ergibt sich die Hypothese, dass die philosophischen abstrakten Allgemeinbegriffe aus dem Versuch hervorgegangen sind, die sozialen Traumata zu verarbeiten, die mit dem Umbruch von den vorbäuerlichen Siedlungsgemeinschaften zu den Eigentümergesellschaften entstanden sind. Sie wurden zum selbstverständlichen Bestandteil des Denkens, weil das Trauma in die Struktur des Zusammenlebens eingedrungen ist. Da das Privateigentum an Grund und Boden zur Voraussetzung für soziale Selbstständigkeit geworden ist, verlangte der ständige Kampf um das Eigentum den Einsatz von Gewalt. Wie oben bereits ausgeführt wurde, lässt die damit verbundene Angst egozentrisches Denken entstehen.

---

35 Vgl. Sohn-Rethel und Graeber 2012, S. 258.

3.4. Der Dualismus von Leib und Seele

»Das meiste bewusste Denken eines Philosophen ist durch seine Instinkte heimlich geführt.« (Friedrich Nietzsche)

Der starke Einfluss der abstrakten Allgemeinbegriffe auf das Denken lässt sich an dem Dualismus von Leib und Seele – in der Gegenwart wird meistens vom Dualismus von Körper und Geist gesprochen – ablesen, der nach wie vor zu den Rätseln der Philosophie gehört. Wiederholt wurde er als Scheinproblem markiert. So hat z. B. Rudolf Carnap in seinem Aufsatz »Scheinfragen in Metaphysik und Theologie« klargestellt: »Wenn hier mit »Seele« nicht ein bestimmtes, beobachtbares Verhalten gemeint ist, sondern etwas anderes, nicht Beobachtbares, das außer dem Verhalten noch da ist oder »hinter« ihm liegt, so erfüllt ein solcher Begriff die aufgestellte Forderung nicht. Er besitzt keine Definition, die auf Wahrnehmbares verweist, und ist daher ein ungedecktes Papier, ein Wort ohne Bedeutung.«[36]

Mit dem Begriff der Seele sollte ursprünglich die Frage geklärt werden, wer der Akteur der eigenen Gedanken und Handlungen ist. Diese Frage stellte sich, als in der Antike die Glaubwürdigkeit des animistischen Weltbildes verloren ging. Da wahrgenommen wurde, dass alle Gedanken und Gefühle mit Veränderungen des Atems einhergehen, lag es nahe, den Atem als Ursprung der Gedanken zu betrachten. Bald wurde der Atem als Quelle aller Gedanken und Gefühle zu einer inneren personalen Instanz verselbstständigt, die in der deutschen Sprache als Seele bezeichnet wurde. Da der Begriff der Seele religiöse Vorstellungen enthält, wurde er im Verlauf der Geschichte durch den Begriff des Geistes ersetzt, der sich letztlich auch vom Atem ableitet, wie dies am lateinischen Begriff *spiritus* für Geist abzulesen ist. Es stellte sich damit das Problem, wie der Geist mit dem Körper kommuniziert.

Der Begriff des Körpers umfasste lange Zeit alles, was außerhalb

---

36   Carnap 2004, S. 60.

der Welt des Geistes existiert. Er nahm seine radikale Opposition zum Geist erst an, als sich das mechanistische Verständnis des Körpers durchgesetzt hatte und der Körper als ein geist- und seelenloses Materiebündel betrachtet wurde (Descartes). Seitdem wurde der Körper als Bioautomat und die Menschen als Marionetten von deterministischen Kräften (Es, Gene, Triebe) verstanden.

Die Vielzahl der bisherigen Vorschläge, wie der Dualismus von Körper und Geist aufgelöst werden könnte, hängt damit zusammen, dass die beiden abstrakten Allgemeinbegriffe mithilfe von problematischen Denkschemata verknüpft wurden:

1. Nach dem Denkschema der Identität besteht zwischen den Polen Körper und Geist kein Unterschied (Monismus). Beide sind Teile eines Ganzen. Ein Teil lässt sich nicht ohne den anderen verstehen.

2. Das Denkschema des Dualismus führt zu der Vorstellung, dass beide Pole eine eigenständige, getrennte Realität haben (Substanzdualismus). Deshalb ist das Verhältnis durch wechselseitige Bezogenheit zu bestimmen.

3. Beim Denkschema des Reduktionismus ist entweder alles Geist oder alles Materie. Ein Pol kann aus dem anderen abgeleitet werden.

Da sich Denkschemata letztlich nicht begründen lassen, haben sich alle Lösungsvarianten des Dualismus als anfechtbar erwiesen.

Beim Dualismus von Körper und Geist geht es letztlich um das Verhältnis von Fühlen und Denken. Das Fühlen wird traditionell als ein Ausdruck des Körpers verstanden, während das Denken dem Geist zugeordnet wird. Wie weiter unten ausführlich begründet wird, sind Denken und Fühlen keine natürlichen Bereiche, die sich klar voneinander unterscheiden lassen. Es sind keine grundverschiedenen Funktionen. Da die Gedanken und Gefühle untrennbar miteinander verbunden sind, wäre es falsch zu sagen, dass die Gefühle das Denken beeinflussen. Es wäre auch falsch anzunehmen, dass die Gefühle die Ursache der Handlungen sind. Da Denken und Fühlen keine unabhängig voneinander bestehenden Funktionen sind, ist auch die verbreitete Vorstellung falsch, dass beide in unaufhörlicher Wechselwirkung stehen. Es handelt sich lediglich um Begriffe, die den pragmatischen Zweck haben, die verschiedenen Aspekte des Handelns direkt ansprechen zu können. Der Psychologe Dieter Ulich bestätigt, dass die Abfolge von Emotion und Kognition prinzipiell nicht zu entscheiden ist.[37] Wenn von Gedanken und Gefühlen gesprochen wird, ist dies nicht mehr als ein Versuch, das komplexe Phänomen des Handelns mit seinem unentwirrbaren Geflecht von biologischen, psychischen und sozialen Aspekten zu interpretieren.

Die Untrennbarkeit von Denken und Fühlen ergibt sich daraus, dass sie einen gemeinsamen biologischen Ursprung haben. Beide entstanden im Zusammenhang mit der biologischen Entwicklung des zielgerichteten Handelns. Denken und Fühlen ermöglichen flexible und umweltangepasste Handlungsgewohnheiten.

Lange Zeit wurden Denken und Fühlen so verstanden, dass sie Manifestationen des Atems sind. Es wurde davon gesprochen, dass der Atem den Geist mit dem Körper verbindet. Offensichtlich wurde dabei die irreführende Metapher der körperlichen Verbindung verwendet. Es wurde fälschlicherweise impliziert, dass der Geist etwas Gegenständliches ist. Der Atem wurde zu einer unabhängigen geistigen Kraft mystifiziert. Es wurde nicht erkannt, dass der Atem lediglich die Artikulation der Gefühle und Gedanken möglich macht. Genauso wie der Atem ein rein körperlicher Prozess ist, sind auch die Gefühle und Gedanken letztlich körperliche Prozesse, wie in den nächsten Kapiteln gezeigt werden wird.

Zu Recht geht die Gehirnforschung davon aus, dass alle mentalen und psychischen Zustände auf neuronalen Aktivitäten basieren und damit in körperlichen Prozessen verankert sind. Alle geistigen und psychischen Funktionen haben ein körperliches Substrat und arbeiten mit ähnlichen Mechanismen wie die körperlichen Funktionen. Sie organisieren sich genauso selbst, wie dies für die körperlichen Funktionen längst anerkannt ist. Auf der Ebene der Gehirnzellen gibt es keine Unterscheidung zwischen mentalen, psychischen und körperlichen

---

37   Vgl. Ulich, S. 26.

Prozessen. Alle neuronalen Prozesse unterstützen die zentrale Aufgabe des Gehirns, gewohnheitsmäßige Bewegungen zu organisieren. Die neuronalen und die mentalen Prozesse sind identisch. Es kommt auf den Standpunkt an, aus dem diese Prozesse betrachtet werden. Deshalb ist auch die Frage, ob das bewusste Erleben von Gedanken, Gefühlen und Wahrnehmungen ein eigenständiger Prozess oder identisch mit den physiologischen Grundlagen im Gehirn ist, falsch gestellt. Ebenso ist es sinnlos zu fragen, ob die mentalen und die körperlichen Prozesse völlig voneinander getrennt oder engstens miteinander verbunden sind. Die traditionelle Unterscheidung zwischen geistigen und körperlichen Aktivitäten ist falsch.

Die jahrhundertelang während Diskussion um den Dualismus von Körper und Geist zeigt, dass das einmal begrifflich Getrennte nicht wieder problemlos zusammengefügt werden kann. Wenn die Welt in zwei Bereiche aufgespalten wird, kann die Einheit nicht im Denken wiederhergestellt werden. Der häufig verwendete Begriff der leib-seelischen Einheit ist dafür ebenso wenig geeignet, wie die Behauptung, dass Körper und Geist nur komplementäre und miteinander verschränkte Aspekte sind.[38] Es ist unmöglich, den qualitativen Unterschied zwischen beiden Seiten wieder aufzuheben. Dies kann nur gelingen, wenn die Begriffe selbst aufgelöst werden und erkannt wird, dass sie nur Kunstbegriffe sind, die das Denken über die schwer fassbaren Phänomene der unteilbaren psychisch-mentalen Innenwelt erleichtern sollen.

Wenn erkannt wird, dass die Begriffe *Körper* und *Geist* mentale Konstrukte sind, stellt sich nicht mehr die Frage, wer der Akteur der eigenen Handlungen ist. Damit erweist sich die traditionelle Vorstellung, dass die Menschen über ihren Körper wie über ein Instrument verfügen können, als ein Irrtum. Die Formulierungen, dass »ich einen Körper habe« oder dass »ich der Eigentümer meiner selbst bin«, enthalten die falsche Annahme, dass der eigene Körper wie ein Gegenstand benutzt werden kann. Da der Dualismus von Körper und

---

38   Fuchs, S. 220.

Geist eine Fiktion ist, ist die Vorstellung absurd, dass der Körper wie ein Werkzeug eingesetzt werden kann. Man steht nicht dem Körper gegenüber, sondern lässt sich von den Handlungsimpulsen führen, die weder dem Körper noch der Seele bzw. dem Geist zugeordnet werden können. An den eigenen Gewohnheiten kann erfahren werden, wie die mentalen, psychischen und körperlichen Aspekte des Handelns untrennbar miteinander verflochten sind.

Aus historischer Sicht ist der Dualismus ein unzureichender Ausdruck des dualistischen Körperverständnisses, das sich unter den Bedingungen sozialer Herrschaft herausgebildet hatte. Nach meiner Analyse basiert das dualistische Lebensgefühl auf der Überzeugung, dass die körperlichen Bedürfnisse und Emotionen kontrolliert werden müssen. Es wurde geglaubt, dass diese Aufgabe zur menschlichen Natur gehört. Dieses Problem ist erst durch die Etablierung von sozialer Herrschaft, Privateigentum und Geldwirtschaft entstanden. Die Überzeugung, dass der eigene Körper kontrolliert werden müsse, ist eine Projektion des Modells der sozialen Herrschaft auf die psychische Innenwelt. Dementsprechend wurden der Geist bzw. die Vernunft wie innere Herrscher betrachtet. Beiden wurde die Macht zugesprochen, die Kontrollaufgabe zu übernehmen. Da aber das Kontrollbedürfnis auf soziale Gewalt zurückgeht, ist ihre Macht letztlich introjizierte soziale Gewalt.

Aus dieser Analyse folgt, dass das Körper-Geist-Dualismus im Grunde nur auf der begrifflich-theoretischen Ebene existiert, also ein rein sprachliches Problem ist. Es ist ein Fehler, Körper und Geist als reale Entitäten, also als eigenständige Größen bzw. wie mythologische Wesen aufzufassen, die ein Eigenleben haben. Da beide Begriffe nicht auf reale Gegenstände bzw. Wesenheiten verweisen, ist der Körper-Geist-Dualismus ein Scheinproblem. Es ist durch die Verwendung von mythologischen Begriffen entstanden und damit eine Folge der Verhexung des Denkens durch die Sprache, wie es Wittgenstein ausgedrückt hat. Zu Recht kommt Rudolf Carnap in seiner Analyse des metaphysischen Denkens zu folgendem Ergebnis: »Die (Schein-)Sätze der Metaphysik dienen nicht zur Darstellung von

Sachverhalten, weder von bestehenden (dann wären es wahre Sätze) noch von nicht bestehenden (dann wären es wenigstens falsche Sätze); sie dienen zum Ausdruck des Lebensgefühls.«[39] Der Dualismus von Körper und Geist konnte nur mit Hilfe einer Erzählung bearbeitet werden, da weder über den Geist noch über den Körper unmittelbare Erfahrungen gemacht werden können. Es muss so getan werden, als ob beide Begriffe wie Personen miteinander oder gegeneinander handeln. Da Verben verwendet wurden, die eindeutig aus der Welt des praktischen Handelns stammen, konnte der Eindruck entstehen, dass es sich um tatsächliche Prozesse handelt.

Trotz der massiven Kritik am Dualismus von Körper und Geist halten einige Philosophen an der Dualismuserzählung fest. So hat Markus Gabriel jüngst behauptet, dass Natur und Geist zusammenhängen, aber kategorial verschieden, also nicht dasselbe sind. »Denn wir sind Tiere, in denen Geist und Materie aufeinandertreffen und zu einer Einheit verschmolzen sind, die wir nicht wirklich verstehen.«[40] Das zeigt die Wirkmächtigkeit dieser alten philosophischen Erzählung.

Das Dualismusproblem ist ein Beispiel für die Verselbständigung von Problemen in der Philosophie. Ursprünglich lag dem Dualismus die Erfahrung zugrunde, dass die herrschaftsbedingten Körperimpulse verdrängt werden müssen. Bald hatte sich aber das Problem verselbständigt, da nicht mehr die Frage gestellt wurde, was eigentlich das zu lösende Ausgangsproblem war. Alle Dualismen, die das philosophische Denken prägen, wie der Dualismus von Subjekt und Objekt, Individuum und Gesellschaft, Subjekt und System, wurzeln letztlich in dem Dualismus von Körper und Geist. Was engstens miteinander verbunden ist, wurde in zwei Pole aufgespalten.

Der Dualismus von Körper und Geist hatte offensichtlich die Funktion, die durch soziale Herrschaft entstandenen Traumatisierungen zu erklären. Es war ein Versuch, die Wunden der erzwungenen Unterwerfung unter soziale Herrschaft mit einer neuartigen abstrak-

39   Carnap 2022, S. 39.
40   Gabriel 2022, S. 266 und 289.

ten Erzählung zu heilen. Insofern kann die Erzählung vom Dualismus von Leib und Seele als ein Verarbeitungsversuch des historischen Traumas verstanden werden.

Aus meiner Sicht ist die Erzählung vom Dualismus von Leib und Seele eine Ersatzlösung für das zugrunde liegende Problem. Da das Problem nicht in der realen Welt gelöst werden konnte, kam nur Ersatzhandeln in der geistigen Scheinwelt infrage. Da es dem realen Handeln ähnelt, schien die Erzählung wahr zu sein.

3.5. Philosophische Erzählungen

»Die Philosophie ist ein Kampf gegen die Verhexung unseres Verstandes durch die Mittel unserer Sprache.«

Die Wahrheit gehört zu den zentralen Themen der Philosophie. Es ist erstaunlich, dass es der Philosophie bisher nicht gelungen ist, klare Kriterien zu entwickeln, wie der Wahrheitsgehalt eines Satzes ermittelt werden kann.

In der Regel wird die Wahrheit am Beispiel von Sätzen mit Beschreibungen von Tatsachen abgehandelt. »Rosen sind rot.« Tatsachen lassen sich leicht durch Beobachtungen überprüfen. Solche Sätze sind aber für das praktische Wissen untypisch. Wissensätze stehen regelmäßig im Kontext von Handlungen und haben die Funktion, die Aufmerksamkeit auf bestimmte Aspekte zu lenken, um damit die Genauigkeit des Handelns zu unterstützen. Da die Tatsachen nur eine Nebenfunktion beim Handeln haben, ist es ein Fehler, die Frage der Wahrheit am Beispiel von Beschreibungssätzen zu behandeln.

Bei Sätzen, die Handlungen darstellen, stellt sich niemals das Problem der Wahrheit. Denn beim Handeln geht es darum, ob ein angestrebtes Ziel mit den gewählten Mitteln erreicht werden kann. Das Handeln soll effizient sein. Von wahrem Handeln zu sprechen, macht keinen Sinn, da sich dabei nicht die Frage nach der Übereinstimmung mit etwas anderem stellt.

Das Problem der Wahrheit stellt sich nur bei theoretischen Sätzen, in denen es um Zusammenhänge zwischen Gegenständen oder um die Ursachen von bestimmten Phänomenen geht. Aber ein direkter Vergleich mit der Realität ist nicht möglich, da Zusammenhänge und Ursachen nicht sinnlich wahrgenommen werden können. Außerdem handelt es sich bei den Subjekten der Sätze um solche, deren Handeln nicht überprüft werden kann, da sie lediglich abstrakte Allgemeinbegriffe sind.

Bei den theoretischen Sätzen lassen deshalb die beim Handeln bewährten Prüfverfahren nicht einsetzen. Bewähren sich die in ihnen enthaltenen Handlungsanweisungen beim konkreten Handeln? Kann das Ergebnis bei einer Wiederholung der Handlung bestätigt werden? Kann das zugrunde liegende Problem mit anderen Vermutungen besser erklärt werden?

Wie soll z. B. der philosophische Satz: »Im menschlichen Geist kommt die Natur zum Bewusstsein ihrer selbst« überprüft werden? Er enthält weder eine ausführbare Handlungsanweisung noch kann er direkt überprüft werden, da unbekannt ist, wie sich die Natur zu sich selbst verhält. Im Grunde enthalten solche Sätze nur die Botschaft, dass die Vorstellungen, die mit gewissen Begriffen verbunden werden, korrigiert werden sollten. So legt der obige Satz nahe, den Begriff der Natur mit der Vorstellung zu verbinden, dass die Natur ein lebendiger Organismus ist, der über Bewusstsein verfügt. Aus diesen Überlegungen folgt, dass der Wahrheitsgehalt von philosophischen Sätzen nicht überprüfbar ist. Philosophische Sätze, die nicht im praktischen Handeln überprüft werden können, enthalten lediglich die Botschaft, dass abstrakte Gedanken durch andere abstrakte Gedanken ersetzt werden sollten.

Philosophische Sätze entziehen sich offensichtlich der Wahrheitsfrage. Das liegt daran, dass sie den Charakter von Erzählungen sind. Im Grunde haben alle Sätze die Struktur von Erzählungen, da sie stets von Subjekten handeln, die auf eine bestimmte Weise ein Ziel anstreben. Der Unterschied zwischen praktischen Wissen und theoretischen Aussagen besteht lediglich darin, dass die Subjekte der theoretischen Sätze keine reale Personen, sondern ausgedachte Wesen (abstrakte Begriffe, Geister, Fabelwesen u.Ä.) sind. So ist z. B. die

Natur in dem obigen Beispielsatz nur ein abstrakter Begriff, der wie eine Person behandelt wird. Nur bei Sätzen mit realen Personen kann ihre Realitätsgerechtigkeit überprüft werden. Es wird deshalb zu Recht von Wissen gesprochen. Bei Erzählungen kann allenfalls nach ihrer Glaubwürdigkeit gefragt werden.

Das gemeinsame Merkmal aller Erzählungen liegt darin, dass sie keine Darstellung von real stattgefundenen Handlungen sind. Sie können deshalb nicht vom menschlichen Handeln nachgeahmt werden. Ihr Wahrheitsgehalt kann nicht überprüft, sondern muss geglaubt werden. Meist erscheinen sie als plausibel, weil sie von Aktivitäten handeln, die vom menschlichen Handeln her bekannt sind. Fiktiven Erzählungen ist gemeinsam, dass es bei ihnen nicht um Wahrheit geht, sondern dass eine bestimmte Botschaft übermittelt werden soll.

Die Erkenntnis, dass die Wahrheit im Denken überhaupt keine Rolle spielt, steht im Kontrast zu dem großen Stellenwert, den die Wahrheit in philosophischen Überlegungen einnimmt. Die traditionellen Überlegungen zur Wahrheit sind von der Überzeugung getragen, dass der menschliche Geist die Dinge erkennen kann, weil sie einen geistigen Kern haben und damit dem Geist ähnlich sind. Der geistige Kern wird als das innere Wesen, die Substanz oder die objektive Realität bezeichnet. Der Begriff der Wahrheit setzt die Ähnlichkeit von Gedanken und Wirklichkeit voraus, da nur dann die Gedanken mit der Wirklichkeit verglichen werden können. Offensichtlich wird die Überzeugung, dass das Denken ein geistiges Vermögen ist, auf die Dinge projiziert. Wenn aber beim Denken lediglich Handlungsanweisungen produziert werden, wie die Dinge für die menschlichen Bedürfnisse benutzt werden können, verliert der Begriff der Wahrheit seine Grundlage. Handlungsanweisungen können nur am Maßstab ihrer Nützlichkeit gemessen werden.

Die philosophischen Erzählungen stehen in der Tradition der großen mythologischen Erzählungen. Genauso wie die mythologischen Erzählungen von Priestern erfunden wurden, wurden die philosophischen Erzählungen von Personen entwickelt, die den weltlichen

Herrschern nahestanden und sich unbewusst an deren Bedürfnissen orientierten. Die Philosophen haben häufig das Metamuster der Erlösung benutzt, das die großen mythologischen Erzählungen geprägt hat. Ihre starke Wirkung hängt damit zusammen, dass sie das Bedürfnis vieler Menschen nach Befreiung von seelischem Leiden ansprechen und dafür eine Lösung anzubieten scheinen. Anders kann die große Faszination nicht erklärt werden, die z. B. von Heideggers *Sein und Zeit* ausging.

Die philosophischen Erzählungen sind von der politischen Herrschaft unterstützt worden, da sie den Untergebenen glauben machen, dass die Herrscher ihren Auftrag von den Göttern, den Ahnen, den Gesetzen der Natur u. Ä. haben. Das friedliche Zusammenleben sei nur aufgrund des Schutzes durch die Herrscher möglich, und ohne Herrschaft würde es keinen kulturellen Fortschritt geben. Mit solchen Erzählungen wurde das alltägliche Leiden an Armut, Unterdrückung und sozialer Abhängigkeit, das seit der Durchsetzung von sozialer Herrschaft das Leben prägt, erträglich gemacht. Es wurde geglaubt, dass die Erzählungen die Realität wiedergeben. Die Sprache ist wegen ihrer Kraft zur Erzählung eine wesentliche Stütze für die soziale Herrschaft geworden.

Die lange Tradition der großen philosophischen Erzählungen bis in das 20. Jh. hinein ließ den Eindruck entstehen, dass die Menschen ein metaphysisches Bedürfnis haben. Die Priester und Philosophen haben diese Erzählung gepflegt, da damit ihre Existenzberechtigung abgesichert wurde. Das reale Bedürfnis nach Befreiung von sozialer Herrschaft wurde in eine Klärung von existenziellen Fragen uminterpretiert.

Selbst die abstraktesten Gedanken werben für eine bestimmte Einstellung zu praktischen Problemen, wie z. B. die kontemplative Lebensweise eines Philosophen, ein Leben ohne Aberglauben, die Geringschätzung des Handwerks oder die Abwertung der Gefühle. Die Begriffe *Geist*, *Seele* und *Ich* enthalten die Botschaft, dass jeder Mensch für sich selbst verantwortlich ist. Die Glorifizierung der Vernunft als einer handlungslenkenden Instanz hat die Aufgabe, die Bedürfnisse, die bei der Steuerung des Handelns eine Schlüsselstellung haben, zu diskriminieren und Gehorsam gegenüber den moralischen Konventionen zu erzwingen. Insgeheim werden so die Vorstellungen der Herrschenden durchgesetzt.

Die großen philosophischen Fragen – Was ist der Sinn des Lebens? Was ist das Wesen des Menschen? Was ist das Sein? Was ist Glück? Was ist der Sinn des Seins? Ist die Wirklichkeit nur Schein? Was ist das Verhältnis von Kosmos und Vernunft? Wie hängen Leib und Seele zusammen u. Ä. – richten sich ausschließlich darauf, wie das praktische Leben geführt werden soll. Sie stammen aus dem mythischen Denken. Ursprünglich richteten sich diese Fragen direkt an Gott. Da Gott die Welt geschaffen hat, kann er auch eine Antwort darauf geben. Wenn allerdings der Glaube an transzendente Größen wegfällt, gehen solche Fragen ins Leere. Sie verselbstständigen sich zu den sogenannten existentiellen Fragen. Die großen philosophischen Fragen sind Scheinfragen. Das blieb unentdeckt, da die philosophischen Hauptbegriffe *Geist, Seele, Vernunft und Natur* wie transzendente Subjekte behandelt wurden. Aus dem göttlichen »Du sollst« wurde »die Natur fordert« oder »nach der Vernunft leben«.

Die meisten Lebensweisheiten sind Ausdruck des mythischen Denkens. Dazu gehören z. B. die folgenden Empfehlungen: im Einklang mit der Natur zu leben, auf die innere Stimme zu hören, im Augenblick leben, seinen Gefühlen folgen oder das Unabänderliche gelassen ertragen. Andere Empfehlungen fordern dazu auf, sich selbst zu akzeptieren, neugierig auf sich selbst zu sein, sich mit den eigenen Fehlern zu konfrontieren und aus ihnen zu lernen, die eigenen Schwächen anzunehmen, sich selbst zu vergeben, ehrlich zu sich selbst zu sein u. Ä. Stets werden mysteriöse Kräfte (Natur, Gefühle, Augenblick u.a.) beschworen. Im Grunde sind solche Ratschläge Fremdkörper im Lebensmodell der Selbstbestimmung. Sie stammen aus dem historisch älteren Lebensmodell der Gelassenheit und beschreiben ein Verhalten, das sich unter herrschaftsfreien Verhältnissen von selbst einstellt. Im Lebensmodell der Selbstbestimmung werden aus Verhaltensweisen, die früher von selbst entstanden,

Ratschläge, die nicht umgesetzt werden können, da von der Illusion der beliebigen Veränderbarkeit des Verhaltens ausgegangen wird.

Den Philosophen ist in der Regel nicht bewusst, dass sie mit ihren Überlegungen eine bestimmte Lebensweise propagieren. Das liegt daran, dass sie dazu neigen, für ihre Gedanken Allgemeingültigkeit und Objektivität zu beanspruchen. Ihre Gedanken scheinen die gleiche Autorität zu haben, wie es die religiösen Gedanken für sich beanspruchen. Dadurch ging das Interesse verloren, über die soziale und historische Bedingtheit der Begriffe und Gedanken nachzudenken. Die Philosophen sind blind für den Einfluss sozialer Herrschaft auf das Denken. Sie standen Jahrtausende unter starker religiöser Überwachung. Deshalb musste der kritische Impuls, der eigentlich im Denken enthalten ist, weitgehend unterdrückt werden. Nur wenige Philosophen hatten den Mut, sich den Konsequenzen ihrer Gedanken zu überlassen und die vorherrschenden Erzählungen zu kritisieren. Kritische Stimmen, die darauf hinwiesen, dass die philosophischen Gedanken nur die Interessen der Herrschenden rechtfertigen und sich gegen die Interessen und Bedürfnisse der einfachen Menschen richten, wurden massiv bekämpft.

Häufig wird argumentiert, dass Erzählungen nützlich sind, weil sie Ängste beruhigen und dem Leben einen Sinn geben würden. Diesen Behauptungen ist entgegenzuhalten, dass mit Erzählungen kein praktisches Problem gelöst werden kann. Vielmehr behindern sie die Erkenntnis der sozialen Ursachen des Unbehagens. Dadurch wird der Impuls gelähmt, sich um eine Verbesserung der sozialen Lebensbedingungen zu kümmern. Das Unbehagen ist keineswegs in der Struktur der menschlichen Konstitution begründet, wie oft behauptet wird, sondern die Folge einer sozialen Fehlentwicklung aufgrund von sozialer Herrschaft. Die Ängste können deshalb erst dann überwunden werden, wenn die Fehlentwicklung rückgängig gemacht wird.

Bereits Sokrates hatte erkannt, dass es kein allgemein gültiges Wissen für die existentiellen Fragen gibt.[41] Alle Gedanken, die eine

---

41 Hampe, S. 94

Orientierung zum guten Leben versprechen, seien unbegründete Dogmen. Die Überzeugung von Sokrates, dass er von seinem daimonion, einem inneren Geist, geführt werde, ist Ausdruck der Erfahrung, dass das Leben nicht bewusst geführt wird, sondern man sich von seinem inneren Kompass leiten lässt. Niemand ist auf allgemeines moralisches Wissen angewiesen. Jeder kann seine Probleme selbst lösen. Das schließt natürlich nicht aus, dass die Problemlösungen anderer Menschen mit in die Überlegungen einbezogen werden.

Seit langem hat sich das öffentliche Interesse mehr oder minder von der Philosophie zurückgezogen. Es ist der Eindruck entstanden, dass die Philosophie sich nicht mehr um die Probleme kümmert, die die Menschen belasten. Die Philosophie scheint sich hauptsächlich mit der Pflege ihrer Tradition zu beschäftigen. Originelle neue philosophische Theorien sind Mangelware. Die meisten Bücher, die grundsätzliche philosophische Probleme aufgreifen, wiederholen nur Behauptungen aus dem metaphysischen Zauberkasten.[42] Die philosophischen Lebensweisheiten sind bei den meisten Menschen, die unter inneren Konflikten, Schuldgefühlen und Ängsten leiden, wirkungslos. Die Hoffnung, in der Philosophie eine Lösung für persönliche Probleme zu finden, hat sich völlig aufgelöst. Die Erwartung der Befreiung von Ängsten ist deshalb längst an die Psychologie und Psychotherapie übergegangen.

Die Analyse des aktuellen Lebensgefühls ist an die Soziologie übergegangen.[43] Während früher die soziale Abhängigkeit noch an konkreten Herrschern festgemacht werden konnte, ist dies heute völlig unmöglich geworden, weil die soziale Herrschaft anonyme und subjektlose Formen angenommen hat. Stand früher die Angst vor den Naturgewalten im Mittelpunkt, ist es gegenwärtig die diffuse Angst vor sozialem Abstieg und Altersarmut. Deshalb ist es so schwer geworden, für das aktuelle Lebensgefühl einen angemessenen Ausdruck zu finden. Außerdem ist unübersehbar, dass die gegenwärtigen Krisen nicht mehr mit dem Denken allein zu bewältigen sind, son-

42 Z. B. Gabriel, 2022.
43 Z. B. Bude.

dern dass es primär darauf ankommt, den massiven Widerstand der herrschenden Gruppen gegen die Veränderung der Grundregeln des ökonomischen und politischen Systems mit mutigem Handeln zu überwinden.

3.6. Die Ohnmacht des Denkens

»Die Macht, unter der sich die Menschen am wohlsten fühlen, ist die Macht der Gewohnheit.« (Robert Lembke)

Die Philosophie konnte das Trauma der sozialen Herrschaft infolge der neuen Eigentumsordnung nicht erkennen, da sie die historische Problemlage nicht richtig erfassen konnte. Anstatt es auf das historisch entstandene Problem der Ungleichheit und Unfreiheit zurückzuführen, wurde es als ein allgemeinmenschliches Problem aufgefasst. Aufgrund ihres egozentrischen Denkens konnte sie den historischen Ursprung der sozialen Probleme nicht erkennen. Deshalb scheiterte die Philosophie bei dem Versuch, die mit der neuen Lebensform der Herrschaft verbundenen Ängste zu bewältigen. Während die Religion die Erinnerung an den früheren besseren Zustand im Bild des Paradieses festhielt, hat die Philosophie den kritischen sozialen Entwicklungszustand mit ihren abstrakten Theorien als einen allgemeinmenschlichen Zustand verklärt. Damit wurde das historische Trauma verdrängt, das durch die Etablierung von Privateigentum und sozialer Herrschaft entstanden ist und das ständig reproduziert wird, weil die Privilegien der Herrschenden nur gesichert werden können, wenn sie immer wieder mit Gewalt verteidigt werden.

An die Stelle der religiösen Erzählung von Adam und Eva ist die philosophische Erzählung von der Vernunft und der Freiheit getreten. Diese Erzählung verfehlt ihre Aufgabe, das historische Trauma der Herrschaft zu verstehen und zu bewältigen. Das zentrale Thema, dass das Privateigentum zu Abhängigkeit und Unsicherheit führt, wurde übersehen. Statt ein Bewusstsein dafür zu schaffen, was wirklich geschehen ist und dass es erforderlich wäre, die bisherige historische

Entwicklung zu korrigieren, wurde es als die Aufgabe jedes Einzelnen angesehen, das Leiden an den Verhältnissen mit richtigem Denken zu bewältigen. Die Menschen wurden mit Fiktionen verblendet.

Es stellt sich die Frage, wie das frühere Denken, das dadurch geprägt war, dass stets mit daran gedacht wurde, wie sich das individuelle Handeln auf die Gemeinschaft auswirkt, wiederhergestellt werden kann. Alle Empfehlungen, ganzheitlich zu denken, die Perspektive der anderen einzunehmen oder Verantwortung für das Ganze zu übernehmen, sind ziemlich ohnmächtig, weil sie sich nicht gegenüber dem vorherrschenden, von den sozialen Verhältnissen erzwungenen egozentrischen Denken durchsetzen können. Es muss beachtet werden, dass das Denken zutiefst von der sozialen Herrschaft geprägt wird und dass sich das Denken nicht aus eigener Kraft transformieren kann, solange es unter dem Druck von sozialer Herrschaft steht. Außerdem sind das Ganze und die Gemeinschaft leere abstrakte Begriffe. Handlungsleitend können immer nur die erfahrenen Bedürfnisse und Interessen der Mitbürger sein.

Aus der Analyse des Denkens wird im übernächsten Kapitel die Folgerung gezogen, dass das auf die Mitmenschen bezogene Denken als empathisch bezeichnet werden kann. Das empathische Denken kann sich allerdings nur unter sozialen Bedingungen entfalten, die von sozialer Gleichheit, Selbständigkeit und Solidarität geprägt sind. Im empathischen Denken werden die abstrakten philosophischen Allgemeinbegriffe überflüssig, weil der Glaube aufgegeben wird, dass es objektive Gründe für das Handeln gibt. Es entfällt das Bedürfnis, soziale Herrschaft mit abstrakten Begriffen zu rechtfertigen. Empathisches Denken kann nicht gepredigt, sondern muss von den sozialen Bedingungen ermöglicht werden.

Als Fazit ergibt sich, dass das egozentrische Denken das Produkt einer von sozialer Herrschaft geprägten Lebensform ist. Die Philosophie hat vergessen lassen, dass das Denken unter dem Einfluss des Privateigentums eine völlig neue Qualität angenommen hat. Es wird als eine rein individuelle Tätigkeit begriffen. Es wird übersehen, dass dieses Missverständnis im Privateigentum angelegt ist und dass es weiterhin unbemerkt von der Struktur der Lebensbedingungen geprägt wird.

Die philosophischen Begriffe haben blind für die negativen Auswirkungen von Herrschaft gemacht, die mit psychischen und somatischen Leiden bei einem immer größeren Teil der Bevölkerung verbunden ist. Die philosophische Rechtfertigung der Sklaverei bis in die Neuzeit hinein zeigt, dass das Problem der sozialen Herrschaft vollständig ignoriert wurde. Indem die historischen und sozialen Ursachen des menschlichen Leidens ausgeblendet wurden, hat die Philosophie indirekt soziale Herrschaft als natürlich legitimiert.

Die Blindheit der Philosophie gegenüber den Folgen sozialer Herrschaft zeigt sich auch daran, dass nur sehr selten die zentralen Begriffe kritisch reflektiert werden. Wie gezeigt wurde, hängen viele Probleme mit einem fehlerhaften Gebrauch der Sprache zusammen. Es wrrd meistens übersehen, dass die Bedeutungen der Begriffe historisch entstanden sind. Zu Recht wurde immer wieder davor gewarnt, die Sprache zu überschätzen (Mauthner, Nietzsche, Vaihinger, Wittgenstein u. a.).

Der Konflikt zwischen dem neuen Menschenbild der Freiheit und Vernunft und dem älteren Menschenbild der Gelassenheit und des Vertrauens durchzieht die ganze Philosophiegeschichte. Die unterschiedlichen philosophischen Lehren (Idealismus, Materialismus, Rationalismus, Empirismus, Lebensphilosophie u. a.) können als Versuche verstanden werden, die Grunderfahrung, dass soziale Konflikte und die damit verbundenen Ängste das Leben belasten, sprachlich auszudrücken und einen Lösungsweg für ihre Überwindung zu finden. Mit etwas Übertreibung kann behauptet werden, dass sich die Philosophiegeschichte um die Frage dreht, ob das Leben bewusst geplant wird oder von selbst geschieht. Da aber nicht begriffen wurde, dass das Unbehagen historisch entstanden ist, wurden immer wieder neue Antworten gesucht und bald wieder verworfen.

Allerdings waren die Philosophen viel zu stark von den politischen und religiösen Herrschern abhängig, als dass sie die Verstrickung ihrer Begriffe mit den von politischer Herrschaft bestimmten Lebensbedingungen erkennen konnten. Beim Abweichen vom Zeitgeist musste mit harten Sanktionen gerechnet werden. Deshalb blieb die Kritik am Menschenbild der Freiheit und Vernunft relativ ohnmächtig. Erst in der Neuzeit wurde erkannt, dass es lebensfeindlich ist, weil es die menschlichen Bedürfnisse unterdrückt. Friedrich Nietzsche war einer der stärksten Exponenten dieser Kritik. Das erklärt seinen überragenden Einfluss.

Die Überzeugung der Philosophie, dass sich das Leiden aus der menschlichen Natur ergibt und jeder Einzelne die Aufgabe hat, sich durch individuelle Anstrengungen des Denkens davon zu befreien, hat mit dazu beigetragen, dass die Philosophie in der Gegenwart ihre frühere Hochschätzung völlig verloren hat.

Aus der Analyse des egozentrischen Denkens kann als Fazit abgeleitet werden, dass die Philosophie ein gescheiterter Versuch ist, das historische Trauma zu bewältigen. Mit dieser Einsicht verliert sie vollends ihre Existenzberechtigung. Es steht die Aufgabe an, die sozialen Ursachen der Traumatisierung aufzudecken und daraus Konsequenzen für das Handeln zu ziehen. Zuvor müssen die verzerrten Auffassungen des Denkens und Handelns, die sich mit der Philosophie herausgebildet haben, korrigiert werden. Mit der Analyse der Gewohnheiten und des Denkens sollen in den nächsten beiden Kapiteln die Wurzeln des empathischen Denkens wieder freigelegt werden.

4. Handeln in der Fremde

»Nicht die Vernunft ist die Führerin durchs Leben, sondern die Gewohnheit.« (David Hume)

In der Erzählung von Adam und Eva wird nicht berichtet, was sie den langen Tag über getan haben. Es wird lediglich erwähnt, dass sich Eva von der Schlange verführen ließ, einen Apfel vom Baum der Erkenntnis zu essen. Verführung bedeutet, dass den Erwartungen anderer entsprochen wird. Das ist das zentrale Thema unter den Lebensbedingungen nach der Vertreibung: Man darf sich nicht mehr an den eigenen Bedürfnissen orientieren, sondern muss vorrangig die Befehle der herrschenden Gruppe befolgen. In der neuen Lebensordnung ist Gehorsam das Leitprinzip aller sozialen Beziehungen. Ständig muss den Befehlen anderer Menschen gehorcht und ein Leben geführt werden, das sich gegen die eigenen Bedürfnisse richtet. Die Notwendigkeit, sich in die Abhängigkeit von Eigentümern zu begeben, widersprach den grundlegenden Bedürfnissen. Gehorsam musste deshalb mit Gewalt erzwungen werden.

In den Jäger- und Sammlergesellschaften gab es keinen Gehorsam. Jeder bestimmte im Rahmen der Tradition selbst, wie er sein Leben gestaltet. Niemand musste sich nach den Befehlen anderer richten. Es gab nur die Abhängigkeit der Kinder, aber jeder machte auch die Erfahrung, dass Erwachsenwerden bedeutet, sich aus der elterlichen Abhängigkeit zu befreien.

Warum haben die Menschen nicht wahrgenommen, dass sie in eine historische Fehlentwicklung hineingeraten sind? Meine These ist, dass das daran liegt, dass sich die Menschen unter den neuen Lebensbedingungen als autonome, geistige Wesen begriffen haben. Deshalb glaubten sie, dass sie ihren aktuellen Zustand selbst verursacht haben und sich selbst daraus befreien müssten. Hätten sie sich als Gewohnheitswesen definiert, wäre ihnen aufgefallen, dass sie sich in einem Ausnahmezustand festgefahren haben. Dann wären sie sich eher bewusst gewesen, wie stark ihre Verhaltensweisen durch äußere soziale

Mächte bestimmt werden. Da alle Verhaltensweisen als Gewohnheiten abgespeichert werden, haben die Menschen die Fähigkeit, sich an widrige Lebensbedingungen anzupassen.

In meinem Buch *Geliebte Fesseln* habe ich herausgearbeitet, dass die Gewohnheiten es nicht nur erleichtern, sich mit Unglück, Unbehagen und Angst zu arrangieren, sondern dass die Gewohnheiten auch eine überragende Rolle in der Organisation des Denkens, Fühlens und Handeln haben. So wäre z. B. das Denken und Sprechen ohne die Gewohnheitsbildung überhaupt nicht entstanden. Viele philosophische Probleme, die bislang ungelöst geblieben sind (z. B. die Freiheit), können aus der Perspektive der Gewohnheiten besser verstanden werden.

Die Gewohnheiten werden zu Unrecht abgewertet und diskriminiert. Den Gewohnheiten wird vorgeworfen, dass sie zu mechanischem, blindem und starrem Handeln führen und unfähig machen, sich an wechselnde Situationen anzupassen. Gewohnheiten würden die Sensibilität schwächen und gleichgültig machen. Sie würden unfrei machen, das persönliche Wachstum behindern und den inneren persönlichen Kern des Individuums verdecken. Insgesamt seien die Gewohnheiten etwas Persönlichkeitsfremdes. Außerdem würden sie nur unwichtige alltägliche Verhaltensroutinen betreffen.

Da die Gewohnheiten ein unentbehrliches Glied in der Organisation des Denkens und Handelns sind, muss im Folgenden zunächst die Bedeutung der Gewohnheiten geklärt werden, bevor das Thema der Folgen des Privateigentums für das Denken und Handeln wieder aufgenommen werden kann. Es wird sich zeigen, dass die Gewohnheiten nicht deshalb abgewertet wurden, weil sie nebensächlich sind, sondern weil sie mit dem Konzept der Herrschaft unvereinbar sind.

4.1. Die Kreativität der Gewohnheiten

«Der Fortschritt der Zivilisation besteht in der Vergrößerung der Anzahl von wichtigen Operationen, die wir ausführen können, ohne darüber nachzudenken.» (Alfred North Whitehead)

Erfahrungsgemäß werden alle Verhaltensweisen solange eingeübt, bis sie automatisch ablaufen können. Kinder lernen die Gewohnheiten über die Nachahmung des Verhaltens ihrer Bezugspersonen.
Sie übernehmen alle Verhaltensweisen, die sie bei anderen Menschen
beobachten. Vor allem werden die zwischenmenschlichen Verhaltensgewohnheiten – Versprechen einhalten, Respekt gegenüber den
Bedürfnissen der anderen zeigen, zuhören, sich abgrenzen, sich
durchsetzen, Konflikte lösen u. Ä. – in der frühen Kindheit gelernt,
ohne dass dieser Prozess von bewusster Reflexion begleitet wird.

Auch die Gegenstände ihrer Umwelt lernen Kinder dadurch kennen, dass erfahren wird, was mit ihnen getan werden kann und wofür
sie gut sind. Es werden vom Gehirn spontan Programme gebildet, die
festlegen, wie die Gegenstände wahrgenommen und verwendet werden. Das bedeutet, dass es falsch ist, den Begriff der Gewohnheiten
nur auf Verhaltensweisen zu beziehen. Auch die Art und Weise, wie
Gegenstände wahrgenommen und verwendet werden, wird als
gewohnheitsmäßiges Verhalten gelernt.

Wenn eine neue Handlung mehrmals ausgeführt wird, bildet sich
spontan eine neue Gewohnheit. Meistens ist man sich gar nicht bewusst, dass man gerade eine neue Gewohnheit einübt. So entschließt
man sich z. B. nach einer traumatischen Erfahrung völlig unbewusst,
künftig gegenüber Menschen misstrauisch zu sein. Am ehesten weiß
man beim Einüben von komplexen Fertigkeiten – wie z. B. bei der
Bedienung einer Maschine oder eines Musikinstrumentes –, dass
man gerade eine neue Gewohnheit einübt.

In der Regel ist das Lernen von Kulturtechniken – Schreiben,
Sport, Maschinen bedienen, Musikgeräte bedienen u. Ä. – sehr mü-
hevoll. Es ist deshalb so anstrengend, weil dabei eine Vielzahl von
neuen Einzelbewegungen geübt und miteinander koordiniert werden
müssen. Die meisten Aktivitäten setzen sich aus mehreren Teilbewegungen zusammen. So muss beim Klavierspielen gelernt werden, die
Noten zu lesen, die Tasten richtig zu drücken, die Pedale zu bedienen, das Tempo einzuhalten, die Lautstärke zu kontrollieren, den
musikalischen Ausdruck zu gestalten u. a. Am Anfang müssen die

manuellen Fertigkeiten einzeln geübt werden. Das Bewusstsein wird völlig von der Ausführung von ungewohnten Bewegungen in Anspruch genommen. In jedem Moment muss geprüft werden, ob die ausgeführte Bewegung der angestrebten entspricht. Die neue Handlungsweise muss solange wiederholt werden, bis es als Gewohnheit abgespeichert wurde. Beim Üben wird gespürt, wie der Bedarf an bewusster Rückkopplung bei jeder Wiederholung etwas geringer wird. Es kommt zu einem fließenden Übergang von anstrengenden zu mühelosen Bewegungsabläufen. Je stärker die manuellen Aktivitäten zur Gewohnheit werden, umso mehr kann sich die bewusste Aufmerksamkeit dem musikalischen Ausdruck zuwenden.

Neue Gewohnheiten durchlaufen in der Regel eine Trainingsphase, die häufig als mühsam und anstrengend erlebt wird, weil ständig neue Entscheidungen getroffen werden müssen. Die zahlreichen Aspekte (Motorik, Gefühle, Bedürfnisse, kulturelle Anforderungen, frühere Erfahrungen u. a.), die jede Bewegung enthält, müssen beachtet und in ein neues Bewegungsprogramm integriert werden. Dafür ist eine intensive innere Kommunikation erforderlich, die viel Energie verschlingt. Solange neue Bewegungen nur mit Mühe und Unsicherheit vollzogen werden können, muss mit Geduld weiter geübt werden. Erst wenn die neue Bewegung sozusagen in Fleisch und Blut übergegangen ist, tritt das Bewusstsein in den Hintergrund.

Da man nie sicher sein kann, ob die Nachahmung gelungen ist, braucht man die Bestätigung durch Vorbilder. So ist das kleine Kind dringend darauf angewiesen, von seinen Eltern zu erfahren, ob seine nachgeahmten Gefühle und Bewegungen richtig sind. Ebenso braucht der Klavierspieler die Kontrolle durch einen Lehrer. Anerkennung ist nicht primär die Bestätigung der Person als Ganzer, sondern die Bestätigung des konkreten Verhaltens. Aus Anerkennung erwächst Selbstvertrauen.

Die Erfahrung zeigt, dass das Lernen von einfachen Gewohnheiten relativ schnell erfolgt, wenn sie eine hohe Wertigkeit haben. Auch bei komplexen Gewohnheiten ist es sehr förderlich, wenn sie als sehr wichtig angesehen werden. Wenn die Erfahrung gemacht wird, dass die Bezugspersonen das Vertrauen haben, dass man die neuen Fähigkeiten lernen wird, läuft der Lernprozess relativ schnell ab, wobei jeder Mensch sein eigenes Tempo hat.

Normalerweise haben die Menschen ein großes Interesse daran, alle Gewohnheiten gut zu lernen. Es erübrigt sich dann, für jede Absicht stets erneut eine geeignete Handlungsweise auszuwählen. Es muss dann z. B. nicht jedes Mal neu überlegt werden, wie z. B. Messer und Gabel zu halten sind oder wie ein Auto zu bedienen ist. Verhaltensgewohnheiten ermöglichen schnelles, sicheres und fehlerfreies Handeln. Man handelt automatisch richtig, ohne vorher denken zu müssen. Das ist sehr energiesparend und gibt der knappen Ressource Bewusstsein Raum, sich auf die Besonderheiten der Handlungssituation zu konzentrieren, damit das Handeln evtl. an unerwartete Bedingungen angepasst werden kann.

Das Lernziel ist erreicht, wenn die Bewegungen leicht, mühelos und schnell ablaufen und nur noch wenig Aufmerksamkeit in Anspruch nehmen. Dies wird daran gespürt, dass sie Freude machen und als lustvoll erlebt werden. Lust ist eine Funktion der Bewegung. Sie tritt auf, wenn eine Bewegung im optimalen Muskeltonus abläuft. Gute Gewohnheiten tragen eine Belohnung in sich.[44] Die Bewegungslust signalisiert, dass das Optimum an reibungslosem Handeln erreicht wurde. Mangelnde Bewegungslust weist darauf hin, dass eine Bewegung noch verbessert werden muss. Die Lust an ungestört ablaufenden Bewegungen wird meistens mit dem Begriff des Flows erfasst, der sich auf die Metapher des frei fließenden Wassers stützt. Auch das »wu wei«-Prinzip des Taoismus, das meist – fälschlicherweise – mit Nicht-Handeln übersetzt wird, bezieht sich auf mühelos und wie von selbst ablaufende Bewegungen. Viele denken dabei an einen Pianisten, der ein kompliziertes Stück leicht und völlig entspannt spielt.

Obwohl die Gewohnheiten in konkreten Situationen gelernt werden, haben sie eine abstrakte Struktur. Bereits bei elementaren Bewe-

---

44 Vgl. Roth 2015, S. 316.

gungen wie dem Gehen kann beobachtet werden, dass sie von Anfang an so gelernt werden, dass sie sich flexibel an die Besonderheiten der Situation anpassen können. Beim Gehen wird z. B. immer
auch gelernt, wie mit Hindernissen und Unebenheiten des Bodens
umzugehen ist. Da alle Verhaltensgewohnheiten im Kontakt mit der
Umwelt gelernt werden, sind sie fähig, intelligent mit den Widerständen der Umwelt umzugehen. Das gilt im Grunde auch für tiefsitzende Verhaltensweisen wie Charakterzüge, Einstellungen zu anderen
Menschen und zur Welt u. a. Wegen des abstrakten Charakters können die Gewohnheiten ohne weiteres auf ähnliche Situationen übertragen werden. Darin gründet die Kreativität der Gewohnheiten, wie
John Dewey herausgearbeitet hat.[45] Kreativität ist der Normalzustand
der Gewohnheiten.

Der zentrale Vorteil der Gewohnheiten besteht darin, dass sofort
das Handeln gestartet werden kann, sobald sich ein bestimmtes Bedürfnis meldet. Da mit den Gewohnheiten eine feste Verbindung
zwischen bestimmten Zielen und Aktionen vorgenommen wurde,
braucht nicht jedes Mal neu überlegt zu werden, wie zu handeln ist.
Ein weiterer Vorteil ist, dass zwei verschiedene Aktivitäten gleichzeitig ausgeführt werden können. So kann man beim Autofahren problemlos Gespräche mit einem Beifahrer führen. Das Autofahren kann
man dem inneren Autopiloten überlassen, da er genau weiß, wie in
regulären Situationen zu reagieren ist. Aber in neuartigen Situationen
wird die bewusste Aufmerksamkeit sofort auf die aktuelle Fahrsitua-
tion gelenkt und nach einer Problemlösung gesucht.

Keine Gewohnheit läuft rein mechanisch ab. Ein Teil des Bewusstseins verfolgt die Bewegungen, um sicherzustellen, dass sie
den Bedingungen der Umwelt gerecht werden. So können geübte
Schreiber ziemlich flüssig schreiben und sich auf den Inhalt konzentrieren. Aber trotzdem wird die Bewegung des Schreibstiftes mit
einem Teil des Bewusstseins verfolgt, damit alle Schreibregeln kor-
rekt eingehalten werden. Schließlich muss gewährleistet sein, dass

---

45   Hartmann, S. 186.

das Geschriebene später leicht gelesen werden kann.

Bei komplexen Handlungen werden mehrere Gewohnheiten zusammengeschaltet. Sie können deshalb genauso mühelos wie einfache Bewegungen ausgeübt werden. Dadurch wird die flexible Anpassung des Handelns an unterschiedliche Situationen gewährleistet. Wegen der Vielzahl der integrierten Aspekte können die Gewohnheiten durch vielfältige Reize aktiviert werden.

Wer mit gut eingeübten Gewohnheiten ausgerüstet ist, hat Selbstvertrauen. Es wird zugelassen, dass spontan die Gewohnheiten aktiviert werden, die an bestimmte Situationsreize gebunden wurden. Der Reiz kann durchaus außerhalb des Bereichs der Aufmerksamkeit liegen. Deshalb ist man sich meistens gar nicht bewusst, dass man nach Gewohnheiten handelt. Da alle Gewohnheiten im Umgang mit Objekten der Umwelt und mit Menschen gelernt werden, geben sie die Gewissheit, dass man sicher handeln kann.

Das Lernen von neuen Fähigkeiten wird als persönliches Wachstum erlebt. Die Erfahrung zeigt, dass das Wachstum umso rascher ist, je mehr neue Fähigkeiten auf gut gelernten Gewohnheiten aufbauen können. So gelingen z. B. große Leistungen mit Musikinstrumenten erst, wenn die Grundfertigkeiten perfekt beherrscht werden. Insofern eröffnen die Gewohnheiten die Chance für motorisches und mentales Wachstum.

Es ist äußerst wichtig, dass für das Üben gute Gewohnheiten eingeübt werden. So muss z. B. beim Klavierspielen die Regel befolgt werden, dass ein bestimmter Fingersatz festgelegt wird. Wenn diese Regel zur Gewohnheit geworden ist, braucht man nicht mehr darauf zu achten, weil es von selbst richtig gemacht wird. Wer komplexe Fertigkeiten effizient lernen will, legt deshalb großen Wert darauf, dass optimale Lerngewohnheiten eingesetzt werden. Gute Lehrer zeichnen sich dadurch aus, dass sie Wert auf gute Lernstrategien legen.

Da die Gewohnheiten im Kontakt mit der Umwelt gebildet werden, wird mit Ihnen die Verknüpfung des Verhaltens mit der Umwelt vorgenommen. Deshalb kann die Gewohnheit sowohl durch die

Wahrnehmung einer entsprechenden Bewegung als auch durch ein gedachtes Ziel ausgelöst werden. Diese Eigenschaft der Gewohnheiten ist in der Psychologie schon seit langem als ideomotorisches Prinzip bekannt: Demnach wird das Handeln spontan durch sensorische Reize oder durch die Vorstellung einer Bewegung aktiviert.

Das Lernen von neuen Gewohnheiten basiert auf der Aktivierung von speziellen Gehirnarealen, die zum Aktivitätsmodus gehören, der oft auch als expliziter Funktionsmodus bezeichnet wird.[46] Im Aktivitätszustand ist das Gehirn mit den Sinnesorganen auf die Außenwelt ausgerichtet. Es werden neuronale Verschaltungen für neue Muster hergestellt, die vor allem im Arbeitsgedächtnis und im assoziativen Cortex stattfinden. Das Erlernen neuer Gewohnheiten wird vom willkürlichen Nervensystem unterstützt. Nach der erfolgreichen Habitualisierung der neuen Verhaltensmuster laufen sie im Ruhemodus des Gehirns ab.[47] Die beiden Funktionsmodi unterscheiden sich im Wesentlichen darin, dass sich im Aktivitätsmodus die bewusste Aufmerksamkeit verstärkt auf den korrekten Ablauf der Handlungen richtet, während sie im Ruhemodus nach innen fokussiert wird.

Jede Gewohnheit wird in einer bestimmten Situation gelernt. Alle Besonderheiten der Situation gehen in die Gewohnheiten ein: die Gefühle, der Ort, das angestrebte Ziel. Vor allem werden sie von den Erwartungen der beteiligten Personen – der Eltern, Lehrer oder Freunde – geprägt, wie man sich richtig verhalten sollte. Es darf nicht übersehen werden, dass auch Erfahrungen von Gewalt, Abwertung, Kritik, Demütigung, Strafe u. a. die Gewohnheiten bestimmen. Denn diese als negativ empfundenen Erfahrungen lösen Ängste vor Liebesverlust und Verlassenwerden aus. Der Organismus versucht, mit der Bildung von geeigneten Gewohnheiten die Angst einzudämmen. So wird z. B. ein Kind, das ständig abgewertet und gedemütigt wird, die Gewohnheit entwickeln, sich den Erwartungen der Bezugspersonen zu unterwerfen und seine eigenen Ziele aufzugeben. So

46   Vgl. Lehmann, S. 191.
47   Markus Raichle hat diesen Modus Default Mode Network genannt, da er von einem speziellen Netzwerk des Gehirns organisiert wird. Vgl. Lehmann 2019.

können Situationen vermieden werden, die erneut die Angst vor Liebesverlust oder Verlassenwerden auslösen könnten.

Die unter dem Einfluss von Angst entstandenen Gewohnheiten haben den Nachteil, dass sie starr sind und sich nur sehr schwer verändern lassen. Das liegt daran, dass sie die Funktion haben, tiefsitzende Ängste vor der Wiederholung von emotionalen Verletzungen zu bewältigen. Normalerweise sind Gewohnheiten sehr elastisch und passen sich leicht an veränderte Situationen an. Aber das gilt nicht für die von Angst geprägten Gewohnheiten, die in der Kindheit als nützliche Strategien der Angstbewältigung entwickelt wurden. Deshalb besteht eine starke Tendenz an ihnen festzuhalten, auch wenn sie im Erwachsenenalter zu Störungen und Konflikten führen.

Auch beim Lernen von normalen Gewohnheiten hemmt Angst das Lernen. Ein Teil der Aufmerksamkeit wird dann von der angstvollen Vorstellung gebunden, es nicht zu schaffen, es falsch zu machen oder für Fehler bestraft zu werden. Außerdem muss die kränkende Erfahrung verkraftet werden, dass die Handlung am Anfang immer wieder scheitert.

Bei der Gewohnheitsbildung werden unbewusst die Regeln übernommen, von denen sich die Erwachsenen in der Gemeinschaft leiten lassen. Mit den Gewohnheiten wird ein Verhalten gelernt, das ein reibungsloses Zusammenleben mit anderen Menschen gewährleistet. Die Gewohnheiten integrieren den Organismus auf eine Weise in seine soziale Umwelt, dass sicher und angstfrei gehandelt werden kann. Es wird gleichsam die Vernetzung mit der Umwelt wiederhergestellt, die der Fötus im Mutterbauch vorgefunden hatte und die durch die Geburt verloren ging. Da von den Verhaltensgewohnheiten auch das Denken und Fühlen bestimmt wird, wird der Organismus bis ins Innerste von den Gewohnheiten geprägt.

Da in den Gewohnheiten die normativen Erwartungen der anderen Mitglieder der Gemeinschaft integriert sind, steckt in den Motiven bereits die soziale Umwelt. Nichts wird angestrebt, das nicht auch real möglich ist. Im alltäglichen Leben werden nur die Motive gebildet, von denen erfahren wurde, dass sie zum Ziel führen. In den

Motiven setzen sich die gesellschaftlichen Lebensbedingungen durch. Oder wie es Giddens formuliert hat: Die sozialen Kräfte wirken durch die Gründe der Handelnden hindurch.[48] Die Motive der Handelnden sind deshalb nie etwas bloß Subjektives.

Das bedeutet, dass die soziale Umwelt nicht nur die Art, sondern auch die Qualität der Gewohnheiten bestimmt. Es ist von zentraler Bedeutung, ob sich die Gewohnheiten in einem Milieu von Akzeptanz und Liebe oder von Ablehnung und Angst entwickeln. Dieser Unterschied wird in der Diskussion der Gewohnheiten selten beachtet. Vor allem wird meistens übersehen, dass viele Gewohnheiten – vor allem das Vermeidungs- und Suchtverhalten – die Funktion der Angstbewältigung haben. Das hat dazu geführt, dass ein verzerrtes Bild der Gewohnheiten entstanden ist, das von starren Gewohnheiten bestimmt wird.

Die Lebensbedingungen erscheinen zwar in der Form von Personen, Häusern, Gegenständen und Einrichtungen, wirksam sind sie aber primär über die Regeln, die mit ihnen verbunden sind. So ist am Geld nicht seine materielle Form entscheidend, sondern die mit ihm verbundene Regel, dass z. B. die Gegenstände des alltäglichen Bedarfs nur mit Geld erworben werden können. Da die Gewohnheiten aus erfolgreichem Handeln entstehen, gehen in sie immer zugleich die Regeln der Gemeinschaft ein. Die Regeln sind deshalb dem Handeln nichts Äußerliches, sondern die Basis des Handelns. Daraus ergibt sich eine tiefe Verschränkung der Gewohnheiten mit den Lebensbedingungen. Die Regeln existieren nicht unabhängig vom Handeln. Daraus folgt, dass das Subjekt bis ins Innerste gesellschaftlich ist. »Die Gesellschaft ist wesentlich die Substanz des Individuums.«[49]

Die Besonderheit der Gewohnheiten besteht also darin, dass der Organismus dadurch mit den Objekten in seiner Umwelt gekoppelt wird. Das hat zur Folge, dass die Gewohnheiten sofort aktiviert werden, wenn entsprechende Umweltreize wahrgenommen werden. Die Objekte scheinen deshalb einen Aufforderungscharakter zu haben.

48   Giddens, S. 347.
49   Adorno, S. 11

Das bedeutet, dass die Kontrolle über das eigene Verhalten an die Umwelt delegiert wird. Das kann man sich beim Lernen von neuen Gewohnheiten zunutze machen, indem neue Gewohnheiten bewusst an eine bestimmte Situation gebunden werden. Oder wenn eine Gewohnheit verändert werden soll, gelingt dies am besten, wenn die Situation, an die die Gewohnheit gebunden ist, verändert wird.

Stets kontrolliert das Gehirn unbewusst, ob es den Aufforderungen der Umwelt folgen soll oder nicht. Wenn allerdings das Kontrollzentrum beschädigt ist, fällt die Kontrolle aus und wird alles getan, was die Umweltreize anregen. So konnten z. B. die Patienten in einer psychiatrischen Klinik nicht aufhören, Wasser zu trinken, solange vor ihnen ein gefülltes Wasserglas auf dem Tisch stand.[50] Dieses Extrembeispiel zeigt, dass das Handeln völlig ohne bewusste Impulse und Kontrolle funktionieren kann.

Für den Aufbau von Gewohnheiten benutzt der Organismus das Hilfsmittel der Muster. Muster sind Programme, in denen der typische Ablauf einer Bewegung festgelegt wird. Für jede Bewegung wird so vom Gehirn ein Muster für ihre zukünftige Ausführung aufgebaut. In jedem Muster wird eine Assoziation zwischen einem Bewegungsablauf und einem Ziel hergestellt. Auch für Gegenstände werden Muster gebildet. Dabei werden die Bewegungen festgehalten, wie die Gegenstände für die menschlichen Bedürfnisse benutzt werden können. In die Muster gehen alle Aspekte der Situation ein, in der sie gelernt wurden: das mit der Handlung verfolgte Ziel, die Besonderheiten der Situation, die das Handeln begleitenden Gefühle, die Erfahrung von Widerständen und Behinderungen, die Erinnerung, in welchem Kontakt die Bewegung gelernt wurde, die gefühlsmäßige Bewertung der Situation, die die Handlung ausgelöst hat u. a. Die Handlungsmuster sind mehr als rein motorische Programme, da sie auch emotionale und kognitive Aspekte enthalten. Die Bewegungsprogramme werden so aufgebaut, dass sie modifizierbar sind.[51]

50 Vgl. Bargh, S. 258.
51 Eine ausführliche Darstellung der Theorie der Muster befindet sich in meinem Buch *Wie Denken funktioniert*.

So lernen z. B. kleine Kinder das Muster, auf einen Stuhl zu klettern. Wenn sie größer sind, wird das normale Muster des Sitzens eingeübt. Gleichzeitig lernen sie das Muster, dass Stühle die Funktion haben, dass man darauf sitzen kann. Später erweitern sie vielleicht das Muster um die Funktion, dass man sie als eine Art Leiter benutzen kann. Jedes Mal, wenn sie mit einem Stuhl in Kontakt kommen, wird sofort spontan daran gedacht, was mit ihm getan werden kann. Dieses Beispiel zeigt, dass die Muster für Bewegungen und für Gegenstände oft miteinander verschränkt sind.

Von zentraler Bedeutung ist, dass sich die Muster spontan und unbewusst bilden. Zu Recht gilt die Musterbildung als ein Grundprinzip der menschlichen Natur und als die zentrale Funktion des Gehirns. Es muss aber beachtet werden, dass die Muster nicht objektiv in den Gegenständen bzw. Bewegungen enthalten sind, sondern erst vom Gehirn geschaffen werden. Jedes Mal, wenn eine neue Bewegung gelernt wird, entsteht ein neues Muster.

Gewohnheiten bestehen in der Regel aus einer Kombination von mehreren Mustern. Die Muster lassen sich relativ leicht miteinander verknüpfen, weil aus Erfahrung gewusst wird, wie sie aufeinander bezogen sind. Die Kombination der Muster findet außerhalb des Bewusstseins statt. Genauso wie plötzlich Erinnerungen aus dem Gedächtnis auftauchen, erfolgt der Zugriff auf die gespeicherten Handlungsmöglichkeiten unbewusst.

Die Gewohnheit ist ein Steuerungsprinzip, das in der Evolution der Lebewesen die Instinktsteuerung mit ihren starren Bewegungsabläufen abgelöst hat. Damit kann das Handeln leichter an Veränderungen der Umwelt angepasst und effizienter gestaltet werden. Dies wurde durch die Erfindung des Nervensystems ermöglicht: zwischen der Reizaufnahme und dem Handeln wurden mehrere Verarbeitungsschritte eingeschaltet, so dass die Handlungsabläufe jederzeit neu umgebaut und ausgerichtet werden können.[52] Die Gewohnheiten begründen so die Lernfähigkeit des Organismus. Obwohl Gewohnhei-

---

52 Der Teil des Nervensystems, der die Bewegungen organisiert, wird meistens als willkürliches Nervensystem bezeichnet.

ten sich jederzeit verändern lassen, sind sie genauso zuverlässig und stabil wie Instinkte.

Die Tendenz zur Gewohnheitsbildung ist offensichtlich Ausdruck einer allgemeinen Tendenz der Natur, alles was funktioniert, in einem Programm abzuspeichern. So wie der Bauplan des menschlichen Körpers in der DNA festgelegt wird, so werden die Handlungen, die sich bewährt haben, als Bewegungsprogramme im Kleinhirn abgespeichert, so dass sie jederzeit zur Verfügung stehen.

Die Gewohnheiten prägen das ganze Leben, weil sie nicht bloß aus mechanischen Bewegungsabläufen bestehen, sondern auch – wie Pierre Bourdieu in seiner Habitustheorie herausgearbeitet hat – die Wahrnehmung und Bewertung von Situationen strukturieren. Da die Gewohnheiten immer mit Gefühlen, Überzeugungen und Zielen verbunden sind, legen sie fest, wie Situationen bewertet werden und welche Einstellung zu anderen Menschen eingenommen wird.

Im Gewohnheitsverständnis des Handelns wird das Vernunftmodell infrage gestellt, das in der letzten Zeit auch von der Psychoanalyse, den Neurowissenschaften und den Gefühlstheorien massiv kritisiert wurde. Zentraler Kritikpunkt ist, dass der starke Einfluss der Gefühle und des Unbewussten übersehen wird. Meine Kritik richtet sich zusätzlich darauf, dass die Gewohnheitsbildung beim Handeln zu wenig beachtet wird.[53] Denn für alle Fertigkeiten werden Gewohnheiten ausgebildet, so dass sie auch ohne bewusste Planung und Entscheidung ausgeübt werden können. Die Steuerung des Verhaltens geht praktisch an die Gewohnheiten über. Daraus folgt, dass das normale Handeln nicht von der Vernunft, sondern auf unbewusste Weise von den Gewohnheiten gesteuert wird.

Es ist sicherlich nicht zufällig, dass sich viele Moralphilosophen der Antike nicht am Vernunftmodell des Handelns orientiert haben, sondern von den Tugenden – verstanden als sittlich wertvolle Eigenschaften – ausgegangen sind. Der antike Begriff für Moral leitet sich von dem griechischen Wort *éthos* (Ethik) ab, das die Charaktereigen-

---

53 Vgl. Neubeck 2008 und 2012.

schaften eines Menschen bezeichnet, die als gelernte Verhaltensgewohnheiten begriffen wurden. Auch die lateinische Übersetzung
des griechischen Wortes bedeutete ursprünglich Bräuche und
Gewohnheiten. In den Tugendlehren wurde Wert darauf gelegt, dass
die richtigen moralischen Gewohnheiten gelernt werden. Darin
drückt sich die Einsicht aus, dass das Handeln primär gewohnheitsmäßig abläuft.

Die etymologische Herkunft des Begriffs Gewohnheit lässt erkennen, dass die Gewohnheiten ursprünglich als etwas Positives angesehen wurden. Der Begriff wurde von dem Verb *wohnen* abgeleitet, das auch die Bedeutung von »zufrieden sein« hat. Gewohnheiten
schaffen die vertraute Geborgenheit, die in der eigenen Wohnung erfahren wird. Sie stellen etwas von der Geborgenheit wieder her, die
durch die Geburt verloren gegangen ist.

Die Gewohnheiten werden missverstanden, wenn sie als äußerliche Eigenschaften einer Person betrachtet werden. Sie sind keine ent-
behrlichen oder sogar störenden Aspekte, wie häufig angenommen
wird, sondern vielmehr ein zentraler Bestandteil der persönlichen
Identität. Sie verschaffen das Gefühl des Vertrauens und der
Sicherheit beim Handeln. Deshalb hat der englische Soziologe Anthony Giddens die These vertreten, dass die Gewohnheiten der
Schlüssel zum Verständnis des menschlichen Handelns sind.[54]

Als Fazit ist festzuhalten, dass Gewohnheiten nichts rein Me-
chanisches sind. Beim Handeln hält man sich spontan an die
Gewohnheiten, die für den Umgang mit den Objekten gebildet wurden. Fehlen sie, dann hilft auch der Appell nicht, rational zu denken.
Gewohnheiten legen fest, wie die Welt wahrgenommen wird. Jede
Gewohnheit hat eine Bedeutung, da sie mit dem Wissen verbunden
ist, wie ein bestimmtes Ziel erreicht werden kann. Gewohnheiten
verknüpfen die Menschen mit ihrer Umwelt. Dabei wird ein wesentlicher Anteil der Kontrolle über das eigene Verhalten an die Umwelt
abgegeben. Es kann der Eindruck entstehen, dass das Verhalten wie

---

54   Vgl. Giddens, S. 112.

von selbst abläuft.

4.2. Geschehen lassen

> *»Die Ergebnisse der Philosophie sind die Entdeckung irgend eines schlichten Unsinns und Beulen, die sich der Verstand beim Anrennen an die Grenze der Sprache geholt hat.«*
> *(Ludwig Wittgenstein)*

Wie kann die Gewissheit, dass man sein eigenes Handeln bewirkt, mit der These zusammengebracht werden, dass das Handeln weitgehend gewohnheitsmäßig, d. h. selbstgesteuert abläuft. Was bedeutet es, der Urheber des eigenen Handelns zu sein? Ist das Gefühl der Handlungsurheberschaft nur eine Illusion, wie gelegentlich behauptet wird? Zur Klärung dieser Fragen ist eine kurze Analyse des Bewusstseins erforderlich.

Vermutlich verdankt sich das starke Interesse am Bewusstsein der Frage nach dem Unterschied zwischen Menschen und Tieren. Da das Bewusstsein als das hervorstechende Merkmal der Menschen gilt, schien es möglich zu sein, damit die Sonderstellung der Menschen zu begründen. Aber bis heute konnte keine konsensfähige Erklärung für das Bewusstsein gefunden werden. Für manche Philosophen ist das Bewusstsein ein nebulöser Begriff (z. B. Daniel Dennett). Für andere liegt die Erklärung des Bewusstseins jenseits der menschlichen Verstehenskapazitäten (Noam Chomsky, Thomas Nagel, Colin McGinn). Bei vielen Neurowissenschaftlern gilt das Bewusstsein nach wie vor als ein großes Rätsel (z. B. Christof Koch).

Merkwürdigerweise war das Bewusstsein lange Zeit überhaupt kein Problem. Erst im 17. und 18. Jahrhundert wurde es von der Philosophie thematisiert, als der Geist in eine radikale Opposition zur Materie gestellt wurde. Denn jetzt musste erklärt werden, wie der ausdehnungslose bewusste Geist auf die ausgedehnte Materie einwirken kann. Das Kardinalproblem des Bewusstseins wird seitdem darin gesehen, wie die materielle Natur, die nach physikalischen Gesetzen organisiert ist, so etwas Unphysikalisches wie das geistige Phänomen des Bewusstseins hervorbringen kann. Wie kann die Diskrepanz zwischen der physikalischen Struktur der objektiven Welt und der subjektiven Erfahrung erklärt werden?

Der Begriff *Bewusstsein* ist aus der Versubstantivierung des Adjektivs *bewusst sein* hervorgegangen. Etwas wissen heißt, fähig sein, etwas zu tun oder bewirken zu können. Man kann das Wissen anderen mitteilen, die es dann bewusst aufnehmen.

In der Antike wurde das Phänomen des Bewusstseins mit dem lateinischen Begriff *conscientia* erfasst. Wenn der Begriff in seine Bestandteile *con* (zusammen) und *scientia* (Wissen) zerlegt wird, erhält man die Bedeutung, dass er sich auf das mit anderen Menschen geteilte Wissen bezieht.[55] Er bezog sich also ursprünglich auf die Erfahrung, dass die Menschen durch ihr gemeinsames Wissen miteinander verbunden sind. Am Ende eines historischen Wandlungsprozesses steht ein Begriff, der sich auf die privaten Gedanken und Gefühle bezieht, zu denen nur der Einzelne einen Zugang hat. Der Begriff hat sich praktisch in sein Gegenteil verkehrt. Vermutlich drückt sich in dem Begriffswandel der gesellschaftliche Individualisierungsprozess der letzten Jahrhunderte aus, in dem das Zusammengehörigkeitsgefühl und die Solidarität der Menschen untereinander zunehmend untergraben wurden. Man kann sich nicht mehr auf das Wissen der anderen verlassen, da sie potenzielle Konkurrenten sind. Im sozialen Selbstbehauptungskampf wurde das eigene Wissen zur überlebenswichtigen Ressource. Es ist deshalb nicht zufällig, dass der individualistische Begriff des Bewusstseins erst zu Beginn der wirtschaftlichen Expansion des Bürgertums im 18. Jahrhundert aufkam.

Es ist immer noch völlig ungeklärt, welche biologische Funktion das Bewusstsein hat und auf welcher Entwicklungsstufe des organischen Lebens es entstanden ist. Einige Theoretiker betrachten das Bewusstsein als ein Grundmerkmal des Lebens, das bereits bei den einfachsten Lebewesen anzunehmen sei. Die subjektive Erfahrung sei etwas völlig Eigenständiges und ließe sich deshalb nicht auf Ge-

---

55   Humphrey, S. 151.

hirnprozesse zurückführen.[56] Dementsprechend sei das Bewusstsein nicht im Verlauf der Evolution entstanden, sondern immer schon vorhanden gewesen. Was sich entwickelt hat, wäre nur das Maß der Bewusstheit. Andere Theoretiker sehen im Bewusstsein ein exklusives Merkmal der Menschen.[57] Beide Extrempositionen sind problematisch. Das Bewusstsein als ein Grundmerkmal des Lebens bzw. der Materie anzunehmen, ist ein metaphysischer, d. h. empirisch nicht begründbarer Gedanke. Nur den Menschen Bewusstsein zuzusprechen, widerspricht der Erfahrung des Verhaltens von Tieren.

Sicherlich findet der Kontakt von einfachen Lebewesen mit ihrer Umwelt ohne Bewusstsein statt. Wenn ein Reiz auf die Körperoberfläche auftrifft, reagieren einfache Lebewesen entweder damit, dass sie sich vom Reiz entfernen oder das Objekt, das den Reiz ausgelöst hat, in sich aufnehmen. Der Ort der Reizeinwirkung ist zugleich der Ort der Reaktion. Offensichtlich verfügen bereits einfache Lebewesen, wie z. B. die Amöben, über eine Empfindlichkeit, mit der sie Reize der Außenwelt als negativ oder positiv bewerten. Die Reizeindrücke sind implizite Handlungsaufforderungen, die den Organismus auffordern, Stellung zu beziehen. Anders formuliert, stellen die Reizeinwirkungen einen primitiven Dialog mit der Umwelt her, ohne dass dafür Bewusstsein erforderlich zu sein scheint.

Im Verlauf der Evolution der Lebewesen kommt es zu zunehmender Entkopplung von Reiz und Reaktion. Es bilden sich einerseits spezialisierte Sinnesorgane heraus, so dass nicht nur der Reiz, sondern auch die Beschaffenheit der Umwelt wahrgenommen wird. Es wird also nicht nur gespürt, dass sich im Körper etwas verändert hat, sondern es wird auch die Welt außerhalb wahrgenommen, von der die Reize ausgehen. Andererseits entwickelt sich das Gehirn als ein zentrales Organ heraus, in denen die Sinnesreize analysiert und Handlungsmuster aufgebaut werden, mit denen der Organismus auf die Umwelt aktiv einwirken kann. Dadurch werden mehr Bewegungsoptionen gewonnen. Es entsteht die Fähigkeit, auf gleiche Rei-

56 Chalmers, in: Blackmore, S. 56.
57 Ramachandran, in: Blackmore, S. 262.

ze je nach Umweltsituation mit unterschiedlichen Reaktionen zu reagieren.

Die Geburtsstunde des Bewusstseins war vermutlich das Bestreben, das Handeln an die Umwelt anzupassen. Um die Umwelt
kontrollieren zu können, muss das eigene Handeln kontrolliert werden. Das wurde dadurch erreicht, dass durch interne Rückkopplung
geprüft wird, ob das Handeln den angestrebten Zielen entspricht.
Wenn eine Störung oder ein Konflikt zwischen den automatisch ablaufenden Verhaltensabfolgen und den situativen Gegebenheiten oder
den jeweiligen Zielen auftritt, ist die Aufmerksamkeit sofort hell-
wach. Es kommt zu gefühlsmäßigen Erregungen der Überraschung,
Wut oder Angst. Der bewusst gewordene Konflikt veranlasst dazu,
das Bewegungsmuster zu revidieren. Die Gefühle geben Signale, in
welcher Richtung das Handeln korrigiert werden muss.[58]

Damit das Handeln an die Umwelt angepasst werden kann, müssen sowohl die äußeren Umstände des Handelns als auch die Einzelheiten der Handlungen genau beobachtet werden. Es müssen also
Unterschiede wahrgenommen werden. Etwas kann nur wahrgenommen werden, wenn es von den übrigen Sinnesreizen unterschieden
wird. Unterschiede existieren nur, wenn sie bewusst wahrgenommen
werden.[59] Unterschiede erkennen setzt also Bewusstsein voraus.
Wenn z. B. die Finger die Oberfläche eines Gegenstandes abtasten,
können die Tastempfindungen erst identifiziert werden, wenn gelernt
wurde, durch Unterscheiden bestimmte differenzierte Eigenschaften
wahrzunehmen und das Handeln daran zu orientieren. Die Tastempfindungen können nur dann dem Handeln dienlich sein, wenn sie bewusst erlebt werden. Welche Empfindungen wesentlich sind, wird
durch die Gefühle ausgewählt. Denn die Gefühle heben die wesentlichen Empfindungen hervor. Der Tastsinn zeigt, dass das bewusste
Erleben direkt an die Sinneswahrnehmungen gebunden ist. Die

---

58 Die Bedeutung der Gefühle für das Handeln wird im Kap. 5.1. ausführlich
    diskutiert.
59 Der Philosoph Chr. Wolff (1679-1754) hat in der Unterscheidung das
    wesentliche Merkmal des Bewusstseins gesehen.

Wahrnehmung der Umwelt mit den Sinnesorganen, die gefühlsmäßige Akzentuierung der Umwelt, die Musterbildung und die bewusste Selbstwahrnehmung hängen eng miteinander zusammen.

Es ist eine Eigenart aller Sinnesorgane, dass sie mit bewusstem Erleben gekoppelt sein können. Jeder Sinn hat sein eigenes Bewusstsein. Häufig wird etwas wahrgenommen, ohne dass es bewusst registriert wird. Aber damit die Sinneswahrnehmungen die Funktion übernehmen können, dem Handeln im Raum der Objekte eine Orientierung zu geben, zumal wenn die Umwelt nicht vertraut ist, müssen sie mit Bewusstheit verbunden sein. Für diese These spricht, dass das Bewusstsein primär mit Aktivitäten in den sensorischen Arealen des Gehirns verbunden ist.[60]

Wahrscheinlich entstanden die bewussten Sinneswahrnehmungen sehr früh in der Entwicklung des Lebens. Es ist anzunehmen, dass alle Tiere, die sich in ihrer Umgebung gezielt bewegen, ein bewusstes Erleben besitzen.[61] Da Tiere Sinnesorgane haben, muss bei ihnen auch Bewusstsein angenommen werden. Dafür spricht, dass ihr Gehirn einen ähnlichen Aufbau wie bei den Menschen hat und bei vielen Tieren ein planvoller Werkzeuggebrauch zu beobachten ist.[62] »Ich dagegen glaube, daß jedes Wesen, das ein Gehirn hat, wie rudimentär es auch sein mag, auch einen dementsprechenden Grad von Bewußtsein hat.«[63]

Wenn das Bewusstsein ein Aspekt der Sinneswahrnehmung ist, wird es fraglich, ob es überhaupt sinnvoll ist, vom Bewusstsein als einem einheitlichen Vermögen oder Organ zu sprechen. Offensichtlich ist der subjektive Eindruck, dass das Bewusstsein etwas Einheitliches ist, eine Selbsttäuschung. Man muss vielmehr davon ausgehen, dass jedes Sinnesorgan mit einem eigenen bewussten Selbsterleben verbunden ist. Interessanterweise lehrt auch der Buddhismus, dass je-

---

60 Pauen 2016. S. 256.
61 Bennett, S. 423.
62 Werth, S. 167.
63 Greenfield, in: Blackmore, S. 139.

der Sinn sein eigenes Bewusstsein hat.[64]

Damit stellt sich die Frage, wie der Eindruck der Einheitlichkeit des Bewusstseins zustande kommt. Wie gelingt es dem Gehirn, Kohärenz und Konsistenz herzustellen, ob wohl die Signale der Umwelt über mehrere Sinnesorgane aufgenommen und in verschiedenen Gehirnarealen verarbeitet werden? Eine mögliche Erklärung besteht darin, dass die verschiedenen Sinnesorgane immer gleichzeitig eingeschaltet sind. Alle Empfindungen überlagern sich zu einem Gesamteindruck. In der Regel steht ein Sinn im bewussten Fokus, bei den Menschen meistens das Sehen. Je nach Situation und Handlungsbedarf verschiebt sich der Brennpunkt des bewussten Erlebens. So kann man z. B. beim Essen völlig in der bewussten Geschmackswahrnehmung aufgehen, obwohl der Sehkanal weiterhin offen ist, allerdings mit stark reduzierter Aufmerksamkeit.

Aus der Sicht des Handelns ist das Problem der Einheitlichkeit eigentlich trivial. Im Wachzustand ist der Organismus ständig in Aktion, selbst im Zustand der Muße wandern die Gedanken hin und her. Jede Handlung hat in der angestrebten Absicht einen zeitlichen Beginn und im erreichten Ziel ein zeitliches Ende. Dabei bewegt sich immer der ganze Organismus. Der Eindruck der Einheitlichkeit des Bewusstseins entsteht daraus, dass stets der ganze Körper mit seinen Sinnesorganen auf die aktuellen Bewegungen ausgerichtet ist. Er ergibt sich demnach aus dem ununterbrochenen Erleben der zeitlichen Kontinuität des zielorientierten Handelns.

Die Frage, warum im Selbsterleben nicht gespürt wird, dass das Bewusstsein in verschiedene Sinnesbewusstseine auseinanderfällt, hängt mit der bemerkenswerten Eigenschaft aller Sinnesorgane zusammen, dass sie sowohl ganzheitlich als auch fokussiert arbeiten können. So gibt es beim Sehen auf der einen Seite das periphere Sehen, mit dem ganze Landschaften, komplexe Bewegungen oder ein Bild mit einem Blick ganzheitlich erfasst werden können, und auf der anderen Seite das fokussierende Sehen, mit dem Einzelheiten und

---

64   Varela, S. 103.

Details in den Brennpunkt des Sehens genommen und analysiert werden können. Das periphere Sehen erfolgt im entspannten Zustand der Augen, während das fokussierende Sehen eine Anspannung der Augenmuskeln verlangt. Die Sinnesorgane betten jeden einzelnen Reiz in ein ganzheitliches Wahrnehmungsfeld ein. Das periphere, ganzheitliche Wahrnehmen lässt den Eindruck entstehen, sich in einer einheitlichen Welt zu befinden. Normalerweise wird das ganzheitliche periphere Wahrnehmen der Sinnesorgane nicht weiter beachtet, da ihr Wesen in der konzentrierten Wahrnehmung zu liegen scheint.

Eine Hauptquelle des Bewusstseins seiner selbst ist das propriozeptive Nervensystem. Es ist ein innerer Sinn, der alle körperlichen Bewegungen an das Gehirn zurückmeldet. Der Organismus weiß so ständig um den aktuellen Zustand der momentan ausgeführten Bewegung, ohne dass dazu die Augen oder andere äußere Sinne benutzt werden müssen. Auf diese Weise gelingt eine genaue zeitliche und räumliche Koordination der Bewegungen. Das propriozeptive Nervensystem, das oft als sechster Sinn bezeichnet wird, trägt so zum bewussten Selbsterleben bei.

Weiter unten wird dargestellt, dass alle Handlungen von Emotionen begleitet werden.[65] Bei der internen Wahrnehmung der körperlichen Bewegungen werden deshalb immer auch die spezifischen Körperbewegungen wahrgenommen, die von den Emotionen hervorgerufen werden. Da die Emotionen ihre Funktion nur wahrnehmen können, wenn sie bewusst als Gefühle erlebt werden, folgt daraus die These, dass das Bewusstsein aus dem Zusammenwirken der inneren und äußeren Sinnesorgane bei der Wahrnehmung der körperlichen Bewegungen hervorgeht.

Die körperliche Selbstwahrnehmung des Handelns lässt das Gefühl entstehen, der Urheber des eigenen Handelns zu sein. Das Gefühl, der Akteur seiner selbst zu sein, beruht somit auf der bewussten Wahrnehmung der eigenen Handlungen und der Umwelt. Wenn eine Übereinstimmung zwischen den vorausgesehenen und den tatsäch-

---

65 Vgl. Kap. 3.4.1.

lich eingetretenen Wirkungen zustande kommt, wird das Handeln als effizient bewertet.

Das Gefühl der Handlungsurheberschaft wird dadurch verstärkt, dass im sozialen Zusammenleben der Erfolg und Misserfolg des Handelns von den anderen als Verdienst oder Schuld bewertet wird. Bereits Kinder erfahren, dass sie von den anderen als Urheber ihrer Handlungen angesehen und für gelungenes Handeln gelobt und für misslungenes getadelt werden. Oft wird ihnen die Schuld gegeben, wenn sie etwas zerstört haben, obwohl sie es nicht absichtlich getan haben. Sie hören immer wieder, dass sie die Freiheit haben, die Ziele ihres Handelns und die Mittel zu ihrer Verwirklichung selbst zu setzen. Sie müssen Gründe nennen, wenn sie etwas getan haben, das den Eltern nicht gefällt, und damit rechnen, für die Folgen des eigenen Handelns zur Rechenschaft gezogen zu werden. Verantwortung heißt, unter dem Druck zu stehen, gegebenenfalls seine Verhaltensgewohnheiten rechtfertigen und ändern zu müssen. Das führt dazu, dass man gezwungen wird, sich mit dem eigenen Handeln zu beschäftigen und es auf seine Vereinbarkeit mit dem sozialen Zusammenleben zu überprüfen.

Die Urheberschaft wird in der Regel erst bewusst erlebt, wenn sie misslingt. Sie ist eine wesentliche Quelle des Wohlbefindens, da darauf das Gefühl der Selbstwirksamkeit, also die Handlungsfähigkeit basiert. Für das Selbstgefühl ist von zentraler Bedeutung, dass man das Vertrauen hat, fähig zu sein, für seine Bedürfnisse effizient sorgen zu können. Nichts ist destruktiver als das Gefühl der Ohnmacht, der Inkompetenz oder der Minderwertigkeit, da es einen Mangel an Handlungsfähigkeit signalisiert.

Handeln heißt zu erleben, wie man handelt. Auch bei gezielten und zweckgerichteten Veränderungen des Verhaltens wird bloß erlebt, dass es verändert wird. Das Gefühl, autonom zu handeln, resultiert aus der Sicherheit, die die Gewohnheiten verschaffen. Man ist also nicht der Autor des eigenen Verhaltens, sondern erlebt sich bloß als einen autonomen Akteur. Wenn also die Menschen überzeugt sind, dass sie ihr Verhalten selbst steuern, ist das ein Missverständnis.

Dieser Gedanke ist schwer zu akzeptieren, da er die Angst auslöst, dass man sich in einen Automaten verwandelt. Diese Angst ist unberechtigt. Wenn beim Handeln der Eindruck entsteht, dass ein bestimmtes Ziel aktiv angestrebt wird, wird in Wirklichkeit die Handlung dadurch ausgelöst, dass eine Gewohnheit unbewusst durch einen Umweltreiz aktiviert wurde. Man identifiziert sich mit ihr, weil man weiß, dass sich darin alle persönlichen Wünsche und Erfahrungen ausdrücken, und weil man sicher ist, dass damit die eigenen Bedürfnisse befriedigt werden können. Deshalb stellt sich in der Regel nicht das Gefühl ein, fremdgesteuert zu sein. Die Menschen handeln immer als Ganzes. »Der Handelnde ist das menschliche Subjekt insgesamt.«[66]

Es muss beachtet werden, dass das reflexive Verb *sich erleben* auf ein Subjekt verweist, das etwas erlebt. Da das Subjekt traditionell als etwas Geistiges verstanden wird, wird in dem Verb automatisch der Dualismus von Geist und Körper mitgedacht. Deshalb kann der Gedanke, dass man sich im Handeln selbst erlebt, erst richtig verstanden werden, wenn der Dualismus überwunden worden ist.[67]

Das Fazit dieser Überlegungen ist, dass der Begriff des Bewusstseins problematisch ist, da er die Vorstellung suggeriert, dass es für das bewusste Erleben ein einheitliches Organ gibt. In Wirklichkeit gibt es nur das bewusste Selbsterleben der eigenen körperlichen Prozesse, das unterschiedlich stark ausgeprägt sein kann. Die Fähigkeit der bewussten Selbstwahrnehmung erweist sich als etwas Körperliches, da sie mit den Sinnesorganen und dem propriozeptiven Nervensystem zusammenhängt. Sie hilft dabei, neue Gewohnheiten auszubilden und bestehende zu korrigieren.

Die Frage, ob das Bewusstsein den qualitativen Unterschied zwischen den Menschen und den Tieren ausmacht, ist für das praktische Handeln irrelevant. Die Frage nach der Sonderstellung der Menschen ist ein Relikt des religiösen Denkens, das den Menschen als Ge-

---

66 Giddens, S. 101
67 Vgl. Kap. 3.4.

schöpf Gottes versteht. Wichtiger ist die Frage, welche Funktion das bewusste Selbsterleben beim menschlichen Handeln hat.

4.3. Von selbst

»Alles vollkommene Tun ist gerade unbewußt und nicht mehr gewollt!« (Nietzsche)

Die bisherigen Überlegungen zeigen, dass die Gewohnheitsbildung eine erfolgreiche evolutionäre Erfindung ist, da damit das Handeln lernfähig wurde. Das Handeln erhält die Sicherheit, die früher die Instinkte verbürgt hatten. Alle neuen Handlungsweisen werden in Gewohnheiten transformiert. Diese Sichtweise ist durch die Naturwissenschaften ermöglicht worden, die den traditionellen Glauben, dass das Handeln von inneren geistigen Instanzen wie der Seele, dem Geist, der Vernunft oder dem Unbewussten gelenkt wird, zerstört haben. Das neue Denkprinzip besteht im Kern darin, dass nur die Gedanken akzeptiert werden, die mit empirischen Methoden als realitätsgerecht überprüft werden können. Alle abstrakten Allgemeinbegriffe für innere Instanzen, die von der Philosophie als Ersatz für mythologische Erklärungen angeboten wurden, geraten unter Ideologieverdacht.

Naturwissenschaftler haben wiederholt beobachtet, wie bei physikalischen, chemischen und biologischen Prozessen scheinbar von selbst neue Ordnungen und Strukturen entstehen. Bei Lebewesen fiel auf, dass sie sich immer wieder neu aus ihren Bestandteilen heraus selbst erzeugen, regulieren und sich selbst erhalten. Wenn sich die äußeren Bedingungen verändern, passen sie sich spontan daran an, indem sie ihre innere Struktur verändern. Solche Beobachtungen gaben Anlass, das Denkschema zu entwickeln, Lebewesen als Systeme zu begreifen, die eine innere Eigendynamik haben, mit der sie ihre Selbsterhaltung organisieren, und die sich von ihrer Umwelt abgrenzen. Während früher Lebewesen als in sich abgeschlossene Einheiten betrachtet wurden, die sich entsprechend ihrem inneren Bauplan verhalten, werden sie jetzt als offene Einheiten angesehen, die sich im engen Austausch zusammen mit ihrer Umwelt entwickeln. Ihre Fähigkeiten sind nicht in einem inneren Bauplan endgültig festgelegt, sondern können weiterentwickelt werden, wenn dies von der Umwelt gefordert wird. Lebewesen sind zwar von der Umwelt abgegrenzte Systeme, sind aber auch mit ihr verbunden. Sie können nur verstanden werden, wenn sie als Teil ihrer Umwelt begriffen werden. Was sie sind, verdanken sie ihrer Umwelt. Mit dem neuen Denkschema entstand ein neuer Blick auf das Leben: der systemische Blick. Die Schlüsselbegriffe sind System, Selbstorganisation und Selbststeuerung. Der systemische Blick basiert auf drei Prinzipien: der Selbstorganisation, der Nichtexistenz einer zentralen Steuerungsinstanz und der Selbstveränderung.

Selbstorganisation bedeutet die spontane Entstehung von neuen Eigenschaften oder Fähigkeiten. Wenn ein System durch äußere Faktoren gestört wird, versucht es, sich durch eine innere Umorganisation daran anzupassen. Dabei können neue Eigenschaften entstehen, die die Handlungsfähigkeit des Systems verbessern. Gerhard Neuweiler führt die spontane Entstehung von neuen Mustern auf die chemischen Eigenschaften von anorganischen und organischen Molekülen zurück.[68] Er hält deshalb die Selbstorganisation für die grundlegende Kraft der Evolution. Dabei sind keine mysteriösen Kräfte (z. B. die Lebenskraft u. Ä.) im Spiel, sondern die Teile des Systems organisieren sich spontan neu, so dass neue Handlungsmuster entstehen. Wenn sich z. B. Salzkörner in Wasser auflösen, ist dies nicht die Wirkung von externen Kräften, sondern ergibt sich dies aus der Beschaffenheit der beteiligten Moleküle. So bilden sich spontan neue Verhaltensmuster, wenn zwei menschliche Gruppen mit unterschiedlichen Traditionen gezwungen werden, zusammen zu leben. Auch in der Gehirnforschung setzt sich immer mehr die Erkenntnis durch, dass die Struktur des Gehirns weitgehend von der Umwelt mitbestimmt wird.

Zweitens wird die Existenz von zentralen Steuerungsinstanzen in-

---

68   Neuweiler, S. 23.

frage gestellt. Es wird die Überzeugung verworfen, dass das Handeln von mentalen oder psychischen Steuerungsinstanzen – wie z. B. dem Ich, dem Selbst, der Seele, der Vernunft, dem Geist, der Person oder dem Bewusstsein – oder von Prinzipien wie z. B. Regeln oder Werten – gelenkt wird. Vielmehr laufen die inneren Entscheidungsprozesse ohne willentliche Steuerung und ohne geistige Steuerungsinstanzen wie von selbst ab. Deshalb wird beim menschlichen Handeln bevorzugt von Selbststeuerung gesprochen. Da mit dem traditionellen Modell der willentlichen Steuerung radikal gebrochen wird, handelt es sich um einen revolutionären Denkansatz.

Die Selbststeuerung gilt nicht nur für körperliche Prozesse, sondern auch für Prozesse im mentalen und psychischen Bereich. Die Hirnforscher gelangen immer mehr zu der Überzeugung, dass das Gehirn keine Steuerzentrale, sondern nur eine Koordinationsinstanz ist, in der alle organischen Impulse aufeinander abgestimmt werden. »Es gibt kein oberstes Zentrum, das alles – oder zumindest viele Abläufe – kontrolliert und nicht gleichzeitig unter Kontrolle anderer Zentren steht.«[69] Nicht das Gehirn macht die Erfahrungen, sondern die Erfahrungen prägen das Gehirn. Welche Verschaltungen vorgenommen werden, hängt von den Anforderungen der Umwelt ab. Die persönlichen Gewohnheiten werden nicht vom Gehirn festgelegt, sondern bilden sich in der Auseinandersetzung des ganzen Menschen mit seiner Umwelt. Es wäre deshalb falsch zu behaupten, dass das Gehirn das Verhalten bestimmt. Wie oben dargestellt wurde, besteht die Hauptaufgabe des Gehirns darin, Muster für die effiziente Organisation des Handelns zu bilden.

Das dritte Prinzip besteht darin, dass Systeme nicht von außen gesteuert und kontrolliert werden können, sondern sich nur von innen heraus ändern. Das bedeutet, dass sich Systeme nur verändern, wenn ihre Teile bereit und fähig sind, ihr bisheriges Verhalten aufzugeben. In der Regel kommen die Anstöße dazu aus Veränderungen in der Umwelt. Auf den Menschen übertragen bedeutet dies, dass Men-

---

69 Pauen 2008, S. 105.

schen primär durch andere Menschen beeinflusst werden. Jeder Veränderung des Verhaltens liegt eine – meist unbewusst getroffene – Entscheidung zugrunde, so zu handeln, wie es von anderen Menschen erwartet wird.

Die Grundannahme zur menschlichen Selbstorganisation besteht darin, dass die Steuerung auf der Basis aller früheren Erfahrungen, der Bedürfnisse und der personalen Präferenzen einerseits und der natürlichen und gesellschaftlichen Lebensbedingungen andererseits erfolgt. Insofern sind alle Handlungen immer der Ausdruck der gesamten Persönlichkeit und der sozialen Umwelt. Die Selbststeuerung darf deshalb nicht als automatischer Prozess verstanden werden. Der mechanistische Begriff der Automatik lässt den falschen Eindruck entstehen, dass das Handeln deterministisch nach persönlichkeitsfremden Faktoren abläuft.

Genauso wie spontan die Augenlider geschlossen werden, wenn ein Objekt direkt vor den Augen bemerkt wird, das die Augen verletzen könnte, wird auch das Handeln spontan angepasst, wenn ein Hindernis gespürt wird, ohne dass die Anpassung unbedingt ins Bewusstsein treten muss. So werden Gewohnheiten nicht bewusst geplant, sondern entstehen gleichsam naturwüchsig im Zusammenwirken des Einzelnen mit der Umwelt. Es kommt zu Korrekturen der persönlichen Gewohnheiten, ohne dass dies bewusst beabsichtigt wird.

Auch das Denken läuft selbstorganisiert ab, wie im nächsten Kapitel ausführlich begründet wird. Wenn das Denken sich seiner selbst bewusst wird, heißt das nicht, dass es bewusst gesteuert abläuft, sondern nur, dass bewusst erlebt wird, dass man gerade denkt, so wie man sich z. B. als traurig erlebt. Es wäre deshalb falsch zu sagen, dass man gedacht wird oder dass eine kosmische Intelligenz, das höhere Selbst u. Ä. im Menschen denke. Das Denken wird nicht von einer inneren Instanz organisiert. Jenseits von dem »Ich handle« und dem «Ich werde gehandelt» muss die neue Position eingenommen werden, dass man als ganzer Mensch ein Akteur ist, der sich seiner selbst bewusst ist, dass aber das Denken unbewusst erfolgt.

Die Selbststeuerung zeichnet sich dadurch aus, dass der Antrieb aus dem Organismus selbst und nicht von außen kommt. Wenn ein Blatt vom Wind in die Luft geblasen wird, kommt die Ursache von außen. Wenn dagegen sich ein Gedanke bildet, hat er zwar auch bestimmte Ursachen, aber diese liegen sowohl im Inneren des Organismus als auch in der Umwelt. Auf diesen Aspekt weist der Begriff *spontan* hin, der häufig für diesen Sachverhalt verwendet wird. Der Begriff leitet sich vom lat. *sponte* ab, was »von selbst« und »aus eigenem Antrieb« bedeutet. Selbststeuerung heißt also nicht, dass ein Ereignis bzw. Prozess keine Ursachen hat, sondern dass die Ursachen in der Sache selbst liegen.

Da die Selbststeuerung unbewusst erfolgt, ist sie weitgehend undurchsichtig. Es kann zwar mit bewusster Anstrengung ergründet werden, welche Faktoren die unbewussten Entscheidungen geformt haben. Aber es ist grundsätzlich ausgeschlossen, sie vollständig zu verstehen. Da jedes Handeln von der ganzen Erfahrungsgeschichte des Einzelnen und seiner Umwelt geprägt wird, ist es unmöglich, im konkreten Fall den jeweiligen Anteil der Prägefaktoren genau zu bestimmen.

Selbststeuerung ist das Prinzip allen Handelns. Sowohl empathisches und altruistisches als auch egozentrisches und aggressives Verhalten müssen als Ausdruck der Selbststeuerung verstanden werden. Alle mentalen und psychischen Prozesse laufen selbstorganisiert ab. Es gibt kein Verhalten, das nicht gewohnheitsmäßig organisiert wird.

Das Ziel der Selbststeuerung besteht darin, den Organismus in Einklang mit der Umwelt zu bringen, um die Handlungsfähigkeit zu bewahren. Selbststeuerung bedeutet, dass in einer intensiven Kommunikation innerhalb des Organismus einerseits und mit Umwelt andererseits neue Gewohnheiten aufgebaut werden. Konflikte zwischen den Bedürfnissen und den Anforderungen der Umwelt werden durch gezielte Veränderungen der Umwelt oder des Verhaltens aufgelöst. Der Ausgleich zwischen den körperlichen Bedürfnissen und den Anforderungen der Umwelt gelingt am besten, wenn die äußeren Lebensbedingungen bedürfnisgerecht gestaltet sind. Störungen in einem System sind immer Störungen des Verhältnisses zur Umwelt.

In den vorbäuerlichen animistischen Stammesgesellschaften wurde die Erfahrung der Selbststeuerung, die häufig als Geführtwerden bezeichnet wird, mit dem Begriff der Geister ausgedrückt. Es wurde geglaubt, dass jeder Teil der Welt von speziellen Geistern belebt wird. So dachten die Menschen lange Zeit, dass ihre Gedanken und Gefühle von den Lebensgeistern stammen. Noch Sokrates vertraute auf den Rat seines inneren Dämons (daimonion).

In der Antike wurde für die Erklärung der Selbststeuerung der Begriff der Seele eingeführt. Er basiert auf der Erfahrung, dass der Atem ständig seine Qualität variiert und sich spontan an die unterschiedlichen Anforderungen des Lebens anpasst. Die Seele schien der Ort aller spontan entstehenden Gedanken und Gefühle zu sein.

Im Zuge der Aufklärung wurde der Begriff der Energie bevorzugt, da er den Vorteil hat, dass er keine religiösen Konnotationen enthält. Er hat in der Neuzeit eine Hochkonjunktur erlebt, da die psychische Energie scheinbar eine Manifestation der physikalischen Energie ist. So sprach z. B. Sigmund Freud von der gestauten, verdrängten und explodierenden libidinösen Energie. Die Herkunftsgeschichte des Begriffs der Energie zeigt, dass er aus einer Metapher hervorgegangen ist. So besteht z. B. das chinesische Zeichen, das mit Energie übersetzt wird, aus »Dampf« und »Reis« – Dampf, der beim Kochen von Reis entsteht.[70] Es bezog sich also ursprünglich auf die Anschauung, dass Wasser über einer Feuerstelle verdunstet. Ursprünglich war der Begriff nur ein Hilfsmittel, um das eigenartige Phänomen zu erfassen, dass die Menschen in ihren Gedanken, Gefühlen oder Träumen eine innere Kraft spüren. Bald wurde die metaphorische Herkunft vergessen und aus dem Hilfsbegriff eine objektive natürliche Kraft. Es wurde übersehen, dass der Begriff der Energie nur ein abstrakter Allgemeinbegriff ist, der aus der Projektion der körperlich erfahrbaren Kraft auf die Natur entstanden ist.

---

70   Elberfeld 2012, S. 304.

Der abstrakte Allgemeinbegriff der Energie wird häufig dazu missbraucht, um religiösen Unsterblichkeitsüberzeugungen eine scheinbare Begründung zu geben. Die Behauptung, dass die Unsterblichkeit dadurch garantiert sei, dass die Energie, die sich im Menschen inkarniert, ewig existiert, ist eine metaphysische Spekulation.

In der Neuzeit wurde der Begriff der Seele weitgehend durch die Begriffe Wille, Trieb und Unbewusstes ersetzt. Diese Begriffe konnten genauso wenig wie die Seele eine überzeugende Erklärung dafür liefern, dass die psychischen Prozesse eine Eigendynamik haben, da sie als mythologische Begriffe durchschaut werden müssen.

Der Wille wurde bereits vor der Entstehung der Psychologie als Hilfsmittel zur Erklärung des menschlichen Verhaltens verwendet. Man denkt dabei sofort an den blinden Willen von Arthur Schopenhauer. Der Wille basiert auf der Intuition, dass am Anfang des Handelns ein innerer Impuls zum Handeln steht. Der Impuls ist besonders stark spürbar, wenn das Handeln auf Widerstand stößt und Anstrengungen gefordert werden, ihn zu überwinden. Es lag nahe, diesen Impuls als Willen zu bezeichnen.

Kritische Psychologen haben deshalb die These vertreten, dass es keinen Willen gibt, sondern dass er erst durch Selbstdisziplinierung und Selbsteinschränkung entsteht.[71] Einige Philosophen haben behauptet, dass der Wille eine Illusion sei (z. B. Dennett). Auch die Hirnforscher konnten bislang kein Areal im Gehirn identifizieren, in dem der Wille lokalisiert ist. Der Wille ist nicht mehr als ein Symbol, das darauf hindeutet, dass jedes Handeln von Handlungsimpulsen angetrieben wird. Der Wille ist offensichtlich nur eine theoretische Interpretation von präverbalen Handlungsimpulsen.

Sprachanalytisch betrachtet, ist der Begriff *Wille* aus der Versubstantivierung des Verbs *wollen* entstanden. Alle Formulierungen, die den Begriff des Willens verwenden, stellen deshalb einen Missbrauch der Sprache dar. Wird z. B. von Willensschwäche gespro-

---

71   Holzkamp, S. 323.

chen, handelt es sich demnach bloß um eine Metapher für mangelnde Energie. Bei dem Satz, dass ein willensstarkes Ich über viel Energie verfügt, muss bedacht werden, dass hier bloß eine Metapher für große Antriebskraft verwendet wird. Wenn es keinen Willen gibt, ist es sinnlos, von willentlicher Selbstkontrolle zu sprechen.

Der Triebbegriff, der im Zentrum der Psychologie von Sigmund Freud stand, wird gegenwärtig kaum noch genutzt. Freud hatte schon bemerkt, dass die Triebe eine schwierig zu verstehende Mischung von biologischen und psychischen Elementen enthalten. Der spekulative Charakter des Triebbegriffs wird besonders am Todestrieb von Freud deutlich. Der Triebbegriff wurde in erster Linie deshalb aufgegeben, weil das konkrete Verhalten sehr stark von Umweltfaktoren geprägt wird, und deshalb nicht direkt aus den Trieben abgeleitet werden kann. So kann z. B. die unterschiedliche sexuelle Bedürftigkeit der Menschen nur verstanden werden, wenn auch die konkreten Lebensumstände und früheren persönlichen Erfahrungen bekannt sind.

Seit der Popularisierung des Unbewussten durch Sigmund Freud wird die Erfahrung, dass das Denken und das Fühlen selbsttätig ablaufen und sich die Entscheidungen von selbst einstellen, häufig mit dem Unbewussten erklärt. Nach der Auffassung des Psychologen John Barg ist das Unbewusste ein hocheffizientes Steuerungssystem des Denkens und Entscheidens. In der Regel seien die unbewussten Entscheidungen den bewussten überlegen, insbesondere wenn es sich um komplexe Probleme handelt, bei denen viele Aspekte beachtet werden müssen. Es wird deshalb der Rat gegeben, bei komplexen Phänomenen zunächst alle Informationen zu sammeln, aber die Verarbeitung dem Unbewussten zu überlassen. Man könne dem Unbewussten Aufträge erteilen und abwarten, bis die Ergebnisse sozusagen abgeliefert werden. »Hinter den Kulissen arbeiten wir unbewusst an unseren wichtigen Zielen: Wir nutzen die Auszeiten am Tag, in denen das Bewusstsein mit keiner anderen Aufgabe beschäftigt ist, und diejenigen nachts, während wir schlafen; wie ein Wachposten halten wir stets aufmerksam Ausschau nach Informationen, die für dieses Ziel relevant sind, und registrieren potenziell nützliche Ereignisse und Objekte, die wir sonst vielleicht übersehen würden; und wir versuchen, Antworten zu finden, die sich beim bewussten Nachdenken einfach nicht einstellen wollen.«[72]

Es ist bemerkenswert, dass das Unbewusste in der frühen Psychoanalyse als etwas Dämonisches, Unheimliches und Negatives abgewertet wurde. Nach Freud enthält das Unbewusste vorrangig verdrängte Gefühle, die sich auf irrationale Weise immer wieder in das Handeln einmischen. Demgegenüber wird in der Gegenwart das Unbewusste eher als ein nützliches Prinzip angesehen. Es wird angenommen, dass viele mentale und psychische Prozesse im Unbewussten ablaufen, da dies effizienter ist. Das Unbewusste sei lernfähig und anpassungsfähig. Es nehme Bewertungen vor und entscheide, welche Informationen ins Bewusstsein gelangen. Es sei der ursprüngliche Zustand des Geistes. Die Ursachen für psychische Störungen sind keineswegs tief verborgen, sondern können in fast allen Fällen wieder ins Bewusstsein gehoben werden.[73]

Das bewusste und das unbewusste Denken würden eng miteinander zusammenarbeiten. »Und doch bleibt uns eine gewisse Fähigkeit, seine Arbeitsweise zu beeinflussen. Auch wenn das adaptive Unbewusste, unserer Einwirkung entzogen, intelligent funktioniert, können wir die Informationen beeinflussen, auf deren Grundlage es seine Schlüsse zieht und Ziele setzt.«[74] Das Ich sei nach wie vor der Kapitän. Auch wenn die Existenz des Unbewussten nicht nachweisbar sei, müsse es als eine objektiv wirksame Steuerungsinstanz angesehen werden. An Freud wird kritisiert, dass er die Leistungsfähigkeit des Unbewussten unterschätzt hat.

Aus der Sicht der bisherigen Sprachanalyse ist das Unbewusste lediglich eine mentale Konstruktion, die durch die Substantivierung des Adjektivs *unbewusst* erzeugt worden ist. Es ist ein Versuch, die Erfahrung zu interpretieren, dass viele mentale und psychische Pro-

72   Bargh, S. 229.
73   Vgl. Ellis, S. 124.
74   Wilson, S. 74.

zesse und Gewohnheiten ohne Beteiligung des Bewusstseins ablaufen. Damit ist das Unbewusste lediglich ein Symbol für die Selbstorganisation der psychischen und mentalen Prozesse. Wenn es als eine innere Instanz verstanden wird, entsteht eine mythologische Pseudoerklärung.

Die Theorie der Selbststeuerung ist ein theoretisches Konzept, das der Erfahrung, dass die mentalen und psychischen Prozesse spontan ablaufen, einen sprachlichen Ausdruck verleiht. Frühere Erklärungen, die mit dem Es, Schicksal, Unbewussten oder Willen operieren, werden als unhaltbar zurückgewiesen. Der Begriff der Selbststeuerung bezieht sich also nicht auf eine identifizierbare Kraft, mit der das menschliche Handeln erklärt werden kann. Es soll lediglich die Erfahrung begrifflich festgehalten werden, dass alle körperlichen, psychischen und mentalen Prozesse spontan ablaufen. Es wird die Erfahrung ausgedrückt, dass sich das Leben auf eine Weise organisiert, die nicht begreifbar ist. Der Begriff der Selbststeuerung ist das Eingeständnis, dass das Denken nicht in der Lage ist, das Handeln vollständig zu erklären. Er ist nur ein künstlich gebildeter Hilfsbegriff, der sich auf die Metapher der menschlichen Steuerung von Pferdewagen und Schiffen stützt.

Obwohl der Begriff der Selbststeuerung seine Bedeutung aus einer Metapher bezieht, hat er den Vorzug, dass er sich gegen seine Personalisierung sperrt. Es darf nicht vergessen werden, dass er nur ein nützlicher Hilfsbegriff ist, um die Erfahrung des spontanen Ablaufs von inneren Prozessen festzuhalten, die sich jeglicher begrifflichen Bestimmung entzieht. Er ist bloß ein provisorischer Name für etwas, das namenlos ist. Die bisher dafür verwendeten Verben *lassen* (z. B. »loslassen«) und *fließen* (z. B. »sich vom Fluss des Lebens treiben lassen«) können weiterverwendet werden. Es darf nur nicht vergessen werden, dass es sich dabei nur um Metaphern handelt.

Es ist zu beachten, dass der Begriff der Selbststeuerung in der Literatur nicht immer im Sinne einer selbsttätigen Steuerung von innen heraus benutzt wird. So gründet z. B. bei Joachim Bauer die Freiheit in der Selbststeuerung, die als Fähigkeit verstanden wird, biologische

Impulse kontrollieren zu können.[75] Selbststeuerung sei die Steuerung durch das Selbst. Sie wird damit mit dem traditionellen Konzept der Selbstbestimmung gleichgesetzt. Auch in der Management- und Coachingliteratur wird der Begriff in dem Sinne verwendet, dass die Steuerung vom Ich bzw. vom Selbst durchgeführt wird. Selbstmanagement und Selbstoptimierung werden als Ich-Aufgaben verstanden. Offensichtlich wird am traditionellen Bild des Menschen als geistigem Wesen mit Willensfreiheit festgehalten und auf das kritische Potenzial des Begriffs der Selbststeuerung verzichtet, auf die Existenz unbewusster, unverfügbarer Kräfte hinzuweisen.

Als Fazit ergibt sich, dass im Konzept der Gewohnheiten das Prinzip der Selbstorganisation auf das menschliche Verhalten angewandt wird. In der Bildung und Veränderbarkeit der Gewohnheiten wird die Kraft der natürlichen Selbstorganisation erfahren. Aus den Überlegungen folgt, dass die Kräfte, mit denen bisher das Handeln erklärt wurde, als mythologische Konstrukte durchschaut werden müssen. Dazu zählen das Ich und das Selbst, aber auch das Unbewusste, der Wille, die Triebe und die Bedürfnisse. Auch die Gefühle müssen kritisch gesehen werden. Die Gefühle sind nur insofern von Bedeutung, als sie – wie im nächsten Kapitel erläutert wird – die Richtung des Handelns mitbestimmen.

4.4. Den Gefühlen folgen?

»Wenn ein Kind angefeindet wird, lernt es zu kämpfen. Wenn ein Kind gerecht behandelt wird, lernt es, gerecht zu sein.« (Tibet)

Die traditionelle Hochschätzung des Denkens hat dazu geführt, dass die Gefühle lange Zeit als irrational abgewertet wurden. Mit der Evolutionstheorie setzte sich allmählich die Auffassung durch, dass die Gefühle die eigentlichen Antriebskräfte des Handelns und Denkens sind. Der entscheidende Durchbruch kam von der Erkenntnis der Gehirnforschung, dass die Gefühle eine zentrale biologische

---

75   Bauer.

Funktion bei der Steuerung des Handelns haben. Es wurde die alte Erfahrung bestätigt, dass sich die Gefühle selbsttätig bilden und nicht vom Denken kontrolliert werden können.

Lange Zeit war unklar, wie es zu verstehen ist, dass die Gefühle einerseits affektive Prozesse sind und andererseits mit körperlichen Symptomen einhergehen. Der Gehirnforscher Antonio Damasio hat vorgeschlagen, für die körperlichen Veränderungen, die sich bei der Reaktion auf die Umwelt einstellen, den Begriff der Emotionen und für das bewusste Erleben dieser Veränderungen den Begriff des Gefühls zu reservieren.[76] Das entspricht am besten dem ursprünglichen Sinn der beiden Begriffe. Der Begriff *Emotion* leitet sich vom lateinischen Begriff *emovere* (herausbewegen, emporwühlen) ab und hebt damit den zentralen Aspekt der Emotionen hervor, dass sich dabei deutlich der Gesichtsausdruck, die Körperhaltung, die Atmung u. a. verändern, hervorgerufen durch hormonelle Veränderungen, die mit jeder Emotion verbunden sind. Der Begriff des Gefühls weist dagegen auf das bewusste Erleben der körperlichen Veränderungen hin, die mit den Emotionen verbunden sind. Demnach basieren die Gefühle primär auf den kinästhetischen Empfindungen, die durch körperliche Bewegungen ausgelöst werden. Gefühle sind das Erleben von emotionalen Bewegungsmustern.

Die Unterscheidung zwischen Emotion und Gefühl wird von Antonio Damasio damit begründet, dass die Emotionen in der Evolutionsgeschichte wesentlich früher als die Gefühle aufgetreten sind. Einfache Organismen nehmen die erforderlichen Nahrungsmittel direkt über die Körperoberfläche auf. Was Lust auslöst, wird aufgenommen, was Unlust auslöst, abgestoßen. Als komplexe Organismen gelernt hatten, sich mit besonderen Organen in der Umwelt fortzubewegen, wurden neue Mechanismen der Umweltwahrnehmung benötigt, da der unmittelbare taktile Kontakt mit der ursprünglich wässrigen Umgebung aufgegeben werden musste. Organismen, die sich gezielt in ihrer Umwelt bewegen, brauchen neue interne Signale dafür,

---

76 Damasio 2000, S. 118.

ob etwas nützlich oder schädlich ist. Diese Funktion haben die Emotionen übernommen. Da an ihnen der Zustand und die Absichten des Partners abgelesen werden können und damit kooperatives Verhalten erleichtert wird, haben sie in der Interaktion von Lebewesen eine wichtige kommunikative Funktion übernommen. Emotionen traten in der Evolution auf, als es erforderlich wurde, das Handeln an wechselnde Umweltbedingungen anzupassen. Das Prinzip der Instinkte mit festgelegten Handlungsabläufen wurde durch das neue Prinzip der gestaltbaren Gewohnheiten ersetzt. Das ursprüngliche »Weg-von« differenziert sich in Flucht, Kampf und Abwehr, also in Angst, Wut, Trauer und Ekel aus. Das ursprüngliche aufnehmende »Hin-zu« nimmt die Gestalt der Neugierde, Begeisterung, des Interesses u. Ä. an. Das Hin-zu ist weiterhin mit lustvollen und das Weg-von mit abstoßenden Empfindungen verbunden. Luc Ciompi hat die Gefühle als Binde- und Lösemittel bewertet.[77]

Die emotionalen Reaktionsmuster stellen sich spontan ein. Die Heftigkeit der körperlichen Reaktion ergibt sich aus der spontanen Bewertung, wie stark die persönlichen Bedürfnisse befriedigt oder verletzt werden. Wenn sie befriedigt wurden, ergeben sich positive Gefühle. Zeigt die kognitive Einschätzung, dass man mit dem Problem leicht fertig werden wird, sind die körperlichen Empfindungen schwächer, weil dann eine geringere Handlungsbereitschaft aufgebaut werden muss. Wurden die Bedürfnisse stark verletzt oder kollidiert eine neue Situation mit den Erwartungen[78], kommt es zu starken negativen Gefühlen. Deshalb vertreten viele Psychologen die Ansicht, dass die Gefühle eine rationale Bewertungsfunktion haben und dass sie mit intrinsischen Werten beladen sind. In Wirklichkeit sind die Gefühle aber nur Signale für das Maß, wie stark die eigenen Bedürfnisse befriedigt oder verletzt wurden. Sie signalisieren, ob eine Handlung gelungen oder gescheitert ist.[79] Dabei geht es nicht nur um die körperlichen Bedürfnisse nach Nahrung, Hautkontakt, Sexualität

77 Ciompi, S. 102.
78 Dreitzel, S. 121.
79 Ulich, S. 124.

u. a., sondern auch um die psychischen Grundbedürfnisse nach Bindung, Zuwendung, Fürsorge, Selbstbestimmung, Anerkennung oder Gerechtigkeit u. a. So übernehmen die Gefühle die Funktion, dem Denken eine bestimmte Richtung zu geben und das Handeln zu steuern.

Das Zusammenspiel von Bedürfnissen und Gefühlen wird besonders bei der Entwicklung von Kleinkindern deutlich. Wenn Säuglinge ein Bedürfnis haben, äußern sie es mit Schreien. Daraus differenzieren sich bis zum Alter von zwei Jahren die Gefühle der Traurigkeit, Angst und Wut heraus, wie der Psychoanalytiker John Bowlby nachgewiesen hat. Die Wut entwickelt sich zusammen mit den geistigen Fähigkeiten des Kindes. Es muss gelernt werden, welche Formen des emotionalen Ausdrucks von der kulturellen Umwelt erwartet und toleriert werden. Die Art, wie die Eltern auf die Wut des Kindes reagieren, entscheidet somit darüber, wie die Kinder später als Erwachsene auf Verletzungen reagieren. Der Ausdruck der Wut kann zwischen dem sprachlich gebändigten, auf konstruktive Lösung des Problems bedachten Ausdruck auf der einen Seite und aggressiven Wutanfällen und körperlichen Angriffen des anderen auf der anderen Seite schwanken. Hinter der Wut steht das verletzte Grundbedürfnis, sein Verhalten selbst zu bestimmen, Macht über sich zu haben und nicht von anderen abhängig zu sein.

In den evolutionspsychologischen Emotionstheorien (William McDougall, Robert Plutchik) wird die Auffassung vertreten, dass die Emotionen Angst, Trauer, Wut, Ekel, Freude und Interesse, die häufig als Basisemotionen bezeichnet werden, im Kern Aufforderungen zum Handeln, also Handlungsimpulse darstellen.[80] Für einige Theoretiker bestimmen die Emotionen die Art des Handlungsimpulses, für andere sind die Emotionen nur Begleiterscheinungen davon. Stets haben die Emotionen die Funktion, das Handeln anzustoßen und zu unterstützen. Auch in den Einschätzungstheorien der Emotionen (Magda Arnold, Richard Lazarus, Bernard Weiner u. a.) sind die Hand-

---

80 Es ist umstritten, welche Emotionen zu den Basisemotionen zählen.

lungsimpulse notwendige Bestandteile von Emotionen. »Die Einschätzung der Situation löst eine Handlungstendenz aus, die als Emotionen erlebt wird.«[81]

Die Theorie der Handlungsimpulse basiert auf der Erfahrung, dass alle Basisemotionen das Handeln in eine spezifische Richtung lenken. So warnt die Angst vor Gefahren und sie fordert auf, sich von der Gefahrenquelle hinwegzubewegen. Im Extremfall kann Flucht erforderlich sein. Die Wut fordert auf, den eigenen Lebensbereich, die eigenen Interessen und Überzeugungen gegenüber Angriffen zu verteidigen. Mit der Wut werden die persönlichen Grenzen verteidigt. Es kann auch darum gehen, seine persönliche Identität zu schützen. Die Wahrnehmung, dass die eigenen Grenzen verletzt werden, löst den Handlungsimpuls aus, sich dagegen zu wehren. Trauer wird durch einen Verlust ausgelöst. Die Verlusterfahrung verunsichert, weil viele Gewohnheiten ins Leere gehen. Sie fordert auf, Bindungen, die durch einen Verlust zerstört wurden, aufzulösen, um für neue Bindungen frei zu sein. In einem schmerzvollen Prozess müssen die liebevollen Gefühle von dem verlorenen Objekt abgelöst werden. Dysfunktional gewordene emotionale Gewohnheiten müssen aufgelöst und umgebaut werden. Die Freude bewirkt, dass affektive Bindungen zu Personen oder Objekten aufgebaut werden. Sie macht deutlich, dass man alles richtig gemacht hat. Das Verhalten, das Freude auslöst, wird verstärkt. Auch das Interesse ist ein emotionaler Handlungsimpuls. Es lenkt die Aufmerksamkeit neugierig auf die Umwelt und bewirkt, dass etwas angestrebt wird. Es stellt den Körper auf aktives Tun ein oder führt zu Fragen. Die übliche Betrachtungsweise, dass Fragen mentale Akte seien, ist deshalb infrage zu stellen.

Die Handlungsimpulse stellen eine automatische Bewertung von Situationen dar. Sie lenken das Handeln in eine Richtung, die die Befriedigung von persönlichen Bedürfnissen verspricht und geben dem Handeln eine gefühlsmäßige Prägung. Die Handlungsimpulse wer-

81 Arnold, S. 177.

den normalerweise nicht als starker Drang erfahren, so dass sie sich meistens der bewussten Aufmerksamkeit entziehen. Deshalb ist man sich häufig der Bewertung gar nicht bewusst. Die Emotionen begründen so ein hocheffizientes Bewertungs- und Steuerungssystem des Handelns, das völlig unbewusst arbeitet.[82]

Für das Verständnis der Emotionen bzw. der Gefühle ist von zentraler Bedeutung, dass die Handlungsimpulse von der kulturellen Umwelt in emotionale Verhaltensgewohnheiten umgeformt werden. Dabei werden alle persönlichen Erfahrungen verarbeitet. Die emotionalen Verhaltensgewohnheiten legen fest, wie die Realität wahrgenommen und wie gehandelt wird. Wenn die Verhaltensgewohnheiten scheitern, beherrschen die Handlungsimpulse das Bewusstsein. Es muss nach einer besseren Reaktionsform gesucht werden. Diese Aufgabe kann nur wahrgenommen werden, wenn Handlungsimpulse mit Bewusstsein verbunden sind. Deshalb wird in der Gehirnforschung angenommen, dass das Bewusstsein im Zusammenhang mit den Emotionen entstanden ist.

Die Gehirnforschung bestätigt, dass die Emotionen das Rückgrat des Handelns sind. Wenn das emotionale Steuerungszentrum im Gehirn gestört ist, geht die Handlungsfähigkeit verloren, da die Handlungsimpulse fehlen, die dem Handeln die Richtung vorgeben.

Gegen die These, dass die Emotionen Ausdruck von Handlungsimpulsen sind, wird von Psychologen der kognitivistischen Schule eingewandt, dass bei vielen Gefühlen wie z. B. Stolz, Scham, Schuld, Neid, Reue, Ärger u. a. kein direkter Bezug zum Handeln festzustellen sei. Dasselbe Gefühl könne in unterschiedlichen Situationen mit anderen Handlungsimpulsen auftreten. Das trifft zweifellos zu, aber es darf nicht der Fehler gemacht werden, nur das äußere Handeln zu betrachten. Viele Gefühle drücken sich überhaupt nicht in der Mimik, in der Körperhaltung und im Verhalten aus, weil es darum geht, die Einstellung zu sich selbst zu verändern und ungelöst gebliebene Probleme zu bewältigen oder dysfunktional gewordene Verhaltens-

---

82 Vgl. Bargh.

muster und Überzeugungen aufzulösen. Da es sich praktisch um eine innere Umorganisation handelt, muss dies auch als Handeln begriffen werden. So wird z. B. beim Gefühl der Reue eine innere Prüfung ausgelöst, warum eine Regel verletzt wurde und entschieden, wie künftig ihre Einhaltung sichergestellt werden kann. Beim Stolz ist man davon überzeugt, dass die eingestandenen Minderwertigkeitsgefühle angesichts der erbrachten hervorragenden Leistungen unberechtigt sind. Beim Neid will man sich selbst davon überzeugen, dass man keine Minderwertigkeitsgefühle hat.

Aus diesen Überlegungen folgt, dass die Gefühle, die scheinbar keinen Handlungsbezug haben, in Wirklichkeit ein inneres Handeln auslösen, das einen inneren Umbau der Gewohnheiten bewirkt. Die stillen Gefühle verändern unmerklich die Innenwelt. Es gibt demnach keine Gefühle, die nicht zumindest rudimentär mit einer Form des Handelns verbunden sind. Daraus folgt, dass die kognitivistische Fokussierung auf das manifeste Handeln der handlungsleitenden Funktion der Gefühle nicht gerecht wird.

Die Auffassung, dass Gefühle letztlich Handlungsimpulse sind, ist noch relativ wenig verbreitet. Das liegt sicherlich an der jahrhundertelangen Abwertung der Gefühle und dem psychologischen Konzept, dass die emotionale Bewertung ein rationaler Vorgang ist. Wie oben gezeigt wurde, ist die Bewertung ein spontaner organisatorischer Prozess, so dass es unangemessen ist, sie als rational zu bezeichnen.

Mit der Theorie der emotionalen Handlungsimpulse lässt sich erklären, warum es neben den wenigen Basisemotionen eine Vielzahl von Gefühlen wie Hass, Eifersucht, Neid, Ärger, Reue, Stolz, Ehrgeiz, Misstrauen, Geringschätzung, Geiz, Schadenfreude, Resignation, Missgunst, Verzweiflung, Minderwertigkeit u. Ä. gibt. Im Gegensatz zu den Basisemotionen sind sie nicht bei allen Menschen vorzufinden. Diese Gefühle entstehen, wenn die Handlungsimpulse der Basisemotionen aus Angst vor unangenehmen Folgen blockiert oder ganz unterdrückt werden. So wird aus Wut Ärger, wenn Handlungsimpulse nicht ausgelebt werden dürfen, aus Trauer entsteht

Selbstmitleid oder aus Freude Übermut. Aus unterdrückter Angst entsteht Feindseligkeit. Wenn Handlungsimpulse dauerhaft unterdrückt werden, entstehen neurotische Tendenzen. So kann z. B. die Neigung gebildet werden, andere abzuwerten, zu verletzen, zu demütigen, sich von anderen abhängig zu machen oder sich anderen zu unterwerfen.

Seit Spinoza werden die aus der Hemmung von Handlungsimpulsen entstehenden Gefühle meistens als sekundäre Gefühle bezeichnet. Diese Bezeichnung ist unbefriedigend. Beide Gefühlsgruppen sind keineswegs gleichwertig. Die Funktion der zweiten Gruppe besteht darin, einen Ersatz für eine als unzureichend empfundene Bedürfnisbefriedigung zu verschaffen. Ich ziehe deshalb den Begriff der kompensatorischen Gefühle bzw. Ersatzgefühle vor, wie er in der Transaktionsanalyse verwendet wird. Diese Bezeichnung drückt aus, dass es sich um defizitäre Gefühle handelt, die an die Stelle von unterdrückten oder verletzten elementaren Basisgefühlen treten. Sie sind nichts Natürliches, sondern Reaktionsformen auf emotionale Verletzungen.

Häufig werden die Basisemotionen als aktiv und die Ersatzgefühle als passiv bezeichnet (zuerst von Spinoza). Damit wird ein wesentlicher Unterschied hervorgehoben. Während man sich mit den Basisemotionen uneingeschränkt identifiziert, weil man sich dabei als frei empfindet, werden die Ersatzgefühle als störend und fremd empfunden. Deshalb werden die Ersatzgefühle häufig auch als negativ oder maladaptiv bezeichnet.

Daraus ergibt sich, dass die Emotionen und Gefühle direkt und indirekt das Verhalten formen, ohne dass man sich dessen bewusst ist. Sie greifen in alle Phasen des Handelns ein: Sie weisen dem Handeln die Richtung, sie überwachen den Ablauf, sie bewerten das Ergebnis, sie bewerten das Verhalten der Personen, mit denen man sich in Interaktion befindet, schließlich bewerten sie sich selbst. Die psychischen Funktionen des Bewertens, Wollens und Entscheidens sind keine eigenständigen Funktionen, sondern Aspekte der Gefühle bzw. der Emotionen.

Wie oben bereits erwähnt wurde, ist die Auffassung falsch, dass die Gefühle das Handeln direkt antreiben. Die Gefühle bestimmen nur die Richtung und die Art des Handelns und legen fest, in welcher Form auf bestimmte Reize reagiert wird. So wird bei den Ersatzgefühlen das direkte Handeln durch indirekte verbale Äußerungen (Beleidigungen, Anklagen u. Ä.) ersetzt.

Aus diesen Überlegungen folgt, dass die traditionelle Frage, ob den Gefühlen oder dem Denken ein Vorrang zukommt, falsch gestellt ist. Sie basiert auf der Annahme, dass Denken und Fühlen voneinander getrennt werden können. Da das Handeln stets mit Gefühlen verbunden ist, ist auch das Denken, das im nächsten Kapitel als ein inneres Handeln begründet wird, restlos von Gefühlen durchdrungen und von ihnen abhängig. In der traditionellen Polarität von Denken und Fühlen wurde das Denken dem hochwertigen Geist und das Fühlen dem minderwertigen Geist zugeordnet. Damit wurde das Verständnis des Handelns verfehlt. Es konnte nicht erkannt werden, welche große Bedeutung die Beschaffenheit der sozialen Umwelt für das Handeln spielt. Die zentrale Frage ist, wie das Denken und Fühlen von der Beschaffenheit der Umwelt geprägt werden.

Das Fazit dieser Überlegungen ist, dass die Psyche die Gesamtheit der Reaktionsgewohnheiten ist, die im Zusammenwirken mit der sozialen Umwelt gelernt werden. Die Emotionen, die zunächst nur unspezifische Reaktionen auf Umweltreize sind, werden zu spezifischen Gefühlen mit charakteristischen Reaktionsgewohnheiten ausgeformt. Alle Reaktionsgewohnheiten haben eine besondere Entwicklungsgeschichte, die sich aus kulturellen Faktoren und zufälligen Ereignissen ergibt. Die Psyche besteht somit aus körperlichen Fähigkeiten, mit denen die alltäglichen Probleme bewältigt werden. Zu Recht wird deshalb von einigen Psychologen die Handlungsfähigkeit als psychologische Grundkategorie betrachtet.

4.5. Die Erzählung von der Willensfreiheit

»Ein Mensch kann zwar tun, was er will, aber nicht wollen, was er will.« (Arthur Schopenhauer)

Seit der Antike ist der Begriff der inneren Freiheit zum zentralen Angelpunkt des Menschenbildes geworden. Demnach hat jeder die Freiheit, seine Gefühle und Triebe zu kontrollieren und sein Verhalten zu verändern. Auf der Idee der Freiheit basieren die Vernunftfähigkeit, die rationale Selbstbestimmung und die moralische Verantwortlichkeit, die die unveränderbare Substanz des Menschen – häufig als Person bezeichnet – ausmachen.

Aus den bisherigen Überlegungen über die Gewohnheiten folgt, dass das Thema der Freiheit völlig neu betrachtet werden muss. Da die Existenz von inneren geistigen Entscheidungsinstanzen infrage gestellt wird und davon auszugehen ist, dass der größte Teil des Handelns gewohnheitsmäßig abläuft, verliert die traditionelle Freiheitsdebatte, bei der die Freiheit stets als eine Eigenschaft von inneren geistigen Instanzen gedacht wurde, ihre Grundlage.

Bei der Diskussion der menschlichen Freiheit muss davon ausgegangen werden, dass der Begriff ursprünglich im Zusammenhang mit der Befreiung aus der Sklaverei und Schuldknechtschaft[83] und lange Zeit nur für die politische Unabhängigkeit von anderen Menschen verwendet wurde, also für Zustände, die frei von Angst vor Unterdrückung und Gewalt sind. Der Begriff der Freiheit ist zusammen mit der Herrschaft entstanden. Er konnte erst für das Denken und Handeln verwendet werden, als im antiken Rom Freiheit als das uneingeschränkte Verfügungsrecht über das persönliche Eigentum verstanden wurde. Da der eigene Körper als Eigentum betrachtet wurde, sei jeder frei, beliebig über seine Anlagen und Fähigkeiten zu verfügen.

Da das Handeln eine gewohnheitsmäßige Aktivität ist, ist es fraglich, ob dafür der Begriff der Freiheit überhaupt angemessen ist. Sel-

83 Graeber 2012, S. 228.

ten steht man vor der Wahl zwischen zwei Alternativen. In der Regel weiß man ohne Überlegung sofort, was zu tun ist. Die Gewohnheiten legen fest, wie jeweils reagiert wird. Wenn dennoch ausnahmsweise einmal Alternativen abgewogen werden, liegt das daran, dass man mit einer neuen Situation konfrontiert wird, für die noch keine Gewohnheitsmuster gebildet wurden, und dass man unsicher ist, wie man sich entscheiden soll. Da bei der Suche nach einer richtigen Entscheidung oft intensiv nachgedacht wird, kann der Eindruck entstehen, dass ein Spielraum an Möglichkeiten besteht, zwischen denen man frei wählen könne und dass das Denken schließlich den Ausschlag gibt. Aber in der Regel ist plötzlich eine Entscheidung da, ohne dass man weiß, wie sie zustande gekommen ist.[84] Die Suche wird beendet, sobald eine brauchbare Lösung gefunden wurde. Dies wird als Gewissheit erlebt. Bei der Frage, warum schließlich einer Alternative der Vorrang gegeben wurde, kann festgestellt werden, dass man sich entweder nach den persönlichen Präferenzen gerichtet oder sich den Forderungen und Erwartungen anderer Menschen unterworfen hat. In beiden Fällen kommt es aus inneren Gründen zu einer eindeutigen Entscheidung. Sie wird von dem Muster vorgegeben, das für die jeweilige Situation entwickelt wurde.

Im Idealfall identifiziert man sich vorbehaltlos mit den eigenen Entscheidungen, da sich in ihnen die eigenen Bedürfnisse und alle bisherigen Erfahrungen ausdrücken. Das Handeln ist immer im Einklang mit allem, was aktuell persönlich als wichtig betrachtet wird. In diesem Sinne wird im Buddhismus von Freiheit gesprochen, wenn im Einklang mit den eigenen Bedürfnissen und Präferenzen gehandelt wird. Freies Handeln ist selbstständiges, authentisches Handeln. Von einigen Psychologen und Philosophen wird vorgeschlagen, von freien Entscheidungen zu sprechen, wenn sie im Einklang mit den spontanen inneren Impulsen stehen, sie also ganz aus dem Selbst kommen, ohne dass fremde Kräfte von außen oder innen eingreifen.[85] »Eine ›freie‹ Entscheidung oder Handlung ist frei von Determinan-

---

84 Vgl. die Kritik des Begriffs der Freiheit, in: Neubeck 2017, Kap. 2.6.
85 Storch, S. 81; Pauen 2008.

ten, die außerhalb des Selbst liegen.«[86] In diesem Sinne wird auch von Handlungsfreiheit gesprochen. »Frei zu sein, das bedeutet, tun zu können, was man will.«[87]

Man kann jederzeit von seinen Gewohnheiten abweichen und etwas Neues tun. Aber das wird nur erfolgen, wenn das bisherige Handeln als Problem erlebt wird. Erst die Erfahrung, dass das eigene Verhalten negative Konsequenzen hat, stößt den Impuls an, die eigenen Gewohnheiten zu verändern. Frühere persönliche Erfahrungen zeigen, in welcher Richtung dies erfolgen könnte. Der Ratschlag, beim Handeln innezuhalten und evtl. den Kurs zu ändern, kann in der Regel nicht beachtet werden. Erst nach Abschluss der Handlung kann man sich vergewissern, welche Gewohnheiten zu dem negativ bewerteten Ergebnis geführt haben.

Leben heißt, ununterbrochen Entscheidungen zu treffen. Aber die Entscheidungen werden nicht von einer inneren personalen Instanz getroffen, sondern stellen sich von selbst ein. Es wäre auch unzutreffend zu sagen, dass sie vom Unbewussten getroffen werden, weil auch damit die Existenz einer inneren Steuerungsinstanz unterstellt würde. Die Entscheidungen formen sich im Schnittpunkt der individuellen Bedürfnisse, persönlichen Erfahrungen, Erwartungen und Anforderungen der Mitmenschen und den Bedingungen der natürlichen und kulturellen Umwelt. Dieses Geflecht der vielfältigen Einflussfaktoren kann niemals völlig aufgedeckt werden. Es wäre deshalb ein Fehler, danach zu fragen, ob der Einzelne auf seine Entscheidungen direkt Einfluss nehmen kann. Claude Levi-Strauss hat dafür die Metapher der Straßenkreuzung verwendet: »Ich habe nie ein Gefühl meiner persönlichen Identität gehabt, habe es auch jetzt nicht. Ich komme mir vor wie ein Ort, an dem etwas geschieht, an dem aber kein Ich vorhanden ist. Jeder von uns ist eine Art Straßenkreuzung, auf der sich Verschiedenes ereignet. Die Straßenkreuzung selbst ist völlig passiv; etwas ereignet sich darauf.«[88] Die Entschei-

---

86 Kuhl, S. 424.
87 Schmidt-Salomon 2019, S. 32.
88 Vgl. Reese-Schäfer, S. 62.

dungen werden von den Gewohnheiten vorgegeben. Wenn jemand sagt, ich habe mich entschieden …, darf das nicht so verstanden werden, dass er frei in seiner Entscheidung war. Das Pronomen *ich* ist lediglich der Verweis auf die ganze Person, die die Entscheidung getroffen hat. Was häufig als die unbezweifelbare Erfahrung der Freiheit der Wahl erlebt wird, bedeutet also in Wirklichkeit nur, dass unbewusst eine brauchbare Handlung ausgewählt wurde. Die Vorstellung, dass die Menschen die innere Freiheit haben, in jeder Situation zwischen verschiedenen Alternativen wählen zu können, ist eine Fiktion.

In der Regel ist man sich beim Handeln der eigenen Absichten nicht bewusst. Wenn ein bestimmtes Bedürfnis mithilfe der verfügbaren Gewohnheiten befriedigt werden kann, wird sofort das Handeln aktiviert. Die Absicht tritt nur ins Bewusstsein, wenn das Bedürfnis nicht direkt befriedigt werden kann, weil das Handeln auf einen Widerstand stößt und ein geeignetes Verhaltensmuster fehlt. Es muss dann eine Trainingsphase mit einer bewussten Suche und Erprobung in Gang gesetzt werden. Anschließend kann das Handeln fortgesetzt werden. Dabei kann der Eindruck entstehen, dass die Absicht eine motivierende Kraft ist. In Wirklichkeit wird nur erlebt, dass ein neuer Weg gesucht werden muss. Deshalb dürfen die Absichten nicht als Ursachen verstanden werden.

Es ist auch problematisch anzunehmen, dass alles Handeln Gründen folgt. Diese Theorie wurde eingeführt, weil es sich als schwierig herausgestellt hat, das Handeln aus Naturgesetzen abzuleiten und mit Ursachen zu begründen. Wenn aber angenommen wird, dass das Handeln Gewohnheiten folgt, ist diese Theorie nicht mehr erforderlich. Gewohnheiten sind in sich selbst begründet, da sie aus erfolgreichem Handeln entstanden sind. Das Handeln folgt keinen Gründen, da es in sich selbst begründet ist. In den meisten Fällen ist man sich der Gründe des eigenen Handelns nicht bewusst. Man ist zwar fähig, auf Verlangen Gründe dafür zu nennen, aber es ist nicht ausgemacht, ob sie die wirklichen Ursachen des Handelns sind. Damit entfällt das schwierige philosophische Problem, den ontologischen Status der

Gründe in einer Welt, die angeblich von Kausalgesetzen beherrscht wird, zu bestimmen.

Aus dieser Sicht kann das Problem der Verantwortung neu betrachtet werden. Der traditionelle Begriff der Verantwortung basiert auf der Überzeugung, dass die Menschen über einen freien Willen verfügen und deshalb ihr Verhalten jederzeit ändern können.

Es ist falsch, über die Willensfreiheit im Rahmen des traditionellen Gegensatzes von Freiheit und Notwendigkeit nachzudenken, wie es in der Regel geschieht. Die Entscheidung für eine Gewohnheit erfolgt niemals aus ursächlichen Zwängen, sondern ist immer die Folge einer unbewussten Abwägung zwischen den persönlichen Bedürfnissen und den Anforderungen der Handlungssituation bzw. dem äußeren Druck. Deshalb wäre es ein Fehler, bei der Analyse des Handelns eine ursächliche Bedingtheit anzunehmen und dabei die Begriffe *Kausalität, Determinismus, Freiheit* und *Verantwortung* zu verwenden. Wer glaubt, dass das menschliche Handeln mit dem naturwissenschaftlichen Begriff der Kausalität erklärt werden kann, muss zwangsläufig die Freiheit als Fiktion abwerten. Wer von der Existenz der Freiheit überzeugt ist, wird annehmen, dass die Menschen fähig sind, sich über die Naturgesetze hinwegzusetzen. Mit der Polarisierung von Freiheit und Notwendigkeit wird also die Eigentümlichkeit des menschlichen Verhaltens, dass es mit Gewohnheiten strukturiert wird, verfehlt.

Die Frage, ob die Menschen frei handeln können, erweist sich als eine Scheinfrage. Mit dem Begriff der Willensfreiheit lassen sich die mentalen und psychischen Prozesse bei der Vorbereitung des Handelns nicht verstehen. Er ist ein leerer Allgemeinbegriff, der sich nicht auf etwas Beobachtbares bezieht und ist deshalb nicht eindeutig inhaltlich bestimmbar. Es ist unzulässig, die Idealvorstellung der freien Verfügbarkeit über persönlichen Besitz auf die Gedanken und Gefühle zu übertragen, da diese unverfügbar sind. Entscheidungen und Gedanken sind keine Leistungen des Denkens, sondern ergeben sich vielmehr von selbst aus der Summe aller bisherigen Erfahrungen, den aktuellen Bedürfnissen und der Einschätzung der jeweiligen

Handlungssituation. Die Vorstellung der inneren Freiheit erweist sich damit als eine Metapher, die aus der Sphäre des Privateigentums stammt. Die Intuition, frei wählen zu können, beruht keineswegs auf einer unmittelbaren Erfahrung, sondern bloß auf einer Interpretation mit Hilfe von problematischen Metaphern.

Aus der Sicht der Gewohnheiten kommt es zu Veränderungen der Verhaltensgewohnheiten, wenn man mit einem Problem konfrontiert wird und sich der Impuls bildet, sein Verhalten zu korrigieren. Aber die Antwort auf die Problemsituation erfolgt spontan. Der Begriff der Verantwortung, der aus dem Begriff der Antwort abgeleitet wurde, hat offensichtlich seine Grundlage in der Erfahrung der spontanen Selbstkorrektur. Aber diese Erfahrung wurde wegen des falschen Verständnisses der Freiheit falsch interpretiert. Verantwortung für sich zu übernehmen heißt, beim Handeln die Bedürfnisse der anderen zu berücksichtigen und mit den eigenen Bedürfnissen abzugleichen. Verantwortung ist nicht von Natur aus gegeben, sondern muss gelernt werden. Das geschieht, wenn erfahren wird, wie andere Menschen dem eigenen Handeln Grenzen setzen und Widerstand leisten. Das Problem ist, dass häufig die Fähigkeit, für sich selbst zu sorgen, nicht gelernt werden konnte. Appelle an die Verantwortung sind dann vergeblich.

Die Willensfreiheit erweist sich als eine Erzählung. An ihre Stelle tritt die neue Erzählung, dass sich das Handeln selbst organisiert. Die Menschen sind die Urheber ihrer Handlungen. Aber sie können ihr Handeln nicht beliebig steuern, sondern orientieren sich an ihren Bedürfnissen und den Anforderungen der Umwelt. Die neue Erzählung löst die traditionelle Erzählung ab, dass die Menschen freie und geistige Wesen sind.

Die Freiheit ist vermutlich deshalb zu einem großen Problem geworden, da die Menschen in Herrschaftssystemen die Neigung haben, sich übermäßig an die Anforderungen der Umwelt, insbesondere an die Erwartungen anderer Menschen auf Kosten der eigenen Bedürfnisse anzupassen. Dadurch wird der Ausgleich zwischen den persönlichen Bedürfnissen und den Anforderungen der Umwelt verfehlt, mit der Folge, dass schädliche Gewohnheiten entwickelt werden und man an der Unterwerfung und dem Verrat an sich selbst leidet. Da der Orientierung an den Erwartungen anderer stets die Angst vor Strafe oder anderen Nachteilen zugrunde liegt, besteht ein großes Bedürfnis, diese zu verdrängen. Dies gelingt leichter mit der Illusion der Willensfreiheit.

Hinter dem Freiheitsthema steht also das Leiden an der selbst gewählten emotionalen Unabhängigkeit. Es wird so viel von Freiheit geredet und die Freiheit als ein hoher Wert glorifiziert, weil die emotionale Abhängigkeit, in der man sich befindet, verdrängt wird. Zielführender wäre es, an der emotionalen Selbständigkeit zu arbeiten, so dass die eigenen Bedürfnisse hinreichend das Handeln bestimmen. Wenn gemäß den eigenen Bedürfnissen gehandelt wird, stellt sich nicht mehr die Frage, ob man frei handelt, da dann das Gefühl entsteht, mit sich einig zu sein.

Obwohl die Willensfreiheit in der letzten Zeit massiv infrage gestellt wurde, bestimmt die Freiheit nach wie vor die Diskussion. Das liegt sicherlich daran, dass sie gleichsam das Herz der gegenwärtig immer noch vorherrschenden Überzeugung des Menschen als geistiges Wesen ist. So hat kürzlich der Philosoph Markus Gabriel verkündet: »Mensch ist ein Lebewesen, das sich selbst bestimmt.« »Geist ist das Vermögen, sein Leben im Lichte einer Vorstellung davon zu führen, wer oder was man ist.«[89] Die Freiheit gehört zu den mächtigsten Erzählungen im Abendland. Sie wird von der Angst am Leben gehalten, dass die unter den gegenwärtigen Lebensbedingungen ohnehin bereits extrem eingeschränkte Handlungsfähigkeit völlig verlorengeht. Von Freiheit wird solange geredet, wie das Handeln durch soziale Herrschaft unterdrückt wird.

In den voragrarischen Zeiten der Jäger und Sammler war die Handlungsfreiheit kein Thema, weil jeder ganz selbstverständlich darüber verfügte. Als sie durch die Etablierung von sozialer Herrschaft verlorenging, wurde sie zum Dogma, um die nach wie vor

---

89 Gabriel 2022, S. 124 und 117.

mögliche Erfahrung, dass das Verhalten unbewusst gesteuert wird, auszublenden. Die Gewohnheiten wurden ignoriert, weil sie die Freiheit des Handelns infrage stellen. Der Begriff der Freiheit macht nur Sinn im Zusammenhang mit der Befreiung von sozialer Herrschaft.

4.6. Selbstkorrektur der Gewohnheiten

»Zuerst formen wir Gewohnheiten und dann formen diese uns. Besiege deine schlechten Gewohnheiten oder sie besiegen dich.« (Rob Gilbert)

Vermutlich glauben die Menschen, über Willensfreiheit zu verfügen, weil sie immer wieder die Erfahrung machen, dass sie ihre Gewohnheiten ändern können. Wie im Folgenden dargestellt wird, besteht tatsächlich diese Möglichkeit, aber die Menschen können nicht darüber verfügen, in welche Richtung die Änderung erfolgt.

Alle Menschen wachsen in die Gewohnheiten ihrer kulturellen Umwelt hinein. Die meisten Gewohnheiten werden unbemerkt durch Nachahmung übernommen. Das wird besonders deutlich an den grammatikalischen Sprachgewohnheiten, die völlig unbewusst gelernt werden. Wenn man sich in einer Handlungssituation befindet, werden automatisch die Gewohnheiten eingesetzt, die dafür entwickelt wurden. Wenn sich die gewählte Gewohnheit als passend erweist, identifiziert man sich mit ihr und hat den Eindruck, im Einklang mit sich selbst zu handeln. Häufig wird auch von Integrität oder Kohärenz gesprochen, da die Gewohnheit den eigenen Bedürfnissen und Präferenzen entspricht. Sobald aber befürchtet wird, dass das angestrebte Ziel verfehlt wird, entsteht ein inneres Unbehagen. Der Ablauf der Gewohnheit wird unterbrochen, die Situation neu eingeschätzt und versucht, die Gewohnheit zu korrigieren.

In der Regel werden die Gewohnheiten automatisch korrigiert, wenn gespürt wird, dass sie nicht mehr optimal passen. Genauso wie psychische Störungen oft von selbst heilen, so können sich auch störende Gewohnheiten ohne bewusste Eingriffe auflösen. Man muss es sich also nicht bewusst vornehmen. Denn beim Handeln wird jede einzelne Bewegungsphase an das Gehirn rückgemeldet, so dass man sich in jeder Phase des Handelns seiner selbst bewusst ist.

Die Selbstkorrektur funktioniert reibungslos, wenn man uneingeschränkt im Hier und Jetzt handelt. Da sich die Sinne voll auf die Bedingungen der Handlungssituation konzentrieren, können alle Impulse wahrgenommen werden, die auf Differenzen zwischen der geplanten Handlung und den Situationsbedingungen hinweisen. Deshalb ist Präsenz die zentrale Voraussetzung für gut angepasste Gewohnheiten.

Die Korrektur der Gewohnheiten erfolgt spontan, wenn die Gewohnheiten in einem Klima gelernt wurden, in dem das Experimentieren mit dem eigenen Handeln zugelassen wurde. Wenn keine Angst im Spiel war, wird eine hohe Sensibilität für Differenzen zwischen dem aktuellen und dem angestrebten Verlauf der Gewohnheiten und darauf aufbauend die Fähigkeit der Selbstreflexion entwickelt. Angstfrei gelernte Gewohnheiten erscheinen niemals als etwas Fremdes. Sie werden vielmehr als Rückgrat der persönlichen Identität und als Garant für motorische und intellektuelle Leistungsfähigkeit anerkannt. Gewohnheiten werden zur zweiten Natur, bleiben aber trotzdem verfügbar.

Die Selbstkorrektur wird von der Selbstreflexion unterstützt, die sich allmählich herausbildet, wenn immer wieder die Erfahrung der spontanen Selbstkorrektur gemacht wird. Selbstreflexion bedeutet, dass geprüft wird, was an der bisherigen Gewohnheit stört. Im Trainingsmodus wird geprüft, mit welchem Bewegungsablauf sie verbessert werden könnte. Eventuell wird auch das Ziel korrigiert, das mit der Gewohnheit verfolgt wird. Man nimmt sich vor, bei der nächsten Gelegenheit ein neues Bewegungsmuster auszuprobieren.

Die Trainingsphase wird beendet, wenn die neue Gewohnheit als optimal an die Wirklichkeit angepasst erscheint. Effizientes Handeln wird als rational verstanden.[90] Im Grunde richtet sich Rationalität nicht nach den Regeln der formalen Logik, sondern nach den Mus-

---

90   Der Begriff rational leitet sich vom lat. ratio für Verhältnis ab. Mittel sind richtig, wenn sie im rechten Verhältnis zu den Zielen stehen.

tern, die im Kontakt mit Objekten gelernt wurden. Sie ist nichts anderes als die Fähigkeit, gelernte Muster sachgemäß miteinander zu kombinieren. Demnach ist rational, was nützt. Da sich die Effizienz des Handelns aus seiner praktischen Wirksamkeit ergibt, enthält Rationalität keine Kriterien, die außerhalb des Handelns liegen. Der traditionelle Anspruch, dass die Rationalität über objektive Kriterien verfügt, die in der Vernunft selbst begründet sind, ist ein Irrtum.

Gewohnheiten bilden sich am besten, wenn überhaupt keine Angst im Spiel ist. Mit solchen Gewohnheiten kann man sich uneingeschränkt identifizieren. Man kann sie jederzeit korrigieren, wenn sie sich als ungeeignet herausstellen. Wenn sie allerdings unter Androhung von Strafen gelernt werden, bleiben sie fremd und starr. Man kann sich nicht mit ihnen identifizieren, weil sie nicht in den eigenen Bedürfnissen verwurzelt sind. Die Angst vor Strafe lässt nicht zu, von solchen unter Zwang gelernten Gewohnheiten abzuweichen. Sie bewirkt, dass mehr an die Folgen falscher Bewegungen als an die korrekte Ausführung der Bewegung gedacht wird. Differenzen zwischen dem aktuellen Ablauf und dem angestrebten Ziel können leicht übersehen werden. Es wird nicht bereits während des Handelns bemerkt, dass es misslingen wird. Erst die negativen Folgen machen auf falsche Gewohnheiten aufmerksam. Angst zerstört die Neugierde und das Interesse, besser passende Gewohnheiten auszuprobieren. Das Verhalten wird konventionell, starr und zwanghaft. Es entsteht der Eindruck, der Sklave der eigenen Gewohnheiten zu sein.

Die spontane Gewohnheitsbildung bringt das Problem mit sich, dass häufig Gewohnheiten gebildet werden, die zwar kurzfristig helfen, aber langfristig das Zusammenleben eher beeinträchtigen und stören. So müssen unter den Lebensbedingungen von sozialer Herrschaft, die absoluten Gehorsam verlangen, Gewohnheiten der Unterwerfung und der bedingungslosen Anpassung gelernt werden. Solche Gewohnheiten helfen, sich mit der alltäglichen Erfahrung von Gewalt zu arrangieren, haben aber den Nachteil, dass verdrängt werden muss, dass immer wieder gegen die eigenen Bedürfnisse gehandelt wird. Auch für emotionale Verletzungen durch Misshandlungen,

sexuellen Missbrauch und Demütigungen müssen Gewohnheiten gebildet werden, um sich vor erneuten Verletzungen zu schützen. Es
entstehen starre Gewohnheiten, die oft als negativ bezeichnet werden. Man leidet unter ihnen, weil es nicht gelingt, sich ausreichend
gut in seine Umwelt zu integrieren. Auch wenn sie immer wieder zu
Problemen führen, hält man unbewusst an ihnen fest, solange das ursprüngliche Problem, das mit ihnen gelöst werden sollte, weiterhin
ungelöst ist. Wenn die Erwachsenen ganz selbstverständlich Autoritäten Folge leisten, hat das nichts mit ihrem Charakter zu tun, sondern wurzelt dies in mühsam gelernten Gewohnheiten.

Bereits leichte Schmerzen sind ein Signal, dass beim Handeln ein
Problem entstanden ist. Schmerzen sind ein Zeichen, dass der Körper
mit seinen Mechanismen sich selbst nicht zu helfen weiß und eine
aktive Einflussnahme benötigt. So muss z. B. bei Atemstörungen das
Atemmuster von den falschen Gewohnheiten des häufigen und heftigen Atmens befreit werden. Da die Atmung mit Hilfe von Muskeln
(vor allem vom Zwerchfell) reguliert wird, kann sie mit geeigneten
Übungen bewusst korrigiert werden. Es geht darum, die Fehlsteuerung, die unbemerkt entstanden ist, rückgängig zu machen. Bewusste
Schmerzen haben die Funktion, geeignetes Handeln anzustoßen, um
zum natürlichen Gleichgewicht zurückzukehren.

Alle Gewohnheiten, die mit Ersatzgefühlen wie Ärger, Schuldzuweisung oder Scham verbunden sind, lassen sich prinzipiell verändern. Ebenso stehen alle Gewohnheiten, sich selbst zu kritisieren,
sich Schuldvorwürfe zu machen oder sich für wertlos zu halten, jederzeit zur Disposition. Während die Basisgefühle sich kaum
kontrollieren lassen, ist dies bei den Ersatzgefühlen durchaus möglich. Allerdings setzt dies voraus, dass man heftig an ihnen leidet, so
dass eine starke innere Motivation entsteht, das eigene Verhalten zu
verändern.

Mit allen Reaktionsgewohnheiten wird festgelegt, welche Bedürfnisse ausgedrückt, unterdrückt oder auf Umwegen befriedigt werden.
Gewohnheiten verhindern so, dass es erneut zu Konflikten zwischen
kurzfristigen Reizen und langfristigen Zielen kommt. Es ist deshalb

in konkreten Situationen nicht erforderlich, sich anzustrengen, um einen unerwünschten Impuls zu unterbinden. Im Grunde muss nichts kontrolliert werden, da störende Impulse gar nicht erst ins Bewusstsein treten. »Die wirksamste Selbstkontrolle erfolgt nicht durch den Einsatz von Willenskraft und dem angestrengten Versuch, Impulse und unerwünschte Verhaltensweisen zu unterdrücken. Sie beruht auf der effizienten Nutzung der unbewussten Kräfte des Geistes, denen diese Selbstkontrolle weitaus müheloser gelingt.«[91] Selbstkontrolle gelingt, weil man über entsprechende Gewohnheiten verfügt.

Wenn in bestimmten Situationen ein Konflikt aufbricht, bedeutet das, dass für den entsprechenden Impuls noch keine geeignete Gewohnheit aufgebaut wurde. Immer wenn etwas als anstrengend erlebt wird, ist dies ein Hinweis auf das Fehlen von passenden Gewohnheiten. Wer Versuchungen nachgibt, dem fehlt es nicht an Selbstkontrolle. Vielmehr verfügt er über Gewohnheiten, die dies erlauben. Das bedeutet, dass Selbstkontrolle darin besteht zu erleben, dass man sich in einem Konflikt befindet und das Handeln unterbrochen wird, um nach einem Ausweg zu suchen. Selbstkontrolle ist mithin keine Aufgabe, sondern die Erfahrung eines inneren Konfliktes.

Wenn Menschen ein hohes Maß an Selbstkontrolle zugeschrieben wird, bedeutet das nichts anderes, als dass sie über geeignete Gewohnheiten verfügen, die ihnen u. U. mit viel Gewalt eingebläut wurden. Die Gewohnheiten garantieren, dass man sich durch nichts von der aktuell zu erledigenden Aufgabe ablenken lässt und nicht gegen Versuchungen anzukämpfen braucht. Wie Psychologen erkannt haben, ist Selbstkontrolle ein überholtes Konzept.[92]

Diese Überlegungen zur Selbstkontrolle gelten auch für die Selbstdisziplin. Es ist ein Irrtum, dass disziplinierte Menschen ihre Ziele erreichen, weil sie über besonders viel Willenskraft verfügen. In Wirklichkeit haben sie sehr rigide, durch nichts zu erschütternde Gewohnheiten. Solche Gewohnheiten wurzeln nicht in den eigenen

91   Bargh, S. 375.
92   Wood, S. 106.

Bedürfnissen und Präferenzen und haben deshalb ein hohes Beharrungsvermögen. Das bedeutet, dass Selbstdisziplin keineswegs etwas Positives ist. Ihr liegen dysfunktionale, starre Gewohnheiten zugrunde. Nur für Vertreter der autoritären Moral ist Selbstdisziplin etwas Erstrebenswertes.

Die bisherigen Überlegungen lassen vermuten, dass die Idee der Selbstkontrolle erst nach der Etablierung der Eigentumsordnung mit der mit ihr verbundenen sozialen Herrschaft entstanden ist, weil die Menschen seitdem zu einem Verhalten gezwungen wurden, das im Widerspruch mit ihren persönlichen Bedürfnissen steht. Es müssen Gewohnheiten gelernt werden, die als fremd und äußerlich erlebt werden. Da sie nicht in den eigenen Bedürfnissen wurzeln, werden sie als Fesseln erlebt und bei der erstbesten Gelegenheit übertreten. Es entsteht das Bedürfnis nach Instanzen (z. B. Teufel, Fremdgruppen, Nation u. a.), mit denen der Verrat an den eigenen Bedürfnissen gerechtfertigt werden kann.

Mit der Selbstkontrolle ist große Unzufriedenheit und tiefes Unbehagen verbunden, die meistens unbewusst sind. Kritische Psychologen (Erich Fromm, Arno Gruen u.a.) bieten dafür folgende Erklärungen an: Loslösung vom eigenen Selbst, Verrat am Selbst oder Entfremdung vom Selbst. Nach der bisherigen Analyse sind diese Interpretationen untauglich, da das Selbst ein mythologisches Konzept ist. Als eine alternative Erklärung bietet sich die These an, dass durch die erlittenen Traumata die Fähigkeit geschwächt wird, sich uneingeschränkt für die eigenen Bedürfnisse einzusetzen. Man orientiert sich mehr an den Erwartungen der Umwelt als an den eigenen Bedürfnissen.

Die Idee der Selbstkontrolle wurzelt in dem Dualismus von Geist und Körper. Demnach seien die Menschen in der Lage, ihren Körper zu beherrschen. Die Menschen würden teilweise von natürlichen Kräften angetrieben, die nicht immer mit den Anforderungen des gesellschaftlichen Zusammenlebens vereinbar sind. Zivilisiertes Leben verlange die Herrschaft über die wilden Triebe und Leidenschaften. Die Selbstkontrolle basiere auf der Kraft des Willens und der Vernunft. Wer einer Versuchung erliege, habe einen schwachen Willen. Wem die Kontrolle nicht gelingt, der mache sich schuldig. In diesem Konzept wird abweichendes Verhalten als psychische Störung etikettiert. Psychische Störungen seien demnach Folgen von mangelnder Herrschaft über sich selbst bzw. von fehlender Selbstkontrolle. Diese Auffassung hat die frühere Überzeugung abgelöst, dass psychische Störungen eine Strafe Gottes oder ein Werk des Teufels seien.

Im Grunde ist die Idee der Selbstkontrolle dadurch entstanden, dass das Modell der täglich erlebten Herrschaft auf das psychische Innenleben projiziert wurde. Die vertraute Erfahrung, dass ein Herrscher das Leben bestimmt, wurde auf das Innenleben übertragen. Daraus entstand die Überzeugung, dass es eine innere geistige Kontrollinstanz gibt. Ihr wurden im Laufe der Geschichte verschiedene Namen gegeben: Seele, Geist, Vernunft, Ich, Es, Unbewusstes u. a. Es wurde aber nicht bemerkt, dass die emotionalen Verletzungen spontan geschehen und sie weitgehend von den äußeren Umständen bestimmt werden.

Der Idee der Selbstkontrolle liegt die problematische Überzeugung zugrunde, dass die Menschen ein besonderes Verhältnis zu sich selbst haben. Da die Menschen nicht über ihren Körper verfügen können, muss diese Behauptung als Folgewirkung des Dualismus von Körper und Geist verworfen werden. Die Art und Weise, wie die Menschen mit sich selbst umgehen, wird in der Kindheit im Kontakt mit Bezugspersonen erworben. Wer ständig hört »du musst ...«, »du sollst ...«, »du darfst nicht ...« u. a., wird im inneren Dialog genauso autoritär auf seine inneren Impulse reagieren. Da er ständig Schuldvorwürfe gehört hatte, wird er sich für seine Impulse schämen und sich schuldig fühlen. Kränkungen und Demütigungen führen dazu, dass man sich bei einem Fehlverhalten selbst kränkt. Wer hingegen von seinen Eltern Wertschätzung erfahren hat, wird sich später selbst bejahen und wertschätzen. Wer in kritischen Phasen immer wieder von seinen Eltern beruhigt wurde, lernt, sich selbst zu beruhigen. Selbstvertrauen entsteht aus der Erfahrung, dass die Erwartung der Unterstützung durch andere wiederholt bestätigt wurde. Wer in der

Kindheit keine Kränkungen erfahren hat, entwickelt genügend Selbstachtung, um später Kränkungen abzuwehren, ohne mit gewalttätiger Wut zu reagieren oder sich total zurückzuziehen. Genauso wie die anderen mit einem umgehen, so geht man selbst mit sich um. So wie die Bezugspersonen über einen sprechen, so spricht man mit sich selbst. Man nimmt sich so wahr, wie man von anderen wahrgenommen wird. Am Verhalten der Bezugspersonen wird gelernt, wie man sich verbal gegenüber den inneren Impulsen verhält. Daraus folgt, dass das Verhältnis zu sich selbst durch Gewohnheiten geprägt wird, die durch die Internalisierung von Verhaltensweisen und sprachlichen Bewertungen anderer Menschen entstanden sind.

Diese Kritik der Selbstkontrolle bedeutet nicht, dass die Ersatzgefühle nicht verändert werden können. Wie alle Gewohnheiten können auch die Ersatzgefühle verändert werden, wenn erkannt wird, dass sie das Verhalten behindern und dass der frühere Schutz nicht mehr benötigt wird.

Das Fazit dieser Überlegungen ist, dass es ein Missverständnis ist, Selbstkontrolle als eine Aufgabe anzusehen. Die Menschen steuern ihr Verhalten mit Hilfe von Gewohnheiten. Wenn das Gefühl auftaucht, dass man sich kontrollieren muss, ist das ein Zeichen, dass versäumt wurde, für bestimmte Situationen geeignete Gewohnheiten aufzubauen. Häufig wird mehr an Unterdrückung der eigenen Bedürfnisse verlangt, als geleistet werden kann. Solange Menschen unterdrückt werden, wird es das Gefühl geben, dass man sich kontrollieren muss.

4.7. Der Macht der Gewohnheiten

»Die Lehre der Stoiker, dass wir unseren Bedürfnissen durch Ausrottung unserer Begierden abhelfen sollen, kommt mir ebenso vor, als wenn wir uns die Füße abschneiden sollten, damit wir keine Schuhe brauchen.« (Jonathan Swift)

Die Macht der Gewohnheiten wird immer wieder damit erklärt, dass sie im Gehirn von den Basalganglien gesteuert werden, einer evolutionsgeschichtlich alten Hirnstruktur, auf die der Neocortex keinen direkten Zugriff hat. Natürlich können Gewohnheiten ihre Funktion der Verhaltenssteuerung nur übernehmen, wenn sie relativ stabil verankert sind. Das große Beharrungsvermögen mancher Gewohnheiten kann besser damit erklärt werden, dass sie die Aufgabe haben, tiefsitzende Ängste abzuwehren. Der Widerstand gegen die Veränderung von Gewohnheiten geht also primär von verdrängten Ängsten aus. Angstfrei gelernte Gewohnheiten können mit relativ wenig Aufwand verändert werden, oder sie verändern sich von selbst. Es liegt nicht an der tierischen Natur der Gewohnheiten, dass sie ein großes Beharrungsvermögen haben, sondern an ihrer Funktion, für stabiles Handeln zu sorgen. Wenn sie sich gegen eine Veränderung sperren, muss gefragt werden, welchen Nutzen sie haben und welche Ängste im Spiel sind.

Die Macht der Gewohnheiten basiert letztlich darauf, dass alle Organismen sich mit Hilfe von Richtwerten selbst regulieren. So hat der menschliche Organismus z. B. einen Richtwert für den Säuregehalt des Blutes. Sobald dieser Wert über- oder unterschritten wird, werden Mechanismen aktiviert, um das Gleichgewicht zwischen Säuren und Basen wiederherzustellen. Zu Recht wird häufig eine Analogie zum mechanischen Rückkopplungsprinzip vorgenommen, wie es z. B. im Heizungsthermostat eingebaut ist.[93] Gewohnheiten wirken wie Richtwerte. Da alle Organismen das Bestreben haben, alle inneren Prozesse im Gleichgewicht zu halten, wird alles getan, um Abweichungen davon zu vermeiden.

Wenn das natürliche Gleichgewicht nicht wieder wiederhergestellt werden kann, muss ein neues Gleichgewichtsniveau eingerichtet werden. Das geschieht z. B., wenn wegen chronischer Angst ein dauerhafter Stresszustand entstanden ist. Um mit dem Stress zurechtzukommen, muss z. B. häufiger und heftiger geatmet werden. Wenn dies längere Zeit andauert, geraten die körperlichen Regulationsmechanismen aus dem Takt. So können Atemstörungen entstehen, weil

93   vgl. Tomasello.

zu viel Kohlendioxid ausgeatmet wird. Wenn dem Körper nicht ausreichend Kohlendioxid zur Verfügung steht, entstehen Folgekrankheiten. Der Körper passt sich an den Mangelzustand an, indem der natürliche Richtwert abgeändert wird. Es kommt zu einer chronischen Fehlsteuerung. Dadurch wird das, was ursprünglich zur Selbstheilung gedacht war, zur Ursache für chronische Erkrankungen.

Zur gewohnheitsmäßigen Fehlsteuerung kommt es, wenn die Signale, die auf eine Fehlsteuerung hinweisen, übersehen werden. Das kann daran liegen, dass geglaubt wird, es handele sich um eine unvermeidliche oder altersbedingte Krankheit handelt. Oder es wird angenommen, dass man zu ohnmächtig sei, die eigentlichen sozialen Ursachen zu ändern. Fehlsteuerungen werden chronisch, weil ihr Anlass nicht richtig verstanden wird.

Auch bei den normalen zwischenmenschlichen Verhaltensgewohnheiten kann es zur Fehlsteuerung kommen. Alle Gewohnheiten, die unter dem Einfluss von Angst gelernt werden, sind dysfunktional, weil sie davon abhalten, sich an den eigenen Bedürfnissen zu orientieren. Da sie sich spontan in der Kindheit bilden und sich als natürlich und normal anfühlen, wird leicht vergessen, dass sie gelernte Gewohnheiten sind. Es besteht die Neigung, sie als unveränderliche Charakterzüge zu betrachten. Sie erscheinen als feste Verhaltensweisen, mit denen man sich abfinden müsse. Es wird vergessen, dass man sich früher für sie entschieden hat. Deshalb wird häufig die resignative Redewendung benutzt, dass Menschen Gewohnheitstiere sind. Wenn sie aber als Gewohnheiten betrachtet werden, stellen sie sich als veränderbar heraus.

Beim Nachdenken über die eigenen Gewohnheiten fällt auf, dass sie eine gewisse Regelmäßigkeit besitzen. Es wäre aber ein Fehler, die Regelmäßigkeiten mit dem Begriff der Regel zu erfassen und die Regeln als ursächliche Faktoren des Handelns zu begreifen. So wird häufig davon gesprochen, dass Regeln das Handeln bestimmen oder dass Regeln befolgt werden. Wie unten begründet wird, haben die Regeln keine eigene Existenz, sondern sie sind nur ein Produkt der Selbstreflexion. Die Regeln werden nicht vorgefunden, sondern vom

Denken geschaffen.[94] Sie drücken nur die Regelmäßigkeiten von gelernten Gewohnheiten aus. Es ist ein Missbrauch der Sprache, wenn die Regeln zu Wirkfaktoren mystifiziert[95] werden.

Seit Arnold Gehlen wird von der Entlastungswirkung von Gewohnheiten gesprochen.[96] Diese These ist anzuzweifeln. Fertigkeiten werden nicht gewohnheitsmäßig organisiert, um Ressourcen einzusparen und sich von der Motivbildung zu entlasten, sondern um rasch und sicher handeln zu können. Ohne Zweifel ist das Lernen von neuen Gewohnheiten oft aufwändig. Daraus darf aber nicht geschlossen werden, dass der Hauptzweck der Gewohnheiten die Energieentlastung ist.

Ebenso wenig trifft die zweite These von Gehlen zu, dass die Gewohnheiten ihre Stabilität daher nehmen, dass sie an Objekten der Außenwelt festgemacht werden. Das gilt nur für relativ wenige Gewohnheiten, vor allem für rein motorische Aktivitäten wie z. B. die Morgentoilette oder das Autofahren. Die meisten psychischen und mentalen Gewohnheiten werden aktiviert, wenn man mit bestimmten Problemen konfrontiert wird oder sich in einem bestimmten Kontext befindet. Die Stabilität der Gewohnheiten kommt primär von ihrer Effizienz. Gute Gewohnheiten werden nicht verändert.

Es ist merkwürdig, dass der Begriff der Gewohnheit in der Psychologie weitgehend vermieden wird. William James war meines Wissens der letzte Psychologe, der sich intensiv mit den Gewohnheiten beschäftigt und darüber geschrieben hat.[97] In psychologischen Lehrbüchern kommt der Begriff der Gewohnheit kaum vor. Einige wenige Psychologen wie z.B. Wendy Wood halten am Gewohnheitsprinzip als zentralem Faktor des Handelns fest. Auch in psychologischen Ratgeberbüchern werden die Gewohnheiten berücksichtigt

---

94 Vgl. Kap. 6.3.
95 Von Mystifikation wird gesprochen, wenn etwas Geistiges als real existierend betrachtet wird.
96 Gehlen.
97 So befindet sich in dem Hauptwerk von William James über die Psychologie von 1890 ein eigenes Kapitel über die Gewohnheiten.

(z.B. Anthony Robbins).

Die Ignorierung der Gewohnheiten hängt vermutlich damit zu-sammen, dass die heute vorherrschende kognitive Psychologie aus der Kritik des Behaviorismus hervorgegangen ist. Der Behavioris-mus verfolgte das Programm, das menschliche Verhalten mit dem von der Biologie entwickelten Reiz-Reaktions-Mechanismus zu er-klären. Demnach stoßen Reize der Umwelt das Handeln an. Die As-soziation von Reiz und Verhalten wird als Konditionierung bezeich-net. Die Psychologie soll untersuchen, wie durch Belohnung und Be-strafung die Konditionierung gestärkt oder gelockert werden kann. Das Vorbild waren die Konditionierungsexperimente von Iwan Paw-low mit Hunden. Die Konditionierung wurde als ein blinder, automa-tischer Prozess verstanden, vergleichbar mit den tierischen Instink-ten.

Obwohl im Behaviorismus der Begriff der Gewohnheit nicht ver-wendet wurde, haben die Kritiker des Behaviorismus den Begriff der Konditionierung mit dem Begriff der Gewohnheit gleichgesetzt. Des-halb gilt seitdem die Gewohnheit als ein blinder, mechanischer und persönlichkeitsfremder Prozess. So werden z. B. in dem Psychologie-lehrbuch von Müsseller und Rieger die Gewohnheiten im Gegensatz zum zielgerichteten Verhalten definiert.[98] Das zielgerichtete Verhal-ten basiere auf einem inneren Modell, in dem die Konsequenzen des Verhaltens abgebildet werden. Deshalb können die Konsequenzen des Verhaltens antizipiert werden. Außerdem könnten konkurrieren-de Motive unterdrückt und das Verhalten flexibel angepasst werden. Demgegenüber fehle den Gewohnheiten ein inneres Modell, so dass ihnen jegliche Flexibilität und die Fähigkeit der Selbstkontrolle ab-gehen. Das gewohnheitsmäßige Verhalten befindet sich deshalb auf der niedrigeren Ebene der Verhaltenssteuerung mittels Reiz-Reakti-ons-Assoziationen.

Nach der obigen Analyse der Gewohnheiten basieren die Gewohnheiten gleichwohl auf einem inneren Modell, das – wie oben

---

98 Müsseller und Rieger, S. 256.

gezeigt wurde – aus inneren Mustern besteht. Dadurch ist gewährleistet, dass die Gewohnheiten quasi automatisch ablaufen, trotzdem
aber auch zielorientiert und flexibel anpassungsfähig sind. Das Maß
der Flexibilität ist abhängig von den Bedingungen, unter denen sie
gelernt wurden.

Der Begriff der Gewohnheit ist für die Analyse des Verhaltens
unentbehrlich, weil das Verhalten nicht allein aus inneren Faktoren
(Bedürfnisse, Gefühle, Charakter u. Ä.) abgeleitet werden kann.
Gewohnheiten werden im Kontakt mit der Umwelt gelernt, so dass
ihre Struktur von der Umwelt mitbestimmt wird. Am außengeleiteten
und am autoritären Verhalten kann abgelesen werden, wie intensiv
das Verhalten von der Umwelt bestimmt wird. Überdeutlich zeigt
sich die Macht der Umwelt bei den psychischen Störungen.[99] Emotionale Verletzungen führen zu Reaktionsgewohnheiten, die das Verhalten dauerhaft verändern. Die Gewohnheiten sorgen dafür, dass
man mit den emotionalen Verletzungen leben kann.

Die Abwertung der Gewohnheiten bringt große Nachteile mit
sich. Sie führt zu einer Fehlbeurteilung des Handelns. Es kann nicht
mehr bedacht werden, dass große Teile des Verhaltens selbstorganisiert und quasi automatisch ablaufen, aber gleichzeitig jederzeit Veränderungen möglich sind. Es geht das Bewusstsein verloren, dass allem Handeln Gewohnheiten zugrunde liegen.

Ein weiterer Nachteil der Abwertung besteht darin, dass die Rolle
der Emotionen bzw. Gefühle beim Handeln nicht richtig verstanden
wird. Die Gewohnheiten bauen auf den Emotionen auf. Bei Störungen des Handelns senden die Emotionen Signale, dass eine bestimmte Gewohnheit nicht mehr funktioniert und eine Korrektur erforderlich ist. Das erfordert eine genaue Beobachtung der Umwelt, damit
die passende Korrektur gefunden werden kann. Emotionen stellen so
die Gewohnheiten immer wieder infrage! Sie stoßen den Suchprozess an und schließen ihn ab, wenn die neuen Gewohnheiten funkti-
onsfähig sind.

---

99   Vgl . Kap. 2.2 und 2.5.

Die Abwertung der Gewohnheiten hängt letztlich damit zusammen, dass sie mit dem vorherrschenden Menschenbild, das von den Prinzipien der Vernunft und der Freiheit geprägt wird, unvereinbar ist. Wenn angenommen wird, dass der größte Teil des Handelns unbewusst gesteuert abläuft, werden Freiheit und Vernunft infrage gestellt. Es ist deshalb nicht weiter überraschend, dass sich nur relativ wenige Philosophen ausführlicher mit den Gewohnheiten beschäftigt haben (z. B. David Hume, Pascal, Montaigne, Maine de Biron, Ravaisson, Arnold Gehlen und John Dewey). Wenn die Gewohnheiten ernst genommen werden, kann nicht mehr am Menschenbild der Freiheit und Vernunft festgehalten werden.

Die Blindheit gegenüber den Gewohnheiten hat die kulturelle Entwicklung in Richtung Humanität blockiert. Je mehr Gewalt und Abhängigkeit das Leben bestimmt hat, umso mehr wurden die Gewohnheiten abgewertet, so dass sie nicht mehr beachtet werden. Es wurde die Erzählung des Individualismus verbreitet, die die Menschen glauben macht, dass ihr Glück und Wohlergehen von ihnen selbst und ihren Anstrengungen abhängig ist.

Als Fazit ist festzuhalten, dass das Steuerungsprinzip der Gewohnheiten das Handeln anpassungs- und lernfähig gemacht hat. Die Gewohnheitsbildung kann aber auch eine Quelle von Störungen sein. Denn es können Gewohnheiten gebildet werden, die den Organismus in einem Zustand verminderter Funktionsfähigkeit festhalten. Alle psychischen Störungen und Krankheiten sind die Folgen einer unzulänglichen Integration in die Umwelt.[100] In der Selbstkorrekturfähigkeit der Gewohnheiten drückt sich die natürliche Kreativität aus, die alle natürlichen Prozesse auszeichnet. Der Glaube an die Macht der Gewohnheiten ist ein gefährliches Vorurteil, da er die Bereitschaft zur Veränderung des eigenen Verhaltens lähmt.

---

100 Vgl. Kap. 7.4.

4.8. Zum Verhältnis zu sich selbst

»Um sich selbst zu erkennen, muss man handeln.« (Albert Camus)

Es gehört zu den großen psychologischen Rätseln, was es bedeutet, dass die Menschen ein Verhältnis zu sich selbst haben. Was bedeutet es, dass sich Menschen sich selbst kontrollieren, kritisieren oder loben können? Können sie wirklich über sich selbst verfügen?

Bei der Diskussion des Verhältnisses zu sich selbst steht meistens der Begriff des Selbst im Vordergrund. Das Selbst sei der innere Akteur. Das Selbst sorge für die innere Einheit und die psychische Kontinuität der Person. »Mit seiner Sorge bemüht das Selbst sich auf diese Weise um ein Verständnis seiner selbst, das ihm die Gestaltung seiner selbst ermöglicht.«[101] »Das Selbst sorgt sich um das Ganze des Ich.«[102] Wenn vom wahren Selbst gesprochen wird, soll ausgedrückt werden, dass die Menschen einen inneren Kern haben, der entfaltet werden müsse. Der innere Kern wird als Maßstab verstanden, an dem das eigene Leben ausgerichtet werden soll. Wenn sich die Menschen einseitig an sozialen Erwartungen und Konventionen orientieren, würden sie ihr Selbst verlieren oder von einem falschen Selbst geführt. So sagt z. B. Arno Gruen, dass der Verlust des Selbst die Empathie zerstört.

In der Persönlichkeitspsychologie von Julius Kuhl nimmt die steuernde Funktion des Selbst eine zentrale Stellung ein. Kuhl verfolgt das Ziel, das Phänomen der unbewussten Selbststeuerung, das bisher in der Psychologie wenig Beachtung gefunden hat, empirisch zu begründen. Die unbewusste Selbststeuerung des Denkens und Handelns gehe vom Selbst aus. Es wird als eine zentrale Koordinationsstelle begriffen, in der alle persönlich relevanten Erfahrungen ausgewertet und bei Entscheidungen simultan verfügbar gemacht werden. Bei jeder Aufgabe, die nicht durch eine automatisch abruf-

---

101 Schmid 2015, S. 102.
102 a.a.O., S. 98.

bare Verhaltensroutine erledigt werden kann, werden immer diejenigen psychischen Funktionen oder Systeme aufgerufen, die für die aktuelle Aufgabe am besten geeignet sind.« Der Begriff der Selbststeuerung bezeichnet die höchste Stufe erfahrungsintegrierender und
handlungsveranlassender Kräfte.«[103] Das Selbst arbeite ganzheitlich,
parallel und unbewusst. Deshalb könne es sehr viele Informationen
gleichzeitig verarbeiten.»Dieses System kann wegen seiner Komplexität nicht vollständig expliziert werden, steht aber in den jeweils
handlungsrelevanten Ausschnitten immer wieder dem explizierbaren
Teil des Bewusstseins (d. h. des Ich) zur Verfügung.«[104]

Der Begriff des Selbst hat sehr viele Schattierungen. Meistens
wird er entweder im Sinne eines Urhebers von Handlungsentschei-
dungen oder als Gesamtheit der inneren Überzeugungen, Gedanken,
Einstellungen und Selbstdefinitionen verwendet.[105] Häufig wird von
Selbstkonzept oder Selbstbild gesprochen. Das Selbstkonzept bestehe
aus der Gesamtheit der Vorstellungen, die eine Person von ihren Fähigkeiten, Zielen, Präferenzen und Idealen hat. Das Leben sei selbstbestimmt, wenn man im Einklang mit dem Selbstbild handelt. Man
sei identisch mit sich selbst, wenn es gelingt, das Selbst im Handeln
auszudrücken. Das Selbstkonzept wird deshalb als eine Quelle der
Identität angesehen.

Der Begriff des Selbst bezieht sich nicht auf eine wahrnehmbare
innere Instanz, sondern ist aus der Umwandlung des Pronomens
selbst in ein Substantiv entstanden.[106] Der Kunstbegriff des Selbst
wurde erfunden, um damit die mentalen und psychischen Prozesse zu
kennzeichnen, die die eigene Person betreffen, aber nicht verfügbar
sind. Dem Begriff liegt das Bedürfnis zugrunde, die psychischen und
mentalen Prozesse einer inneren Instanz zuschreiben zu können.

Deshalb sind alle Begriffe, die zur Charakterisierung des Verhält-

---

103 Kuhl, S. 422.
104 a.a..O. S. 549.
105 z. B. Prinz, S. 291, Horney, S. 175.
106 Der Begriff des Selbst stammt aus einer Zeit, als das propriozeptive
    Nervensystem als ein sechster Sinn noch unbekannt war.

nisses zu sich selbst entwickelt wurden und das Präfix *selbst* enthalten, problematisch: Selbsterkenntnis, Selbstachtung, Selbstkorrektur, Selbstvervollkommnung, Selbstmanagement, Selbstheilung, Selbstreflexion, Selbstberuhigung, Selbstnegation, Selbstverwirklichung, Selbsttherapie u. a. Ihnen ist gemeinsam, dass spontan ablaufende psychische und mentale Prozesse als bewusst ausgeführte Aktivitäten verstanden werden. Im Folgenden soll gezeigt werden, dass dies ein Missverständnis ist.

Der Selbstreflexion wird die Aufgabe zugeschrieben, die eigenen Gedanken und Verhaltensweisen zu kritisieren und zu korrigieren. Dabei kann der Eindruck entstehen, dass es um eine aktive Handlung geht, weil die Selbstreflexion häufig scheinbar willentlich angestoßen wird. Dies ist z. B. der Fall, wenn man von anderen dazu aufgefordert wird oder wenn die Selbstreflexion nach einer gescheiterten Handlung ausgeübt wird. In beiden Fällen wird die Selbstreflexion letztlich von außen angestoßen. In Wirklichkeit besteht Selbstreflexion im Erleben, wie sich der Organismus selbst korrigiert. Selbstreflexion ist eine spontane Aktivität, um die eigenen Verhaltensgewohnheiten anzupassen. Es wäre deshalb ein Fehler, wenn die Selbstreflexion als eine Aktivität des Ich betrachtet wird und wann man sich das Nachdenken als eine persönliche Leistung zuschreibt.

Die Selbsterkenntnis wird regelmäßig missverstanden. Der Begriff ist irreführend, weil er vorgibt, dass man sich selbst genauso erkennen könne, wie ein äußeres Objekt erkannt werden kann. Aber der Blick ins Innere geht ins Leere, da es kein inneres Wesen, keinen inneren Kern und keine wahre Natur gibt. Da das Denken nur Regelmäßigkeiten im Verhalten erfassen kann, kann sich die Selbsterkenntnis immer nur auf die eigenen beobachtbaren Verhaltensgewohnheiten beziehen. Im Grunde besteht Selbsterkenntnis in der Wahrnehmung der eigenen Verhaltensgewohnheiten. Sie wird in der Regel dadurch angestoßen, dass eine Gewohnheit korrigiert werden muss. Das Nachdenken über sich selbst ist nichts anderes, als dass bewusst erlebt wird, wie der eigene Organismus versucht, seine Gewohnheiten im Umgang mit den inneren Impulsen zu verfestigen oder zu korrigieren.

Auch bei der Selbstachtung handelt es sich um eine Fähigkeit, die nicht bewusst gesteuert werden kann. Von Selbstachtung wird gesprochen, wenn Menschen die Fähigkeit haben, sich für ihre Interessen einzusetzen. In der Innenperspektive gibt es keine Selbstachtung. Selbstachtung ist keine innere Tatsache, die wahrgenommen werden kann. Der Begriff der Selbstachtung ist bloß ein Symbol, um damit aus der Außenperspektive den Charakter von Menschen zu umschreiben, die sich aktiv für ihre Interessen einsetzen.

Das Selbstvertrauen wird als eine Fähigkeit verstanden, die eigenen Probleme aus eigener Kraft bewältigen zu können. Es entwickelt sich, wenn immer wieder zuverlässig Vertrauen erfahren wurde. Selbstvertrauen entzieht sich deshalb völlig der Verfügbarkeit. Die gleiche Problematik besteht bei der Empfehlung, sich selbst nicht so ernst zu nehmen. Man kann sich genauso wenig vornehmen, weniger ängstlich zu sein, wie es unmöglich ist, spontan sein zu wollen.

Bei der körperlichen Selbstwahrnehmung ist zu beobachten, dass sie einerseits ständig von selbst stattfindet, andererseits aber bewusst eingesetzt werden kann. Die Selbstwahrnehmung wird immer dann aktiviert, wenn man direkt oder indirekt durch körperliche Missempfindungen, durch die Lektüre eines Buches oder durch ein Gespräch dazu aufgefordert wird. Das bedeutet, dass der Eindruck, sich aktiv zu sich selbst verhalten zu können, darauf beruht, dass man sich mit Anregungen von außen identifiziert, ohne dass dem ein bewusster Willensentschluss zugrunde liegt.

Allen Selbst-Begriffen ist gemeinsam, dass sie sich auf spezielle Fähigkeiten beziehen, die die Qualität des gewohnheitsmäßigen Umgangs mit sich selbst charakterisieren. So bezieht sich der Begriff der Selbstberuhigung auf die Fähigkeit, sich nicht von Misserfolgen demotivieren zu lassen. Wenn man z. B. immer wieder gefragt wird, warum man sich für etwas entschieden hat, wird die Fähigkeit gelernt, sich selbst Fragen zu stellen. Solche Fähigkeiten unterscheiden sich von normalen Fertigkeiten dadurch, dass sie nicht durch Nachahmung gelernt werden können, sondern sich indirekt beim Handeln von selbst bilden. Es handelt sich um allgemeine Verhaltensmuster, die sich aus den eigenen Erfahrungen ergeben. Es sind sozusagen Schlüsselkompetenzen, die den Charakter des Handelns prägen.

Es ist merkwürdig, dass das Selbst fast nie als Ausdruck dafür verstanden wird, dass die inneren Prozesse spontan ablaufen, obwohl der Begriff von seiner Herkunft her darauf hindeutet. Wenn von den körperlichen Selbstheilungskräften die Rede ist, wird ganz selbstverständlich davon ausgegangen, dass es sich um Kräfte handelt, auf die man keinen direkten Zugriff hat. Aber beim Begriff der Selbstverwirklichung wird im Gegensatz dazu daran gedacht, dass es sich um eine Aufgabe handelt, die man selbst übernehmen müsse. Oder beim Selbstkonzept wird daran gedacht, dass man ein Konzept aufbauen müsse, wie man sich selbst führen kann. Stets wird automatisch von der Existenz des Selbst als einer personalen Instanz ausgegangen.

Viele Begriffe, die für das Verhältnis zu sich selbst in Gebrauch sind, sind keine angemessenen Beschreibungen, sondern bloß metaphorisch gebildete Zeichen. Sie dürfen deshalb nicht wörtlich genommen werden. So wird z. B. »sein Leben führen« im Allgemeinen so verstanden, dass man über sein Leben selbstbestimmt verfügen kann. Der Begriff *führen* impliziert ein aktives Verhältnis zu sich selbst, weil er aus Erfahrungsbereichen stammt, in denen damit eine aktive Einflussnahme bezeichnet wird (»ein Pferd führen«, »über ein Werkzeug verfügen«). Er ist deshalb ungeeignet, den Umgang der Menschen mit sich selbst richtig zu erfassen. So ist z. B. die Empfehlung, sich führen zu lassen, problematisch, da sie eine innere Führungsinstanz unterstellt. Außerdem wird sie im esoterischen Denken mit der Überzeugung verbunden, dass sich darin die innere Weisheit oder die Intelligenz des Körpers ausdrückt.

Auch die Sprachformel, dass man für sich selbst sorgen soll, ist irreführend. Die Empfehlung kann nicht ohne weiteres umgesetzt werden, da einer mangelnden Selbstsorge tiefe Ängste zugrunde liegen. Zuvor müsste die symbiotische Neigung, die Erwartungen anderer zu erfüllen, aufgehoben werden. Eigentlich ist es selbstverständlich, dass man für sich selbst sorgt. Wenn aber diese Fähigkeit verloren gegangen ist, weil man sich zu stark von anderen Menschen abhängig gemacht hat, ist die Aufforderung, für sich selbst zu sorgen, eine Überforderung.

Die Sprachwendung, dass man Verantwortung für sich selbst übernehmen soll, weckt die Illusion, dass diese Aufgabe aktiv auszuführen ist. In Wirklichkeit handelt es sich um eine Metapher für den von der Kultur der Selbstkontrolle gesetzten sozialen Zwang, dass jeder die Folgen des eigenen Handelns auf sich nehmen muss.

Die Empfehlung, im Augenblick zu leben, wird regelmäßig missverstanden. Sobald man sich vornimmt, im Augenblick zu leben, wird er verfehlt. Spontaneität lässt sich nicht instrumentell einsetzen. Wer ohne Angst leben kann, denkt und handelt von selbst im Hier und Jetzt, ohne sich darum bemühen zu müssen. Er kann sich spontan der jeweiligen Situation überlassen und sich voll und ganz auf seine Aufgaben einlassen.

Auch die Empfehlung, sich selbst zu akzeptieren, lässt sich nicht absichtlich umsetzen. Es ist unklar, wer eigentlich wen akzeptieren soll. Es geht um die Frage, warum man Angst hat, sich zu seinen eigenen Bedürfnissen zu bekennen. Welche früheren Defizite werden mit Selbstabwertung und Selbstablehnung kompensiert? Was hindert daran, die eigenen Bedürfnisse ernst zu nehmen? Besteht aufgrund von unbewussten Ängsten ein Defizit an Fähigkeiten, sich an den eigenen Bedürfnissen zu orientieren? Es muss bedacht werden, dass es unmöglich ist, die eigenen Ängste allein mit dem Entschluss auszuschalten, sich selbst zu akzeptieren.

Die verbreitete Überzeugung, dass das Verhältnis der Menschen zu sich selbst nur mit dem Selbst verstanden werden könne, erweist sich als ein Irrtum. Es trifft nicht zu, dass das Selbst für die Gestaltung seiner selbst erforderlich ist.[107] Die Vorstellung, man könne sich beliebig selbst gestalten, ist eine Fiktion. Das Selbst als innere Instanz ist nicht nur überflüssig, sondern auch irreführend, da es verschleiert, dass es darauf ankommt, zu den eigenen Bedürfnissen zu

---

107 Schmid 2015, S. 102.

stehen.

Die Überzeugung, dass die Menschen ein spezielles Verhältnis zu sich selbst haben, ist nach diesen Überlegungen zu bezweifeln. Die Gefühle, Gedanken und inneren Stimmen stellen sich spontan ein. Sie bilden sich aufgrund der Probleme, mit denen man im Kontakt mit der Umwelt konfrontiert wird. Da die Menschen die Neigung haben, alle inneren Impulse sofort zu verbalisieren, und es gewohnt sind, anderen von sich zu erzählen und sich zu rechtfertigen, sind die inneren Gespräche Vorbereitungen für beabsichtigte Erzählungen. In Wirklichkeit führt man keine Gespräche mit sich selbst, sondern werden die spontanen mentalen und psychischen Prozesse bloß erlebt. Die Idee eines besonderen Verhältnisses der Menschen zu sich selbst ist demnach dadurch entstanden, dass die inneren Prozesse nach dem Modell des äußeren Dialoges interpretiert wurden. Das Selbst ist genauso wie die traditionellen inneren Instanzen Seele, Geist oder Vernunft eine überflüssige mentale Konstruktion.

Als Fazit ist festzuhalten, dass das Selbst nicht benötigt wird, um die menschliche Selbststeuerung zu begreifen. Dafür reicht es völlig aus, dass man sich für die alltägliche Erfahrung der Spontaneität der inneren Prozesse öffnet und beobachtet, über welche Fähigkeiten man für die Bewältigung von persönlichen Problemen verfügt bzw. welche Fähigkeiten fehlen. Die Menschen haben kein besonderes Verhältnis zu sich selbst. Sie erleben bloß, wie ihre Gewohnheiten funktionieren oder scheitern. Gelegentlich erleben sie, wie sich der Organismus bemüht, sie zu korrigieren.

4.9. Gelassenheit

»Das Leben verfügt über seine eigenen verborgenen Kräfte, die man nur durchs Leben entdecken kann.« (Kierkegaard)

Seit den Stoikern gilt es als Tugend, stets gelassen zu reagieren. Selbst in kritischen Situationen soll man die Ruhe bewahren und maßvoll reagieren. Früher wurde von Seelenruhe oder Gemütsruhe gesprochen. Im Licht der bisherigen Überlegungen muss das Ideal der Gelassenheit so interpretiert werden, dass man fähig ist, das zu tun, was von der jeweiligen Situation verlangt wird. Man bleibt im seelischen Gleichgewicht, weil keine Angst aufkommt, der Situation nicht gewachsen zu sein.

Der Begriff der Gelassenheit leitet sich vom Verb *lassen* bzw. *loslassen* ab. Man lässt sich von der Situation leiten und lässt die Erwartungen anderer Menschen los, wie man sich verhalten soll. Zu Recht wird gesagt, dass man dann in der Gegenwart lebt. Im Mittelhochdeutschen wurde unter Gelassenheit das vertrauensvolle Sich-Ergeben in den Willen Gottes verstanden. Damit wurde indirekt die Erfahrung zum Ausdruck gebracht, dass man sich von der Situation leiten lassen kann.

Die große Bedeutung der Situation für das Handeln ergibt sich daraus, dass alle Gewohnheiten in konkreten Situationen gelernt werden. Wie oben erläutert wurde, werden Gewohnheiten in den Situationen aktiviert, für die sie gelernt wurden. Daraus entsteht der Eindruck, dass man von der Situation bestimmt wird. Das erklärt auch die Unruhe in Situationen, für die noch keine passenden Gewohnheiten gelernt wurden.

In der Erforschung der Kindheitsentwicklung ist längst anerkannt worden, wie prägend die Situationen sind, in die Kinder hineinwachsen. Aber bei den Erwachsenen wird der Einfluss der Situation durchgängig ignoriert, da aufgrund der individualistischen Ausrichtung des Denkens irrtümlich davon ausgegangen wird, dass das Verhalten mit den individuellen Bedürfnissen, Absichten oder Gründen erklärt werden kann.

Fast alle Gewohnheiten werden von der Gemeinschaft übernommen. Welche Ziele wichtig sind und wie sie erreicht werden können, wird von der kulturellen Umwelt vorgegeben, in die man hineinwächst. Das Ziel des empathischen Handelns wird nur gelernt, wenn beobachtet wird, dass andere Menschen immer auch die Gemeinschaft im Blick haben. Scheinbar private Ziele sind in Wirklichkeit kollektive Ziele. So ergibt sich das private Gewinnstreben direkt aus dem Mechanismus der Eigentumsordnung und der Organisation des

Marktes. Wer etwas für den Markt produziert, kann sich ihm nicht entziehen.

Zahlreiche Gewohnheiten sind Versuche, sich mit den widrigen Lebensbedingungen zu arrangieren. Viele chronische Erkrankungen sind gescheiterte Versuche, sich an Mangelzustände anzupassen. Die Gewohnheiten haben den Vorteil, dass man leichter mit widrigen Lebensumständen zurechtkommt; sie haben aber zugleich den Nachteil, dass man sich selten bewusst ist, wie stark man sich angepasst hat und was dabei aufgegeben wurde.

Man ist gelassen, weil man über Gewohnheiten verfügt, die helfen, mit den alltäglichen Problemen und Konflikten zurecht zu kommen. Aber unter sozialen Bedingungen, die von sozialer Abhängigkeit und Unterdrückung geprägt sind, können dafür nur Gewohnheiten ausgebildet werden, die Konflikte mit der herrschenden Ordnung vermeiden helfen und auf Dauer zu chronischen Erkrankungen führen können. Es erweist sich, dass Gelassenheit keine Tugend ist, die bewusst angestrebt werden kann. Es darf nicht der Fehler gemacht werden, den aktuellen Spielraum für Verhaltensveränderungen zu überschätzen. Wer Gelassenheit anstrebt, muss sich für eine Reform der Lebensbedingungen einsetzen.

5. Der Baum der Erkenntnis

»Die längste Zeit hindurch hat man bewusstes Denken als das Denken überhaupt betrachtet: jetzt dämmert uns die Wahrheit auf, dass der allergrößte Theil unseres geistigen Wirkens uns unbewusst, ungefühlt verläuft.« (Friedrich Nietzsche)

Warum durften Adam und Eva nicht vom Baum der Erkenntnis essen? Soll sich das Denken auf die praktischen Fragen des Alltags beschränken, anstatt nach dem Unterschied zwischen Gut und Böse und anderen allgemeinen Problemen zu fragen? Ist Denken nicht in jedem Fall nützlich? Eigentlich kann das Denken doch gar nicht an der Erkenntnis des Guten und Bösen gehindert werden! Wollte Gott die Menschen vor der Erkenntnis schützen, damit sie nicht böse handeln? Kann böses Handeln dadurch verhindert werden? So gesehen gibt das Verbot überhaupt keinen Sinn.

Wenn man allerdings das göttliche Verbot so interpretiert, wie Carel van Schaik es vorgeschlagen hat, nämlich dass dadurch das Eigentum anderer geschützt werden soll und jede fremde Benutzung einen Diebstahl darstellt, erhält es eine nachvollziehbare Bedeutung. In der Lebensform der Jäger und Sammler war es selbstverständlich, dass die in der Natur vorfindlichen Lebensmittel allen gehören. Alle gefundenen oder erjagten Lebensmittel wurden in der Gruppe geteilt. Wenn jemand beanspruchte, dass die Früchte eines Baumes ihm alleine gehören, wurde das als ein Verstoß gegen die göttliche Ordnung verstanden und mit Empörung bestraft. Dass der harmlose Raub eines Apfels mit der Vertreibung aus dem Paradies geahndet wurde, lässt erkennen, wie schwierig die Durchsetzung der neuen Eigentumsordnung war und dass dies nur mit massiver Gewalt gelang. Die neue Eigentumsordnung erzwang ein Umdenken, dessen Umfang man sich heute kaum noch vorstellen kann.

Die neue Lebensordnung erzwang auch eine neue Auffassung des Denkens. Da man nicht mehr seinen eigenen spontanen Gedanken trauen konnte, musste die frühere Auffassung, dass die Gedanken von den Göttern stammen, aufgegeben werden. Es wurde stattdessen angenommen, dass der Anstoß zum Denken vom Geist, der Seele oder der Vernunft ausgeht, also von inneren geistigen Instanzen. Seitdem wurde von den Gedanken so gesprochen, als würden sie einem gehören (»meine Gedanken«). Auch der Körper wurde als eigenes Eigentum betrachtet, über den man frei verfügen kann.

Diese Auffassung des Denkens steht im Widerspruch zu dem Handlungsverständnis, das im Zusammenhang mit der Analyse der Gewohnheiten entwickelt wurde. Wenn das Handeln weitgehend gewohnheitsmäßig abläuft, wird die Auffassung infrage gestellt, dass das Handeln vom Denken geführt wird. Das Denken muss aus der Perspektive der Gewohnheiten neu gedacht werden. Es muss nach den gleichen Prinzipien analysiert werden, die bei der Analyse der Selbststeuerung des Handelns angewandt wurden. Mit dem Konzept der Gewohnheiten kann verstanden werden, dass das Denken weitgehend unbewusst abläuft und sich die besten Gedanken intuitiv einstellen. Deshalb ist ein Ausflug in das Land des Denkens erforderlich, um die Folgen des Privateigentums für das Denken der Menschen besser verstehen zu können.

5.1. Denken ist Handeln

»Denken und Tun, Tun und Denken, das ist die Summe aller Weisheit, von jeher anerkannt, von jeher geübt, nicht eingesehen von einem jeden.« (Johann Wolfgang von Goethe)

Gegenwärtig wird das Denken mit unterschiedlichen Konzepten erklärt: als Informationsverarbeitung, als Rechnen, als Bearbeitung von Bildern und Vorstellungen oder als Widerspiegelung der Realität in Form von Urteilen, Begriffen und Schlüssen. Stets wird unterstellt, dass das Denken von einer inneren Instanz organisiert wird, die meistens als Geist oder Vernunft bezeichnet wird. Keines dieser Konzepte konnte sich durchsetzen. Das liegt offensichtlich daran, dass untaugliche Metaphern verwendet werden, die aus Prozessen gewonnen wurden, die eine gewisse Ähnlichkeit mit dem Denken haben (Rechenmaschinen, Computer, bildhafte Vorstellungen, Spiegel). Es wurde allerdings nie geprüft, ob ihre Anwendung auf das Denken sinnvoll ist. So ist z. B. der Begriff der Information ungeeignet, da beim Denken nicht Informationen, sondern Handlungsmuster miteinander verknüpft werden. Außerdem stammt der Begriff aus dem Bereich des zwischenmenschlichen Handelns. Es ist zweifelhaft, ob er für die Analyse von innerpsychischen Prozessen geeignet ist. Die Analogie mit dem Computer hat zu keiner befriedigenden Erklärung geführt, weil damit nicht verstanden werden kann, wie das Denken von wahrgenommenen Problemen angestoßen wird und wie die Erfahrungen verarbeitet werden.

Auch die Versuche der Gehirnforscher, das Denken mit neuronalen Prozessen zu erklären, haben bisher zu keinem besseren Verständnis des Denkens geführt. Ohne Zweifel gibt es keine Gedanken ohne neuronale Aktivitäten und können keine Bewegungen ohne neuronale Aktivitäten organisiert werden. Aber dieses Wissen hilft nicht zu verstehen, wie beim Denken die Ziele des Handelns, die persönlichen Bedürfnisse und Erfahrungen und die kulturelle Situation verarbeitet werden. Deshalb hat die Erkenntnis, wie Gedanken auf neuronaler Ebene entstehen, bisher nichts zum besseren Verständnis des konkreten Denkens beigetragen.[108]

Die Erfahrung zeigt, dass die beste Vorbereitung zur Lösung eines schwierigen Problems darin besteht, dass in der Vorstellung mögliche Lösungswege durchgespielt werden. Wenn z. B. ein Haken an der Decke angebracht werden soll, aber keine Leiter zur Verfügung steht, kann das Problem dadurch gelöst werden, dass Stuhl und Tisch als Leiter benutzt werden. Bei komplexeren Problemen – wie z. B. dem Bau eines Gartenhauses – werden die einzelnen Bauteile in der Vorstellung ausgewählt und probeweise zusammengefügt. Diese Beispiele legen den Gedanken nahe, dass das Denken darin besteht, dass in der Vorstellung ausprobiert wird, mit welchen einzelnen Bewegungsschritten ein angestrebtes Ziel am besten zu erreichen ist.

108 Vgl. Janich 2000.

Das Denken bereitet also das Handeln vor, indem zunächst in der Vorstellung gehandelt wird. Aus der Erfahrung ist bekannt, welche Handlungsmöglichkeiten zur Verfügung stehen. Wenn man z. B. ein dünnes Brett teilen will, werden die Möglichkeiten des Sägens, Schneidens oder Brechens geprüft. Die Wahl fällt auf die Methode, die für das angestrebte Ziel als am angemessensten erscheint. Das Denken scheint im Grunde eine Art probeweises inneres Handeln zu sein, also ein Handeln ohne direktes Tun bzw. ein Handeln in der Vorstellung. Zu Recht hat Sigmund Freud den Begriff des Probehandelns verwendet.

Wenn ein Problem nicht mit den gelernten Verhaltensweisen gelöst werden kann, wird eine neue Möglichkeit gesucht. Es werden verschiedene Wege ausprobiert, ob mit ihnen das angestrebte Ziel zu erreichen ist. Dieser Suchprozess kann auch in der Vorstellung ablaufen. Da dafür sehr viel Aufmerksamkeit erforderlich ist, wird es als eine bewusste Aktivität erlebt. Beim näheren Hinsehen zeigt sich, dass das, was als bewusstes Denken erlebt wird, in Wirklichkeit nichts anderes als eine bewusste Suche nach neuen Problemlösungen ist. Die bewusste Suche hat eigentlich viel mit spielerischem Handeln, Probieren und Abwarten und wenig mit konsequentem und logischem Denken zu tun. Man macht immer wieder die Erfahrung, dass das konzentrierte Starren auf ein Problem unproduktiv ist. Ideen wachsen eher, wenn man geduldig abwartet und immer wieder das Problem durchgeht. Oft kommen die Ideen, wenn man gerade mit etwas völlig anderem beschäftigt ist. Man spürt genau, ob der intuitiv gefundene Gedanke zur Problemlösung beitragen könnte. Offensichtlich geht die bewusste Suche oft nahtlos in die spontane Entstehung von Gedanken über. Wenn von bewusster Suche die Rede ist, heißt das also nicht, dass die Suche planvoll abläuft.

Die These, dass das Denken aus simuliertem Handeln besteht, ist bei praktischen Problemen evident. Aber sie gilt auch für abstrakte philosophische Probleme. Wenn z. B. darüber nachgedacht wird, wie Glück zu definieren ist, muss zunächst geklärt werden, ob Glück ein gefühlsmäßiger Zustand ist, der längere Zeit andauert, oder die Eigenschaft einer bestimmen Handlung ist. Wenn man sich für das Erste entscheidet, müssen die Handlungen gesucht und ausprobiert werden, mit der der Glückszustand erreicht werden kann. Dann müssen deren Gemeinsamkeiten gesucht werden. Da aber das Glück nichts ist, was in der Natur vorkommt, sondern ein von Menschen gesetztes Ziel, sind bisher alle Definitionsversuche gescheitert.

Das Ziel des Denkens ist verwendbares Wissen. Wissen besteht nur auf der sprachlichen Oberfläche aus Sätzen, die sich auf Tatsachen beziehen. In Wirklichkeit ist es ein Können, eine Anweisung, wie ein Problem gelöst werden kann. Wissen ist ein Wissen-wie, eine Anweisung, wie zu handeln ist. Deshalb kann von Wissen eigentlich nur dann gesprochen werden, wenn es praktisch anwendbar ist. Tatsachen kommen nur ins Spiel, wenn die Besonderheiten einer Handlungssituation charakterisiert werden sollen. Da das Wissen sich direkt auf das Handeln bezieht, kann es überprüft werden, indem es praktisch angewendet und beobachtet wird, ob die angestrebte Wirkung erreicht wird.

Der oben zitierte Aphorismus, dass jedes Tun ein Erkennen ist, beruht auf der Einsicht, dass das Wissen, wie die Gegenstände für die menschlichen Bedürfnisse verwendet werden können, nur mit Handeln zu erlangen ist. Erst beim Handeln wird die Beschaffenheit der Gegenstände erkannt. Deshalb muss das Wissen, das aus Lehrbüchern oder Berichten anderer Menschen angeeignet wird, im praktischen Handeln umgesetzt oder zumindest in der Vorstellung nachvollzogen werden, damit es richtig verstanden wird.

Bei kleinen Kindern ist sehr gut zu beobachten, wie die Wirklichkeit zunächst mit Tasten, Schmecken und Greifen erkundet wird. Indem auf die Wirklichkeit handelnd zugegriffen wird, wird sie erkannt und vertraut. Das Sehen allein würde dafür nicht ausreichen, weil dabei die Beschaffenheit der Dinge nicht direkt erfahren wird. Erst beim greifenden Handeln werden Erfahrungen gemacht, wie sich die Dinge verhalten, abhängig davon, wie sie behandelt werden. Wiederholte, gleichartige Erfahrungen werden als Erwartungen internalisiert und abgespeichert. Es wird immer nur der Ausschnitt erfahren, der vom Handeln ergriffen wird. Deshalb sind Erfahrungen grundsätzlich das Produkt von Handlungen.

Über sich selbst nachdenken heißt, frühere Handlungen in der Vorstellung zu wiederholen. Dabei kann auffallen, wie sie verbessert werden könnten. Auch wenn über die Gedanken anderer Menschen nachgedacht wird, müssen die in ihnen implizit enthaltenen Handlungsanweisungen in der Vorstellung ausgeführt werden. Die Selbstreflexion, die häufig als eine einzigartige menschliche Fähigkeit bezeichnet wird, ist im Grunde nichts anderes als der Versuch, die eigenen Handlungsgewohnheiten innerlich zu wiederholen und zu überprüfen.

Die These, dass das Denken ein probeweises inneres Handeln ist, erhält eine gewisse Bestätigung durch die neurowissenschaftliche Theorie der Spiegelneuronen. Wissenschaftler haben beobachtet, dass bei der Wahrnehmung von Bewegungen die gleichen Gehirnareale aktiv sind, die bei ihrer Ausführung aktiviert werden. Das bedeutet, dass sich die Vorstellung einer Bewegung nicht wesentlich von deren Ausführung unterscheidet. Es handelt sich also bei der Vorstellung von Bewegungen nicht um eine passive Spiegelung, sondern um einen aktiv simulierten Vollzug. Das zeigt sich auch daran, dass die Gehirnregionen, die sich mit Denken, Schlussfolgern und Vorstellen befassen, mit den Arealen vernetzt sind, die für die Planung von Bewegungen verantwortlich sind.

Vermutlich ist das Denken evolutionär auf der Basis der Fähigkeit entstanden, wahrgenommene Bewegungen innerlich zu simulieren. Das probeweise Handeln hat sich als ein hervorragendes Verfahren zur Bewältigung von Problemen in neuartigen Situationen entwickelt. Auf diese Weise können neue Lösungen für offene Probleme gesucht werden. Das wurde möglich, als nach der Entwicklung des aufrechten Gangs die Hände nicht mehr für das Laufen benötigt wurden und für das Kennenlernen der Objekte eingesetzt werden konnten. Offensichtlich hat sich das Denken aus dem Handeln heraus entwickelt.

Aus den bisherigen Überlegungen geht hervor, dass es ein Missverständnis des Denkens ist, anzunehmen, es strebe nach Erkenntnis strebt. Unter Erkenntnis wird im Allgemeinen verstanden, dass das Wesen der Dinge erfasst wird. Es wird davon ausgegangen, dass von den Dingen im Geist ein exaktes inneres Abbild aufgebaut wird. Beim Wahrnehmen der Realität geht es aber nicht um die exakte Erfassung aller Eigenschaften der Gegenstände, sondern vielmehr darum, wie die Gegenstände für die menschlichen Bedürfnisse benutzt werden können. Von den Gegenständen wird immer nur das wahrgenommen, was für die menschlichen Interessen von Belang ist. Das macht ihre Bedeutung aus. Gedanken können nie mehr als die Einsicht in die Benutzbarkeit von Gegenständen oder Menschen sein. Alle anderen Eigenschaften, die nicht damit zusammenhängen, bleiben unbeachtet. Gedanken sind Handlungsanweisungen.

Wie es der Organismus schafft, aus den persönlichen Erfahrungen einen Problemlösungsvorschlag abzuleiten, kann prinzipiell nicht geklärt werden, weil die gehirninternen Verarbeitungsprozesse nicht reproduziert werden können. Solches Wissen ist ohnehin überflüssig. Es ist völlig ausreichend zu wissen, dass das Denken nur verbessert werden kann, wenn neue Erfahrungen gemacht werden und diese nur aus der intensiven Beschäftigung mit einem Problem gewonnen werden können.

Die These der motorischen Struktur des Denkens ist keineswegs neu. So hat der Psychologie Jean Piaget immer wieder betont, dass alles Denken aus der Aktion kommt und dass die Operationen des Denkens aus der Verinnerlichung des Handelns stammen. Hans Aebli, ein Schüler von Piaget, hat die Einsicht so ausgedrückt: »Denken ist ein Tun, das die gute Ordnung des Handelns anstrebt.«[109] Der Gehirnforscher Ratey hat vermutet, »dass das Denken in der motorischen Funktion beheimatet ist.«[110] Alle Autoren konnten aber nicht zeigen, wie Handeln und Denken innerlich zusammenhängen.

Aus diesen Überlegungen folgt, dass das Denken kein geistiger Vorgang ist. Es ist insofern ein mentaler Prozess, da es ein simulier-

109　Aebli, Denken - die Ordnung des Tuns, Band 1, S. 25.
110　Ratey, S.187.

tes Handeln ist. Es hat sich entwickelt, um das Handeln zu unterstützen. Gedanken beziehen sich nicht auf Tatsachen, wie häufig angenommen wird, sondern sind Handlungsanweisungen. Tatsachen sind
dabei nur ein Randphänomen. Sie kommen nur dann ins Spiel, wenn
die Besonderheiten einer Handlungssituation charakterisiert werden
sollen.

Abschließend ist zu erwähnen, dass das Denken vor dem Problem
steht, dass es sich grundsätzlich nicht selbst erforschen kann. Es kann
sich nicht den Dingen denkend zuwenden und gleichzeitig sich selbst
beobachten. Deshalb können alle Thesen über das Funktionieren des
Denkens immer nur nicht verifizierbare Vermutungen sein. Die Mustertheorie des Denkens kann nicht mehr als eine relativ plausible Erzählung sein. Sie bietet keine Erklärung, wie das Denken funktioniert, aber gibt zumindest einen Hinweis darauf, dass es sich wie andere körperliche Prozesse selbst organisiert.

5.2. Die Bausteine des Denkens

»Jedes Tun ist Erkennen, und jedes Erkennen ist Tun.«
(Humberto Maturana/ Francisco Varela)

Die These, dass das Denken aus einem inneren Handeln besteht,
steht im krassen Widerspruch zu dem kulturellen Dogma, dass das
Denken mit Hilfe von Begriffen erfolgt. Jahrtausendelang wurde geglaubt, dass das Denken ein geistiger Prozess sei, in dem die Begriffe, die ebenso als etwas Geistiges begriffen werden, aufeinander bezogen werden. Andere Erklärungen kamen nicht infrage, weil das
Denken als eine Gabe verstanden wurde, die die Götter auszeichnet.
Das Denken blieb ein Rätsel.

Mein Erklärungsmodell des Denkens baut auf der Mustertheorie
auf, die oben im Zusammenhang mit der Gewohnheitsbildung dargestellt wurde. Muster sind die Bausteine des Handelns, weil in ihnen
der typische Ablauf einer Bewegung festgehalten wird. Handeln, das
immer aus mehreren Teilbewegungen zusammengesetzt ist, besteht
demnach aus einer Verkettung von mehreren Mustern. Daraus folgt

die These, dass im Denken die Muster eingesetzt werden, die für das Handeln gebildet wurden.

Das innere Handeln, das oben als der Kern des Denkens dargestellt wurde, ist im Grunde erst dadurch möglich geworden, dass für alle konkreten Bewegungen abstrakte Muster gebildet werden. Die Muster können leicht aufeinander bezogen werden. Auch für Objekte werden Muster gebildet, da an den Gegenständen nur das bedeutsam ist, was für die menschlichen Bedürfnisse benutzt werden kann. Die Muster der Gegenstände enthalten die Art und Weise, wie die Gegenstände benutzt werden können.

So wird z. B. für einen Tisch, mit dem man zum ersten Mal in Kontakt kommt, das Muster gebildet, dass man an einer Platte sitzen und essen kann. Wenn erfahren wird, dass man daran auch arbeiten und spielen kann, wird dies mit in das Muster aufgenommen. Wenn man später wieder mit einem Tisch in Kontakt kommt, wird sofort daran gedacht, was mit ihm getan werden kann. Wenn man einen Tisch sieht, der dem in der Kindheit ähnelt, fühlt man sich vertraut und sicher und es werden zahlreiche Erinnerungen wachgerufen.

Bei der Wahrnehmung eines Gegenstandes wird natürlich neben seiner Funktion immer auch seine komplexe Gestalt wahrgenommen. Welche Eigenschaften dabei hervortreten, hängt davon ab, ob sie für die Funktion von Bedeutung sind. So erhält das Muster des Tischs die Eigenschaften, dass er normalerweise auf vier Füßen steht und aus Holz besteht. Der Kontakt mit anderen Tischformen führt dazu, dass das ursprünglich relativ konkrete Muster für Tische eine abstraktere Gestalt erhält (z. B. eine flache Platte in der Höhe von ca. 70 cm, die unterschiedlich viele Füße haben kann). Oder das Muster für Messer enthält neben der Funktion des Schneidens auch die Eigenschaft *scharf*, aber nicht unbedingt, aus welchem Material die Klinge ist. Oder bei einem Menschen wird zusätzlich zur sozialen Beziehung (Freund, Geliebte, Mutter u. Ä.) auch seine Gestalt (Gesicht, Körperhaltung u. a.) wahrgenommen, mit deren Hilfe er sofort wiedererkannt werden kann.

Gedanken entstehen, wenn ein Weg gesucht wird, wie ein Problem gelöst werden kann. Sie sind demnach keine sprachlichen Gebilde, wie früher angenommen wurde, sondern einer Kette von Mustern, die ohne weiteres in konkretes Handeln umgesetzt werden könnten. Gedanken sind Anweisungen, wie gehandelt werden soll.

Die erstaunliche Kreativität des menschlichen Denkens hängt damit zusammen, dass die Muster relativ abstrakte Gebilde sind. Denn in den Mustern werden konkrete Erfahrungen auf die als nützlich erkannten Funktionen reduziert. Die Abstraktheit der Muster begünstigt ihre variable Verknüpfbarkeit. Muster können so leicht auf andere Sachverhalte übertragen werden, auch auf solche, die nur eine gewisse Ähnlichkeit mit dem Objekt haben, für das sie ursprünglich gebildet wurden. So kann z. B. der menschliche Körper mithilfe des Musters der Maschine analysiert werden. Die Muster begründen die Kreativität und Flexibilität des Denkens.

Es ist eine bemerkenswerte Eigenart der Muster, dass sie sich sowohl auf einzelne Gegenstände als auch auf äußerst komplexe Zusammenhänge beziehen können. So können für den Charakter eines Menschen oder die Funktionsweise einer Maschine komplexe Muster gebildet werden. Alle Muster basieren auf einheitlichen Gestalten, die mit Erfahrungen angereichert werden können. Sie sind miteinander verkettet, so dass spielend leicht vom Detail auf das Ganze geschlossen werden kann. Es entsteht eine Hierarchie von einfachen bis zu höchst komplexen Mustern. Die komplexen Muster (Metamuster) machen überhaupt erst das Denken von komplizierten Zusammenhängen möglich. So ist z. B. das dualistische Grundverständnis der traditionellen Moral (Gut und Böse) ein solches Metamuster. Mit Hilfe der Metamuster können Experten mühelos Probleme erkennen und lösen. Auch das mühelose Wiedererkennen von Gesichtern verdankt sich der Musterbildung.

Die Bedeutungen, die im traditionellen Denken immer in den Begriffen gesucht wurden, ergeben sich direkt aus den Mustern, da sie auf Bewegungen, die in sich eine Funktion haben, bzw. auf die Funktionen von Gegenständen verweisen. Da die Funktionen bereits als fertige Gestalten wahrgenommen werden, sind dafür keine besonde-

ren geistigen Aktivitäten erforderlich. Die Muster sind nicht das Ergebnis einer mentalen Aktivität, sondern ergeben sich aus den Erfahrungen beim Handeln. Deshalb sind die Bedeutungen nichts Geistiges.

Die Begriffe kommen eigentlich erst ins Spiel, wenn die Gedanken anderen mitgeteilt werden sollen. Dafür sind Zeichen erforderlich, die andere verstehen können. Nach der Mustertheorie sind die
Begriffe Zeichen für die Muster, mit denen die nützlichen Funktionen eines Gegenstandes erfasst werden. Wenn Kinder die Begriffe
nachahmen, mit denen ihre Bezugspersonen Dinge oder Handlungen
benennen, nehmen sie eine Assoziation der Sprachlaute mit den
Mustern vor, die sie bereits vorher gebildet haben. So geht in den Begriff *Löffel* das Muster ein, dass damit Essensbrocken in den Mund
geschoben werden können. Begriffe werden anfangs stets beim konkreten Handeln gelernt, so dass Laute und Muster eindeutig einander
zugeordnet werden. Das bedeutet, dass neue Begriffe nur gelernt
werden können, wenn die Funktionen der entsprechenden Gegenstände bereits bekannt sind.

Die Bedeutung der Begriffe ergibt sich demnach keineswegs aus
den Gepflogenheiten einer Sprachgemeinschaft, wie in der Ge-
brauchstheorie der Bedeutung seit Ludwig Wittgenstein behauptet
wird. Im Grunde ergeben sich die Regeln des Gebrauchs der Begriffe
aus dem Gebrauch der Gegenstände. Normale Begriffe (z. B. Baum)
umspinnen nicht die Wirklichkeit, wie Hans Vaihinger behauptet hat,
sondern beziehen sich auf die beim Handeln gelernten Muster, wie
mit den Gegenständen umzugehen ist.

Das Lernen von Begriffen heißt, den ganzen kulturellen Reichtum an Fähigkeiten zu kennen, wie mit Objekten umgegangen werden kann. Während z. B. der normale Nutzer mit dem Begriff *Computer* nur seine Benutzung als Schreibmaschine oder als Lexikon verbindet, kennt der Experte seine Verwendung für die Steuerung von
Produktions- und Kommunikationsprozessen. Bei den Eigenschaften
kann schnell der Überblick verloren gehen, aber bei den Funktionen
gibt es meistens nur eine kleine Zahl von Hauptverwendungsweisen.

Da alle Menschen in einem Kulturkreis bestimmte Objekte auf gleichartige Weise benutzen, sind ihre Muster im Kern sehr eng miteinander verwandt. Deshalb haben die Begriffe in der Regel eine eindeutige Bedeutung. Wenn eine Definition als unklar erscheint, wird gefragt, auf welche Funktionen sich der Begriff bezieht. Bestehen weiterhin Unklarheiten, wird geklärt, in welchem Kontext der Begriff verwendet wird.

Beim Lernen der Begriffe wird eine Assoziation zwischen den Lauten und den Bewegungsmustern, die die Bedeutung ausmachen, vorgenommen. Begriffe müssen wie neue Verhaltensweisen so lange gelernt werden, bis sie sich als Gewohnheiten verfestigt haben. Erst wenn sie gewohnheitsmäßig beherrscht werden, können sie beim Sprechen zur Artikulation von Gedanken verwendet werden.

Die Abstraktheit der Begriffe lässt sich einfach damit erklären, dass die Muster von Haus aus abstrakte Gebilde sind, die das Wesentliche an einer Bewegung oder am Gebrauch eines Objektes erfassen. Die Abstraktheit der Begriffe ergibt sich direkt aus der Abstraktheit der Muster.

In der Mustertheorie erübrigt sich die Frage, ob die Zeichen eine objektive oder eine subjektive Qualität haben. Da die Funktionen der Gegenstände in der sozialen Praxis gelernt werden, die mit anderen Menschen geteilt wird, haben die Zeichen stets beide Aspekte. Welche Funktionen den Zeichen zugeordnet werden, ist immer auch von subjektiven Faktoren abhängig. Zugleich drückt sich in den Zeichen stets die objektive Praxis aus. Das Schwergewicht liegt eindeutig bei den Funktionen, die von allen Menschen der Lebensgemeinschaft wahrgenommen werden. Anders könnte die Kommunikation nicht gelingen.

Welche Zeichen für bestimmte Funktionen der Gegenstände verwendet werden, hängt von der Geschichte der Sprache ab. Da sich aber die Bedeutungen direkt aus den Funktionen ergeben, ist es nebensächlich, welche Begriffe verwendet werden. Hauptsache ist, dass sie von allen Mitgliedern gleichartig verwendet werden. Damit wird auch die Diskussion hinfällig, ob die Zeichen willkürlich oder notwendig sind. Die Muster selbst sind nichts Beliebiges, da in ihnen die wahrgenommenen Funktionen der Objekte festgehalten werden. Sie entziehen sich dem menschlichen Zugriff und können nicht beliebig verändert werden. Erst wenn neue Erfahrungen gemacht werden, ändern sie sich.

Dieser Denkansatz, die Bedeutung der Begriffe aus dem Handeln abzuleiten, ist keineswegs neu, sondern entspricht der Begriffstheorie von Charles Sanders Peirce, dem Begründer des Pragmatismus. Peirce hatte der These widersprochen, dass die Begriffe das Wesen der Gegenstände ausdrücken. Er hat ausgearbeitet, dass sich deren Bedeutung direkt aus dem Handeln ergibt, da hier die praktische Bedeutung der Gegenstände erfahren wird. Deshalb bezieht sich die Bedeutung der Begriffe nicht auf die Gegenstände direkt, sondern darauf, wie sie für die menschlichen Bedürfnisse verwendet werden. Diese Idee von Peirce geht vermutlich auf Aristoteles zurück, demzufolge das Wesen der Gegenstände nur mit der Frage erfasst werden kann, welche Aufgabe bzw. Funktion sie haben. So kann das Wesen des Webstuhls nicht aus seiner sinnlichen Erscheinungsweise erschlossen werden. Vielmehr muss bekannt sein, für welche Aufgabe er verwendet werden kann. Auch Jean Piaget und Hans Aebli gingen davon aus, dass die Begriffe ihre Bedeutung von den Schemata erhalten, die bei ihnen die gleiche Funktion wie die hier verwendeten Muster haben.

Aus den bisherigen Überlegungen ergibt sich, dass die traditionelle Überzeugung falsch ist, das Denken vollziehe sich im Medium der Sprache und die Wirklichkeit werde in sprachlicher Form erfasst. Da das Denken ein simuliertes Handeln ist, das mit Mustern operiert, kommt es ohne Begriffe aus.

Auch aus historischer Sicht ist die These anzuzweifeln, dass das Denken auf die Sprache angewiesen ist. Historische Belege sprechen dafür, dass die Menschen die Sprachfähigkeit erst vor relativ kurzer Zeit entwickelt haben. Da aber die Menschen bereits wesentlich früher ihre Alltagsprobleme mit der Herstellung von Werkzeugen gelöst haben, ist es sehr wahrscheinlich, dass die Frühmenschen schon vor der »Erfindung« der Sprache denken konnten.

Der Psychologe Dietrich Dörner hat die These vertreten, dass das Denken auf die Sprache angewiesen sei, da der Denkprozess regelmäßig von Fragen angestoßen werden würde, die stets sprachlich strukturiert seien. Dabei wird aber übersehen, dass allen Fragen ein emotionaler Interessenimpuls zugrunde liegt. Seit es die Sprache gibt, wird von früh an gelernt, das Interesse an sachlichen Problemen sofort zu verbalisieren, so dass der emotionale Anstoß leicht übersehen wird. Deshalb spricht das Argument, dass Fragen immer sprachlich strukturiert sind, nicht gegen die These, dass das Denken ohne Sprache funktioniert.

Auch die Gebärdensprache zeigt, dass die verbalen Begriffe nicht für die Kommunikationsfunktion der Sprache konstitutiv sind. Mit Gebärden kann genauso leistungsfähig kommuniziert werden wie mit Begriffen. Daraus folgt, dass die verbale Sprache nur ein mögliches Medium für die Übermittlung von Gedanken ist.[111] An der Gebärdensprache wird deutlich, dass es bei der Sprache primär darauf ankommt, mit Lautbewegungen, die gewohnheitsmäßig mit einer bestimmten Bedeutung verbunden werden, das Verhalten anderer Menschen zu beeinflussen. Sicherlich erfolgte in der vorsprachlichen Periode der Menschheitsentwicklung die zwischenmenschliche Kommunikation hauptsächlich mit Gesten.

Der Eindruck, dass das Denken sprachlich erfolgt, konnte entstehen, weil die Menschen aufgrund ihrer intensiven Kooperation die Neigung haben, ihre Gedanken immer sofort zu verbalisieren. Dadurch geht das Gespür dafür verloren, dass eine Differenz zwischen den Gedanken und ihrer verbalisierten Gestalt besteht. Die Gedanken werden deshalb nicht als motorische Bewegungsabläufe wahrgenommen. So konnte die Vorstellung entstehen, dass die Wirklichkeit durch den Filter der gelernten Begriffe wahrgenommen wird. Da aber für die Menschen nur das wirklich ist, was mit den Mustern erfasst wird, ist die Metapher des Filters, die die Linguisten seit Wilhelm

---

111 Vgl. Wilson, S. 215.

von Humboldt verwenden, irreführend.

Mit diesen Überlegungen kann erklärt werden, wie das Verstehen von Sätzen, das bisher ein Rätsel geblieben ist, eigentlich funktioniert. Das Verstehen konnte bisher nur als ein geistiger Prozess verstanden werden. Nach der Mustertheorie des Denkens wird das Verhalten anderer verstanden, weil die ihm zugrunde liegenden Muster spontan erfasst werden. Aus Erfahrung wird gewusst, auf welche Ziele bestimmte Bewegungen bezogen und welche Bedürfnisse und Überzeugungen mit ihnen verbunden sind. Bewegungen werden verstanden, weil erkannt wird, welches Ziel damit verfolgt wird. Das Verstehen basiert somit auf einem Wissen-wie. Deshalb können Kleinkinder andere Menschen und Gegenstände verstehen, bevor sie die Sprache beherrschen. Wie Daniel Dennett gezeigt hat, ist das Verstehen kein eigenständiges geistiges Phänomen.[112] Es basiert auf dem motorischen Nachvollzug von wahrgenommenen Bewegungen. Das gilt auch für das Verstehen von Gedanken und Erzählungen anderer Menschen. Da das Denken aus simulierten Bewegungen besteht, werden Gedanken verstanden, indem die in ihnen enthaltenen Bewegungen innerlich nachvollzogen werden. Das Verstehen beruht also auf einem simulierten Nach-Handeln. Verstehen ist Wiedererkennen, wie bereits Platon erkannt hat.

Aus diesen Überlegungen ergeben sich enge Grenzen des Verstehens. Nur menschliche Handlungen können verstanden werden, weil hier die ihnen zugrunde liegenden Muster bekannt sind. Phänomene aus der Welt des Geistes, des Gehirns, der Psyche oder der Transzendenz sind deshalb letztlich unverständlich. Deshalb haben sich die Menschen damit beholfen, die Prozesse in diesen Bereichen so zu behandeln, als ob sie Aktivitäten von menschlichen Personen wären. Bei den religiösen Vorstellungen wurde das teilweise durchschaut, aber bei den psychologischen und philosophischen Ideen besteht noch ein großer Aufklärungsbedarf.

Die Mustertheorie unterstützt die Zweifel vieler Philosophen,

---

112 Vgl. Dennett, S. 114.

dass die verbreitete Erwartung, dass Computer und Roboter mit künstlicher Intelligenz eines Tages denken können, falsch ist. Denken können nur Wesen, die aufgrund ihrer Bedürfnisse handeln müssen, um zu überleben, und die im Handeln auf Probleme stoßen. Nur beim Handeln werden Muster gebildet. Da nur lebendige Wesen Bedürfnisse haben und selbständig handeln, bleibt vermutlich technischen Apparaten das Probleme erkennende und lösende Denken prinzipiell verschlossen.

Als Fazit ist festzuhalten, dass das Denken ohne Begriffe arbeitet. Das Denken ist entstanden, weil die Menschen die Fähigkeit haben, Handlungen in der Vorstellung zu simulieren. Dies ist dadurch möglich geworden, dass die Handlungen aufgrund der ihnen zugrunde liegenden Muster als Gewohnheiten ausgebildet werden. Deshalb können sie unbewusst miteinander kombiniert werden. Ohne Gewohnheiten gäbe es kein Denken. Die Muster als Bausteine des Denkens sind nicht das Ergebnis einer geistigen Aktivität, sondern ein Bestandteil der natürlichen Gewohnheitsbildung. Wenn es als eine Aktivität begriffen wird, die viel mit dem konkreten Handeln gemeinsam hat, kann es besser verstanden werden. Das Denken hört auf, ein Rätsel zu sein.

5.3. Unbewusstes Denken

> *»Wir glauben, die Erfahrungen zu machen, aber die Erfahrungen machen uns.« (Eugène Ionesco)*

Das Denken ist wohl bisher auch deshalb ein Rätsel geblieben, da die unübersehbare Erfahrung nicht erklärt werden konnte, dass das Denken zum größten Teil unbewusst abläuft. Seit Descartes ist es ein Dogma, dass das Denken eine bewusste Aktivität ist. Erst in der jüngsten Zeit wird dieses Dogma mehr und mehr in Zweifel gezogen. Sehr einflussreich waren dabei das Buch von Daniel Kahneman *Schnelles Denken, langsames Denken* und die Entdeckungen der Gehirnforschung.

Kahneman geht davon aus, dass es zwei verschiedene Formen des

Denkens gibt: das automatische System (System 1) und das willentliche System (System 2). Das automatische Denken arbeitet weitgehend mühelos und äußerst leistungsfähig, während das willentliche System mühsam und langsam ist. »System 1 generiert fortwährend Vorschläge für System 2: Eindrücke, Intuitionen, Absichten und Gefühle. Wenn Eindrücke und Intuitionen von System 2 unterstützt werden, werden sie zu Überzeugungen, und Impulse werden zu willentlich gesteuerten Handlungen. Wenn alles glatt läuft, was meistens der Fall ist, macht sich System 2 die Vorschläge von System 1 ohne größere Modifikationen zu eigen. Im Allgemeinen vertraut man seinen Eindrücken und gibt seinen Wünschen nach, und das ist in Ordnung so – für gewöhnlich.« Das automatische System ist dominant und führend. Das willentliche System kommt ins Spiel, wenn Vorschläge des automatischen Systems fehlerhaft sind und korrigiert werden müssen oder eine Frage auftaucht, für die das System automatisch keine Antwort bereithält. Es hat die Aufgabe, die Gedanken und Verhaltensweisen zu kontrollieren. Die Vorschläge werden dann mental simuliert, um ihre Effektivität zu überprüfen. Andere Prüfaktivitäten sind Berechnen, Planen und Vergleichen. Die beiden Denkformen sind nicht gleichwertig. Das willentliche System ist lediglich die Vorstufe des automatischen intuitiven Systems. Das automatische, intuitive Denken hat Vorrang vor dem willentlichen Denken der Realitätskontrolle.

Beim willentlichen System geht es nach meiner Auffassung eigentlich darum, dass die im Handeln entstandenen Unsicherheiten und Unklarheiten in einer Trainingsphase aufgelöst werden. Alle von Kahneman für das Denken im willentlichen System verwendeten Verben (*kontrollieren*, *suchen*, *vergleichen*, *planen*, *berechnen* und *simulieren*) umschreiben das probeweise Vorgehen in der Trainingsphase. Im simulierten Handeln wird nach neuen Möglichkeiten gesucht, wie ein Problem gelöst werden kann. Das tastende, suchende Probieren wird als mühsam erfahren, weil es mit angestrengter bewusster Aufmerksamkeit und evtl. sogar mit Angst verbunden ist. Die Suche wird abgeschlossen, wenn ein emotionales Signal meldet, dass ein möglicher Lösungsweg gefunden wurde. Blitzartig wird in die Phase des intuitiven Denkens umgeschaltet, in der die Lösung in das Repertoire der Muster integriert wird.

Die Trainingsphase wird spontan eingeschaltet, wenn man mit einem Problem konfrontiert wird, das nicht sofort intuitiv gelöst werden kann. Immer wenn ein Problem wahrgenommen wird, wird spontan das Denken aktiviert, um geeignete Muster für die Problemlösung zu suchen. Dieser Vorgang findet in der Regel unbewusst statt. Die Trainingsphase des Denkens kann durchaus auch den systematischen Charakter des wissenschaftlichen Denkens annehmen, mit dem planvoll alle Möglichkeiten erkundet werden, die auf der Basis des vorhandenen Wissens denkbar sind. Deshalb wird das probeweise Vorgehen oft als logisches Denken bezeichnet. Die Trainingsphase kann auch im direkten Handeln wie z. B. im bewussten Experimentieren eines Handwerkers bestehen. Was als folgerichtiges, logisches Denken verstanden wird, findet immer in der Trainingsphase statt. Logik ist nichts anderes, als dass die Muster so miteinander verbunden werden, wie es erfahren wurde. Insofern ist logisch nichts anderes als realitätsgerecht.

Wie die Trainingsphase abläuft, hängt von den dafür gelernten Mustern ab. Das normale Suchverhalten wird davon geprägt, wie viel Geduld bei der Erprobung neuer Dinge von der sozialen Umwelt gefördert und ermuntert wurde. Das systematische Denken des Wissenschaftlers und Handwerkers ist das Ergebnis intensiven Einübens von neuen Suchmustern.

Für gefundene Problemlösungen wird meistens der Begriff der Erfahrung verwendet. Dieser Begriff ist irreführend, weil er suggeriert, dass es sich dabei um eine reine Sinneswahrnehmung handelt. Tatsächlich werden innere Bewegungsprogramme konstruiert. Insofern ist Erfahrung die Gewinnung einer neuen Überzeugung, wie etwas funktioniert, wie es entstanden ist oder wie etwas erreicht werden kann. Erfahrung ist ein Werkzeug, wie ein Problem gelöst werden kann. Im Folgenden wird die Problemlösung als Gedanke bezeichnet, da dies am ehesten dem normalen Sprachgebrauch entspricht. Gedanken müssen also nicht unbedingt eine verbale Gestalt haben!

Diese Sichtweise wird von der oben erwähnten Entdeckung der Gehirnforschung unterstützt, dass das Gehirn zwei unterschiedliche Betriebszustände kennt, den Aktivitäts- und den Ruhemodus. Im Aktivitätsmodus findet die spielerische Suche nach neuen Lösungen statt, die viel Bewusstsein erfordert. Im Ruhemodus wendet sich das Gehirn von der Außenwelt ab und sucht für die offenen Probleme eine Lösung. Es werden dabei neue Muster in die vorhandenen integriert und Inkonsistenzen beseitigt.[113] Das Gehirn bemüht sich um innere Ordnung und Kohärenz aller Muster, damit die Handlungsfähigkeit gewährleistet ist.

Das schöpferische Denken findet also im Rückzug in die mentale Innenwelt statt. Meistens schaltet das Gehirn in den Ruhemodus um, sobald man von einer konzentrierten Beschäftigung abschweift. Das kann auch passieren, wenn gewohnheitsmäßig gehandelt wird, man also z. B. Kartoffeln schneidet oder auf die Toilette geht. Häufig wird die Lösung eines Problems im Traum gefunden. Im Ruhezustand finden ständig implizite Aktivitäten statt. Das Gehirn schaltet niemals völlig ab.

Schöpferische Menschen zeichnen sich dadurch aus, dass sie sehr schnell zwischen beiden Betriebszuständen des Gehirns hin und her wechseln können. Teilweise wird angenommen, dass beide Betriebszustände gleichzeitig funktionieren.[114] Sicherlich basiert das Lob der Muße auf der Erfahrung, dass sich die Gedanken neu ordnen können, wenn sich das Gehirn vorübergehend von der Außenwelt zurückzieht und in den Ruhezustand begibt.

Es wird immer wieder beobachtet, dass sich Gedanken, wie ein Problem zu lösen ist, plötzlich einstellen, ohne dass man sich einer Bemühung oder Anstrengung beim Denken bewusst ist. Offensicht-

113 Der Begriff des Ruhezustands ist irreführend, da auch im Ruhezustand Aktivitäten im Gehirn stattfinden. Der englische Originalbegriff Default Mode Network ist klarer.
114 Klein, S. 142.

lich bilden sie sich spontan außerhalb des Bewusstseins. Das kann damit erklärt werden, dass im intuitiven Denken automatisch die Muster miteinander kombiniert werden, die für eine Lösung als geeignet erscheinen. Das ist möglich, weil die Muster alles enthalten, was für die unbewusste Simulation von komplexen Handlungen erforderlich ist und weil sie festlegen, wie mit den Objekten der Umwelt oder mit anderen Menschen umgegangen werden kann. Die persönlich verfügbaren Muster legen also fest, wie Probleme bearbeitet werden.

Der Organismus zieht den unbewussten Verarbeitungsmodus vor, da die Kapazität der bewussten Aufmerksamkeit sehr beschränkt ist. Die Vielzahl der zu berücksichtigenden Faktoren könnte unmöglich gleichzeitig im Bewusstsein gehalten und miteinander abgewogen werden. Nur im unbewussten Denken können alle im Gedächtnis zur Verfügung stehenden Erfahrungen verarbeitet werden. Da das Denken mithilfe von Mustern organisiert wird, ist sichergestellt, dass das Denken der Realität gerecht wird. Voraussetzung ist natürlich, dass es sich um Probleme handelt, die handelnd gelöst werden können.

Gedanken werden also nicht hergestellt, sondern empfangen. Sie bilden sich unbewusst aus den gelernten Mustern und der Bewertung der aktuellen oder vorgestellten Handlungssituation. Gedanken wachsen und melden sich, wenn sie reif sind. Sie bilden nicht die Realität ab, sondern stellen einen Versuch dar, dem Handeln eine Orientierung zu geben. Deshalb ist die These von Markus Gabriel, dass es einen Denksinn gibt, so wie es den Sehsinn oder der Hörsinn gibt, verfehlt.[115]

Häufig wird festgestellt, dass das Denken irgendwie stecken bleibt. Beim Grübeln umkreist das Denken fortwährend ein persönliches Problem. Das liegt daran, dass Ängste eine konstruktive Lösung des Problems verhindern. Der Grübelzwang ist Ausdruck von emotional blockiertem Handeln. Das Denken bleibt dann im Trainingsmodus hängen.

---

115 Gabriel 2018.

Die traditionelle Vorstellung, dass das Denken sich selbst aktiviert, ist ein Irrtum. Das Denken setzt sich nicht selbst in Gang. Es setzt ein, wenn gespürt wird, dass eine Gewohnheit das angestrebte Ziel zu verfehlen droht. Erst wenn man mit einem Problem konfrontiert wird, wird das Denken angestoßen. David Hume ist einer der wenigen Philosophen, der erkannt hat, dass die Vernunft, die er als kühl und distanziert einschätzt, niemals das Handeln motivieren kann. Sie »zeigt dem Impuls, den wir von der Lust oder der Neigung empfangen, nur die Mittel, durch die wir Glück erreichen oder Unglück vermeiden können.«[116]

Die Denkanstöße kommen regelmäßig aus der Umwelt. Auch wenn man sich selbst eine Frage stellt, erlebt das der Organismus so, als würde der Anstoß von außen kommen. Sofort wird eine Trainingsphase gestartet, wie sie typisch für das Lernen von Gewohnheiten ist. Das Denken ist darauf angewiesen, dass ihm die Ziele von den Bedürfnissen bzw. den Handlungsimpulsen vorgegeben werden.

Das Denken kann sich keine Ziele setzen, da es nur ein formaler Mechanismus der Musterkombination ist. Es kann nicht mehr tun, als den besten Weg zu ermitteln, wie ein vorgegebenes Ziel erreicht werden kann. Wenn Kulturkritiker klagen, dass das Denken auf zweckrationales, instrumentelles Denken reduziert wird und es sich nur noch auf die rationale Mittelwahl für vorgegebene technische Ziele beschränkt und nicht die Kraft hat, über soziale Ziele nachzudenken, beruht dies auf einem Fehlverständnis des Denkens. Alle Ziele wurzeln in Bedürfnissen. Neue Ziele bilden sich spontan, wenn z. B. die Bedürfnisse nach Gerechtigkeit, sozialer Harmonie, Anerkennung u. a. verletzt werden oder erkannt wird, dass sich die Bedürfnisse mit neuen Techniken oder Strategien besser befriedigen lassen. Ihre konkrete Gestalt erhalten sie von den sozialen Lebensbedingungen, von kulturellen Leitbildern, von Vorerfahrungen und von der psychischen Verfassung (Selbstwertgefühl, Handlungsfähigkeit u. a.). Daraus ergibt sich die Vielfalt der Ziele.

116 Hume 1869, S. 134.

Wenn ein Ziel immer wieder verfehlt wird, obwohl vielfältige Mittel ausprobiert wurden, stellt sich die Frage, ob sie noch den eigenen Bedürfnissen entsprechen. Wache Sensibilität macht auf Diskrepanzen zwischen Zielen und Bedürfnissen aufmerksam und stößt die Korrektur der Ziele an. Über Ziele nachdenken heißt prüfen, ob sie den eigenen Bedürfnissen entsprechen oder fremdbestimmt übernommen wurden. Wenn über soziale Ziele nicht nachgedacht wird, ist dies ein Zeichen von politischer Ohnmacht.

Die Gedanken sind abhängig von den Fragen, die an die Wirklichkeit gestellt werden. Fragen wiederum sind abhängig von den persönlich verfolgten Zielen. So macht es für die Erkenntnis einen gewaltigen Unterschied, ob z. B. das Ziel verfolgt wird, andere Menschen zu beherrschen, oder ob es um das Ziel geht, die sozialen Verhältnisse gerechter und solidarischer zu gestalten, ob es also um individuelle oder kollektive Ziele geht. Die Qualität der Ziele bestimmt die Art der gewählten Handlungen. Aber die Ziele sind nicht verfügbar, sondern ergeben sich aus der Art und Weise des Lebens. Das Denken folgt den körperlichen Impulsen, die sich aus dem Geflecht von Bedürfnissen, Zielen und Erfahrungen ergeben. Das Denken ist deshalb keine neutrale, auf die Objektivität der Dinge gerichtete Aktivität. Richard Rorty hat diesen Gedanken treffend in dem Buchtitel *Hoffnung statt Erkenntnis* zum Ausdruck gebracht.

Um die unbewusste Qualität des Denkens hervorzuheben, wird häufig der Begriff der Intuition benutzt. Intuitionen seien unbewusst entstandene irrationale Gedanken. In der Regel werden sie als unbegründet oder sogar als irrational abgewertet. Das liegt wohl an der religiösen Überzeugung, dass Gedanken direkt von den Göttern stammen, so dass lange Zeit nicht danach gefragt wurde, wie Intuitionen zustandekommen. Sobald man sich aber die Mühe macht, die Intuitionen auf dem Hintergrund der eigenen Erfahrungen und Präferenzen zu analysieren, wird deutlich, dass in ihnen früher gemachte Erfahrungen verarbeitet wurden. Intuitionen sind nichts anderes als unbewusst gebildete Gedanken auf der Basis der persönlichen Erfahrungen. Im unbewussten Denken werden immer schon alle Bedingungen der Handlungssituation mitberücksichtigt. Wenn dies gelegentlich scheinbar nicht der Fall ist, liegt das daran, dass man sich aufgrund von mentalen oder psychischen Defiziten nicht vollständig der jeweiligen Handlungssituation öffnen konnte und einige Besonderheiten der Situation übersehen wurden. Alle Gedanken enthalten den Anspruch, realitätsgerecht zu sein.

Zwischen den beiden Phasen des Denkens gibt es keinen wesentlichen Unterschied. Die Suchphase ist zwar mit Bewusstsein verbunden. Es wäre aber falsch, darin eine intendierte Aktivität im Sinne der traditionellen Subjektphilosophie zu sehen. Auch der Suchprozess läuft nach den Mustern ab, die speziell dafür in der Ausbildung gelernt wurden. Der Suchprozess wird nicht bewusst gesteuert, sondern bloß erlebt.

Als Fazit ergibt sich, dass sich das Denken in zwei Phasen abspielt: der Trainingsphase und der eigentlichen Denkphase. Die bewusste Trainingsphase setzt ein, wenn sich die verfügbaren Muster als untauglich erweisen. Das suchende, probeweise und oft als anstrengend empfundene Handeln kann wie alle anderen motorischen Aktivitäten bewusst erlebt werden. Demgegenüber läuft die schöpferische Denkphase immer unbewusst ab. Das bedeutet, dass die verbreitete Vorstellung, dass das Denken bewusst abläuft, auf einer Verwechselung der bewusst arbeitenden Trainings- mit der intuitiven Denkphase basiert. In beiden Phasen läuft das Denken unbewusst ab. Das bedeutet, dass man sein Denken weder bewusst einschalten, noch dass man Einfluss auf seine Ergebnisse nehmen kann. Das Denken kann nicht wie ein Werkzeug eingesetzt werden.

Diese Überlegungen bedeuten, dass die Frage, von welcher inneren Instanz die Gedanken erzeugt werden, falsch gestellt ist. Das Denken muss als ein selbstorganisierter Prozess begriffen werden. Die Überzeugung, dass der Geist der Urheber der Gedanken ist, muss aufgegeben werden. Das Denken erschließt sich, wenn es als ein motorischer Prozess verstanden wird, der darauf basiert, dass Bewegungen innerlich miteinander kombiniert werden. Das Denken muss aus der Perspektive des ganzen Organismus begriffen werden.

5.4. Empathisches Denken

»Das Gefühl ist es, das den Menschen zum Denken anregt.«
(George Bernard Shaw)

Aus der bisherigen Analyse des Denkens folgt, dass es nicht wie ein Werkzeug eingesetzt werden kann. Das Denken kommt von selbst in Gang, wenn man mit einem Problem konfrontiert wird, und kommt wieder zur Ruhe, wenn eine Lösung gefunden wurde. Von der Lösung wird gefordert, dass sie nützlich ist und dass die Bedürfnisse anderer nicht verletzt werden. Wenn es um zwischenmenschliche Konflikte geht, wird versucht, eine Vereinbarung zu finden, die als fair empfunden wird. Man wählt aber die Probleme nicht aus, sondern wird von ihnen herausgefordert. Sie stellen sozusagen einen Auftrag dar, eine Lösung zu finden. Ob aber eine Störung überhaupt als Problem wahrgenommen wird, hängt von mehreren Faktoren ab: Ist das Vertrauen vorhanden, eine Lösung zu finden, sind geeignete Mittel bekannt und besteht ein Interesse an einer Lösung? Es wird sich zeigen, dass diese drei Faktoren Produkte der bisherigen Erfahrungen mit dem Umgang von Problemen sind.

Kleine Kinder haben von Natur aus eine große Neugierde an allem, was in ihrer Umwelt passiert. Sie erforschen ihre Umwelt und lassen sich auf alles selbstvergessen ein, indem sie es längere Zeit beobachten und abwarten, wie sich die Objekte verhalten, wenn auf sie auf eine bestimmte Weise Einfluss genommen wird. Wenn das Handeln von Neugierde und Interesse bestimmt wird, kann sich das Denken den Problemen öffnen, mit denen es konfrontiert wird. Diese Haltung wird oft damit umschrieben, dass man sich um der Sache willen auf die Probleme einlässt. Erfahrungen, die sich in dieser offenen Haltung einstellen, regen zu weiteren Fragen an, vor allem, wenn man skeptisch ist, ob die gefundenen Antworten brauchbar sind. Gute Erfahrungen ermöglichen so einen Zuwachs an weiteren Erfahrungen. Zu Recht fordert Ludwig Wittgenstein, dass man nicht denken, sondern schauen soll.[117]

Da die Dinge stets aus dem Blickwinkel der eigenen Bedürfnisse betrachtet werden, wird erkannt, wie man sich selbst mit den Dingen helfen kann. Das Denken, das sich unvoreingenommen auf die Dinge einlässt und sich allen Erfahrungen öffnet, kann deshalb als empathisch bezeichnet werden. Der Begriff der Empathie, der oben als ein zwischenmenschliches Gespür für das Leiden anderer und als Bereitschaft, anderen zu helfen, charakterisiert wurde,[118] kann deshalb durchaus auch auf das Denken angewandt werden.

Empathisches Denken zeichnet sich dadurch aus, dass es auf alle Impulse reagiert, die auf Unstimmigkeiten im Handeln hinweisen, und nach einer besseren Lösung sucht. Zugleich werden immer wieder die persönlichen Ziele hinterfragt. Es werden nur die Mittel akzeptiert, die im Einklang mit den Zielen stehen und diese langfristig fördern. Das empathische Denken lehnt es ab, unkontrollierbare Risiken in Kauf zu nehmen. Insofern ist empathisches Denken unaufhörliche Selbstreflexion.[119] Wenn sich die Probleme nicht aus dem Handeln, sondern aus logischen Zusammenhängen zwischen abstrakten Allgemeinbegriffen ergeben, werden sie als Scheinprobleme verworfen. Das gilt z. B. für die Fragen, ob es eine objektive Welt gibt oder ob die Welt erkennbar ist.

Das empathische Denken weiß, dass es von den eigenen Erfahrungen begrenzt wird und dass alle Gedanken zutiefst von den kulturellen Lebensbedingungen abhängig sind. Denn in die Muster geht ausschließlich das ein, was persönlich im Handeln erfahren wurde. Auch wenn Begriffe aus kultureller Sicht einen sehr reichen Inhalt haben, zählen für das Denken nur die persönlich gemachten Erfahrungen. Natürlich können Begriffe mithilfe von Definitionen auswendig gelernt werden, aber mit ihnen kann nicht richtig gedacht

---

117 Wittgenstein 2003, § 66.
118 Kap. 2.4.
119 Das empathische Denken wird von Adorno und Horkheimer als kritisches Denken bezeichnet. Heidegger versuchte es mit den Begriffen wie Offenheit, Vernehmen, Andenken und Gelassenheit zu erfassen.

werden, weil ihnen der Erfahrungsgehalt fehlt und ihnen kein Muster zugrunde liegt. Das empathische Denken vergisst nie, dass alle Gedanken ungesichert sind. Es ist gegenüber allen Begriffen skeptisch, die nicht von den eigenen Erfahrungen gestützt werden. Nur die Probleme sind relevant, die sich beim Handeln stellen. Alle Probleme, die sich nicht handelnd lösen lassen, werden als Scheinprobleme ignoriert.

Das empathische Denken misstraut der Sprache, die aufgrund ihrer Grammatik dazu verleitet, den Dingen ein festes Wesen zuzuschreiben. Von den Dingen kann man nur wissen, was sich bei ihrem Gebrauch für die menschlichen Bedürfnisse zeigt. Das Wissen ist deshalb immer nur partiell. Das empathische Denken macht nicht den Fehler, die eigenen Gedanken dem Ich als einem inneren Wesenskern zuzuschreiben. Das Denken wird geschätzt, weil es ein gutes Hilfsmittel ist, das Leben zu erleichtern. Das empathische Denken weiß, dass es ohne objektive Bezugspunkte (Vernunft, Natur, Weltseele u. Ä.) auskommen muss. Gewissheit kommt allein aus dem Handeln.

Es kommt deshalb nicht darauf an, dass das Denken von allen Gefühlen freigehalten wird, wie immer wieder gefordert wird. Das Denken ist produktiv, wenn es in einem Milieu von positiven Gefühlen der Neugierde, der Liebe, des Interesses und der Empathie stattfindet. Angst dagegen lähmt das Denken und macht es zu einem Mittel der Beherrschung und Kontrolle. Da die Beschaffenheit der Gefühle von Umwelteinflüssen abhängig ist und die Gefühle sich der Kontrolle entziehen, kann das Denken nicht kontrolliert werden. Da es weitgehend unbewusst abläuft, wäre es sowieso abwegig, dies in Erwägung zu ziehen.

Wie ein Problem gelöst wird, hängt von den Mustern ab, die zur Verfügung stehen. Es können nur die Muster eingesetzt werden, die anlässlich der bisherigen Erfahrungen gelernt wurden. Man kann sich nicht vornehmen, die richtigen Erfahrungen zu machen. Erfahrungen sind unverfügbar. Sie hängen davon ab, in welche Erfahrungsfelder man hineingeraten ist oder welche Möglichkeiten das kulturelle Umfeld anbietet. Das Denken hängt von der Qualität der bisher gemachten Erfahrungen ab.

Wer zu Gehorsam und Disziplin angehalten wurde, neigt dazu, sich die Ziele des Handelns vorgeben zu lassen. Er orientiert sich an den Erwartungen der anderen und greift häufig die Probleme, die sich beim Handeln evtl. stellen, nicht auf. Er bemerkt es nicht, wenn die Ziele den eigenen Bedürfnissen widersprechen. Wer sich im Konkurrenzkampf behaupten will, muss sich berechnend, instrumentell und kontrollierend verhalten und demgemäß denken. Wer von Autoritäten abhängig ist, denkt, wie andere Menschen oder Dinge beherrscht werden können. Oft wird das kindliche Experimentierverhalten durch die Eltern und andere Personen behindert oder sogar bestraft, mit der Folge, dass es aufgegeben wird. Die Handlungsfähigkeit wird beeinträchtigt, so dass die Kinder das Vertrauen verlieren, ihre Probleme eigenständig lösen zu können.

Daraus folgt, dass die Auffassung, dass jeder für sein Denken verantwortlich ist, falsch ist. Das Denken wird so sehr von der Beschaffenheit der jeweiligen Umwelt und den Erfahrungen geprägt, dass es eine Überforderung darstellt, die Verantwortung für das eigene Denken zu übernehmen. Das Denken ist weder ein persönliches Verdienst noch ein schuldhafter Mangel. Jeder denkt so, wie er es unter dem zufälligen Einfluss seiner Lebensumstände gelernt hat. Das Denken ist eine soziale Aktivität, bei der das denkende Subjekt nur der Empfänger der Gedanken ist. Das »Wage zu denken« der Aufklärung basiert auf einem individualistischen Missverständnis des Denkens.

Es ist zweckmäßig, sich zu seinem Denken wie ein Gärtner zu verhalten. Gedanken können besser verstanden werden, wenn sie als etwas natürlich Gewachsenes verstanden werden, dessen Gedeihen von der Beschaffenheit der eigenen Erfahrungen abhängig ist. Genauso wie ein Gärtner für eine gute Versorgung der Pflanzen mit Nährstoffen, Wasser und Licht sorgt, muss auf reichhaltige Erfahrungen und auf ein konfliktfreies Zusammenleben geachtet werden. Dann wachsen die Gedanken wie von selbst. Es muss allerdings beachtet werden, dass die Art der Gedanken vom kulturellen Umfeld abhängig ist, genauso wie das Wachstum der Pflanzen von der Qualität des Bodens bestimmt wird.

Als Fazit ist festzuhalten, dass es nicht verschiedene Formen des Denkens gibt. Die Art des Denkens ergibt sich aus der Beschaffenheit der Umwelt. Das Denken ist empathisch, wenn es sich an den eigenen und den Bedürfnissen anderer Menschen orientiert. Es legt Wert darauf, dass die Mittel, mit denen die Ziele erreicht werden, mit den eigenen Bedürfnissen vereinbar sind. Wenn aber das Denken zur Beherrschung von Menschen eingesetzt wird, hört es auf, empathisch zu sein, da die Rücksicht auf die Bedürfnisse der anderen aufgegeben werden muss. Empathisches Denken kann sich nur unter angstfreien Lebensbedingungen entfalten. Es braucht Gleichheit und Gewaltlosigkeit.

5.5. Die Macht der Sprache

»Wahr ist an einer Geschichte immer nur das, was der Zuhörer glaubt.« (Hermann Hesse)

Eine zentrale Entdeckung von Ludwig Wittgenstein ist, dass das Sprechen ein Bestandteil des Handelns ist. Zu Recht wird seit der von John Austin entwickelten Sprechakttheorie das Sprechen als ein Handeln betrachtet. Während beim normalen Handeln auf Gegenstände eingewirkt wird, besteht das sprachliche Handeln darin, dass auf andere Menschen Einfluss genommen wird. Statt mit der Hand wird mit der Stimme »gehandelt«, um andere z. B. von etwas zu überzeugen oder sie zu trösten. Die Sprache enthält ein reichhaltiges Repertoire an Mitteln, wie die Beziehung zu anderen Menschen gestaltet werden kann: fragen, danken, entschuldigen, befehlen, ermuntern, beruhigen, demütigen, auffordern, überlisten u. Ä. Auch wenn bloß eine Feststellung über einen Sachverhalt getroffen wird, ist dies eine indirekte Aufforderung an den Hörer, dazu Stellung zu nehmen. Sprechen kann nicht vom Handeln abgetrennt werden. Diese Auffassung stellt das Dogma des traditionellen Sprachverständnisses infrage, dass Sätze Aussagen über Tatsachen sind.

Die Sprache wird von Anfang an im handelnden Kontakt mit anderen Menschen gelernt. Kindern wird gezeigt, wie Gegenstände benutzt werden können. Sie verstehen deshalb Worte als etwas, mit denen die Aufmerksamkeit auf etwas gelenkt wird. Das Wort Ball bedeutet für sie: »Hier nimm den Ball!« oder »Ich möchte den Ball haben!«[120] Wird z. B. das Wort *greifen* gehört, wird die entsprechende Bewegung im sensomotorischen Bereich des Gehirns aktiviert. Für kleine Kinder sind Wörter eindeutig direkte Handlungsanweisungen. Diesen Aufforderungscharakter verlieren die Begriffe nie mehr. Während die Kinder ihn noch unmittelbar spüren, tritt er bei den Erwachsenen in den Hintergrund. Den Aufforderungscharakter der Begriffe macht man sich im Alltag z. B. zunutze, wenn man andere zu einem bestimmten Verhalten auffordert (»Gib Gas!«) oder wenn im Tagebuch »Auto« eingetragen wird, weil man z. B. zum gewählten Zeitpunkt daran erinnert werden möchte, dass die Reifen gewechselt werden müssen. Die Macht der Begriffe basiert auf ihrem Aufforderungscharakter.

Neue Begriffe werden so lange wiederholt, bis sie als feste Gewohnheiten abgespeichert werden können. Nur dann können sie unbewusst beim Denken und Sprechen verwendet werden.

Die Begriffe müssen als feste Gewohnheiten gelernt werden, damit sie für die Artikulation von Gedanken verwendet werden können. Sie werden verstanden, weil sie direkt auf einzelne Bewegungsschritte des Handelns bezogen sind.

Begriffe aktivieren spontan das Muster, das beim handelnden Umgang gelernt wurde. So lässt z. B. der Begriff Baum sofort daran denken, dass Bäume Schatten spenden und dass daraus Baumaterial gewonnen werden kann. Manche denken auch daran, dass sie Sauerstoff produzieren und die Luft reinigen. Solche Assoziationen werden auch aktiviert, wenn Begriffe bloß gedacht oder gehört werden.

Jeder Satz ist eine indirekte Aufforderung, die impliziten Hand-

---

120 Vgl. Brodbeck, S. 161.

lungsanweisungen der verwendeten Begriffe zu befolgen. Deshalb ist jeder Gedanke eine Anweisung, auf eine bestimmte Weise zu handeln. Dies gilt auch für philosophische Sätze. Wenn z. B. gesagt wird »Das Tao ist nur intuitiv zu erkennen«, so ist dies eine Aufforderung, nicht nach Beweisen zu fragen, sondern an die Existenz des Tao zu glauben. Sprache besteht aus Aufforderungen.

Beim Sprechen wird deshalb unweigerlich unbewusst Einfluss auf den anderen genommen, unabhängig davon, ob dies beabsichtigt wird oder nicht. Denn der Zuhörer muss das Gehörte innerlich simulieren, um es zu verstehen. Kein Begriff kann verstanden werden, ohne dass die Funktionen innerlich nachvollzogen werden, die in seinem Muster enthalten sind. Sätze werden verstanden, weil die Handlungen innerlich simuliert werden, die in den Sätzen ausgedrückt werden. Deshalb werden mit jedem Satz die Überzeugungen, Kenntnisse, Gefühle und Verhaltensweisen des anderen unbemerkt verändert. Insofern zielt jedes Sprechen auf ein Bewirken und Herstellen ab.

Allerdings geht die Wirkung der Sprache nicht von der Botschaft aus, die der Sprecher beabsichtigt, sondern wie die Botschaft interpretiert wird. Wie die Botschaft aufgefasst wird, hängt von den Vorerfahrungen ab und welche Bedeutungen mit den Begriffen verbunden wurden. Zwischen der sprachlichen Oberfläche und dem Verständnis kann so u. U. eine große Differenz bestehen. Darauf ist zurückzuführen, dass Erzählungen von verschiedenen Personen unterschiedlich verstanden werden, da den Begriffen unterschiedliche Bewegungen zugeordnet werden.

Wenn andere von den eigenen Erkenntnissen überzeugt werden sollen, besteht der beste Weg darin, die Form der Erzählung zu wählen. Das erleichtert es dem Zuhörer, sich mit der Geschichte zu identifizieren. Das ist besonders wichtig bei der Darstellung von objektiven Zusammenhängen. Sie werden leichter verstanden, wenn sie in die Form des menschlichen Handelns gebracht werden. Die wissenschaftliche Darstellungsweise, in der objektive Zusammenhänge sachlich dargestellt werden, spricht nur Wissenschaftler an, die es gelernt haben, sie sofort in quasi-persönliche Prozesse zu transformieren.

Die Menschen lieben Erzählungen, weil sie davon unmittelbar angesprochen werden. Gespräche helfen, Ängste zu verarbeiten, mit denen man allein nicht fertig wird. Sie vermitteln Informationen, die für die Erledigung der alltäglichen Aufgaben benötigt werden. Erzählungen trösten, weil sie innere Verspannungen auflösen. Jede gute Geschichte hat die Kraft, Gefühle und Gedanken anzustoßen. Deshalb wird jede Erzählung unbewusst daraufhin überprüft, ob sie Hinweise enthält, wie man sein eigenes Leben besser organisieren könnte. Bei den Erzählungen kommt es nicht auf die Wahrheit an, sondern darauf, dass darüber nachgedacht wird und eine emotionale Betroffenheit entsteht.

Als in der Frühzeit der Sprachentwicklung die Kunst des Erzählens einen gewissen Reifegrad entwickelt hatte, wurde Erzählungen auch dazu benutzt, die traumatischen Erfahrungen zu verarbeiten, die die Menschen immer wieder bei gewaltigen Überflutungen, Vulkanausbrüchen, Bränden, Ernteausfällen u. Ä. machen mussten. Alle überlieferten Mythen hatten ursprünglich die Funktion, überwältigende Schicksalsschläge zu erklären. Mythen waren kulturelle Selbsttherapie. Es wurde großer Wert darauf gelegt, dass sie an die nächste Generation weitergegeben werden, um ihren Überlebenswert zu bewahren.

Erzählungen stiften Sinn, da den Ereignissen automatisch ein Sinn gegeben wird. Denn die Menschen können nicht anders, als bei der Darstellung von Ereignissen Begriffe zu verwenden, die sich auf sinnvolle menschliche Handlungen beziehen. Wenn im Alten Testament erzählt wird, dass Gott am Anfang die Welt erschaffen hat, lässt der Begriff *schaffen* daran denken, dass Gott als Handwerker die Welt hergestellt hat. Der nächste Satz »Gott sprach: Es werde Licht! Und es ward Licht.« stellt klar, dass Gott vielmehr wie ein König Befehle zum Erschaffen der Welt erteilt hat. Die von den Verben angesprochenen Muster lassen das Bild entstehen, dass die Welt nach einem göttlichen Plan hergestellt wurde.

Die Erfahrung zeigt, dass Erzählungen eine einzigartige Macht haben, Ansichten und Verhalten zu verändern. Die Menschen ändern ihre Ansichten und Gewohnheiten selten wegen vernünftiger Argumente. Wenn ihnen aber Erzählungen erzählt werden, die die Folgen ihres Denkens und Handelns plastisch darstellen, ist die Chance für eine Verhaltensänderung wesentlich größer.

Erzählungen sind nur auf der Oberfläche einmalig, im Kern folgen sie einem allgemeinen Muster. Denn genauso wie für komplexe Sachverhalte Metamuster gebildet werden, wird auch für jede Geschichte spontan ein Muster für deren grundsätzlichen Verlauf und Botschaft aufgebaut. So siegt z. B. im Kampf zwischen dem Guten und Bösen in der Regel das Gute und wird das Böse bestraft. Benachteiligte Menschen haben Erfolg, wenn sie sich anstrengen. Solche Metamuster können gebildet werden, weil allen Erzählungen eine typische Abfolge von Gewohnheiten zugrunde liegt. Wenn das Muster der Erzählung erkannt wird, entsteht der Eindruck, die Erzählung verstanden zu haben.

Beim Hören einer Erzählung wird spontan im Gedächtnis nach dem ihr entsprechenden Metamuster gesucht. Man kann nicht anders, als sie innerlich nachzuvollziehen. Genauso wie einzelne Begriffe Verhaltensmuster aktivieren, lösen Erzählungen spontan die im Metamuster enthaltene Handlungsaufforderung aus. Man identifiziert sich mit der Erzählung so, wie man es mit den eigenen Handlungen tut. Es werden die in der Erzählung angelegten Erfahrungen, Gedanken und Gefühle aktiviert. Die Botschaft der Erzählung wird mehr oder weniger unbewusst aufgesaugt. Ob die implizite Handlungsaufforderung aufgegriffen wird, hängt davon ab, ob sie direkt auf ein aktuelles Problem antwortet.

Der Unterschied zwischen einer innerlich nachvollzogenen Erzählung und dem eigenen Handeln ist minimal. Er ist umso kleiner, je intensiver man sich auf die Geschichte einlässt und sich dabei selbst vergisst. Erzählungen wird deshalb die Fähigkeit zugeschrieben, die soziale Kompetenz zu stärken, sich in andere hineinzuversetzen, die Regeln zu erkennen, nach denen andere Menschen ihr Leben organisieren, und andere Menschen besser zu verstehen. Erzählungen gelten als eine Art Training für das soziale Miteinander. Hier können neue Verhaltensweisen und Gedanken völlig gefahrlos ausprobiert und eingeübt werden. Man kann sich neuen Situationen aussetzen, ohne das Risiko des Scheiterns einzugehen.

Erzählungen prägen sich leicht und tief im Gedächtnis ein, da sie als komplexe Gestalten – hier als Metamuster bezeichnet – abgespeichert werden. Lerntheorien bestätigen, dass Wissen besser behalten wird, wenn es in der Gestalt von Erzählungen aufgenommen wird. Das hängt auch damit zusammen, dass als sinnvoll erlebte Erzählungen sich leichter in den Bestand der bereits abgespeicherten Erzählungen einfügen. Auch Gehirnforscher gehen davon aus, dass es ein Grundprinzip des Gehirns ist, niemals einzelne Fakten, sondern immer komplexe Gestalten abzuspeichern. Da alle Einzelteile der Erzählung auf ein einfaches Muster reduziert werden, können neue Erfahrungen sehr ökonomisch abgespeichert werden.

Die These, dass Gespräche aus einem Austausch von Erzählungen bestehen, widerspricht der gängigen Theorie, dass sie primär das Ziel einer rationalen Verständigung über dissonante Themen haben. So wird z. B. in der Diskurstheorie von Jürgen Habermas behauptet, dass die gemeinsame Problemlösung ein rationaler Prozess sei. Wenn festgestellt wird, dass die Erwartungen der Interaktionspartner miteinander kollidieren und ihre Handlungspläne, Überzeugungen und Situationsinterpretationen voneinander abweichen, werde ein argumentativer Prozess ausgelöst. Es werden so lange Argumente ausgetauscht, bis die Gründe des anderen akzeptiert oder zurückgewiesen werden und ein Einverständnis erzielt wird. Im Konsens werde die Wahrheit gefunden. Die Verständigung sei der Originalmodus der Sprachverwendung.[121]

Die Diskurstheorie basiert auf der Überzeugung, dass sich jeder an der Kommunikation mit dem Anspruch beteiligt, dass Sätze etwas Wahres enthalten. Der Anspruch auf Wahrheit und Richtigkeit sei di-

---

121 Habermas, S. 596.

rekt in die Struktur der Sprache eingebaut, da die Sprache aus einem System von Regeln besteht. Jeder Satz erhebe den Anspruch auf Wahrheit. »Gute Argumente haben die Kraft, die Anerkennung eines Geltungsanspruchs rational zu motivieren.«[122]

Es ist fraglich, ob die bewusste Suche nach einer fairen Problemlösung als ein rationaler Vorgang zu verstehen ist. Wie oben dargestellt wurde, ist jede Suche ein offener Prozess, der nicht bewusst gestaltet werden kann, sondern von vielen Vorerfahrungen abhängig ist und eher spielerisch nach dem Prinzip von Versuch und Irrtum abläuft. Jedes Argument des anderen veranlasst, die eigene Position noch einmal zu überprüfen, indem man sich dem Problem erneut zuwendet und in ein inneres Probehandeln eintritt. Man wird dem anderen zustimmen, wenn dabei ein Ergebnis erzielt wird, das der Position des anderen entspricht. Oder man einigt sich darauf, dass beide Positionen gleichberechtigt sind, und arrangiert sich mit einem mehrdeutigen Ergebnis. Häufig stimmt man dem anderen zu, weil man nicht bereit oder fähig ist, noch einmal nachzudenken, oder man zieht es vor, dem anderen zu vertrauen. Wenn die Interessen widersprüchlich sind, kann oft keine für beide Seiten akzeptable Lösung gefunden werden. In diesem Fall wird ein Kompromiss gesucht, der dem realen Machtunterschied zwischen beiden Parteien entspricht.

Die Diskurstheorie übersieht, dass Gründe nur akzeptiert werden, wenn die Muster, auf die sie sich beziehen, bereits bekannt sind. Gründe überzeugen nicht aufgrund ihrer inneren rationalen Struktur, sondern weil sie mit den eigenen Mustern übereinstimmen. Der Zwang des besseren Arguments ist genauso eine Fiktion wie der Glaube an die rational motivierte Zustimmung.

Daraus folgt, dass es ein Irrtum ist, die Suche nach einer fairen Problemlösung als einen rationalen Prozess zu bezeichnen. Die Verständigung erfolgt meistens aus Vertrauen oder unter Druck, selten, weil man sich erneut vergewissert hat, dass die Position des anderen mit den eigenen Erfahrungen übereinstimmt oder dass die Mehrdeu-

---

122 a.a.O., S. 115.

tigkeit des Problems akzeptiert wird. Die Erwartung, dass die Wahrheit direkt im Austausch von Argumenten gefunden wird, ist eine Illusion. Das Konzept der rationalen Verständigung ergibt sich aus der rationalistischen Philosophie mit ihrer Fiktion, dass das Denken die Wirklichkeit abbildet und die Wahrheit gefunden werden kann. Die Diskurstheorie ist offensichtlich in der Philosophiestube entstanden, in der sich insgeheim der Partner mit der größeren Autorität durchsetzt. Ihr Grundmangel ist, dass die Abhängigkeit des Denkens vom praktischen Handeln geleugnet und dass das Denken als Selbstzweck verstanden wird.

Damit fällt die Theorie von Habermas in sich zusammen, dass es eine spezielle Form des kommunikativen Handelns gibt, die sich grundsätzlich von der Normalform des strategischen, zweckrationalen Handelns unterscheidet. Es ist ein Fehler, das kommunikative Handeln als einen eigenständigen Typ des Handelns anzunehmen. Es wird übersehen, dass das sprachliche Handeln stets in strategisches, erfolgsorientiertes Handeln eingebunden ist, auch wenn dies oft nicht direkt erkennbar ist.

Es ist ein Fehler anzunehmen, dass die Sprache eine rationale Struktur hat. Die Verständigung der Menschen untereinander ist in der Regel eine Art Machtkampf, der nicht mit Argumenten, sondern mit Erzählungen ausgetragen wird. Ein Konsens wird nur im Ausnahmefall erreicht, wenn beide Parteien sich als gleichberechtigt achten, sich gemeinsam am Problem orientieren und sich die Lösung von der Sache vorgeben lassen. Nur dann wäre es gerechtfertigt, den Begriff rational im oben entwickelten Sinne zu verwenden. Die Diskurstheorie ist nicht mehr als eine Erzählung mit der Botschaft, auf die Argumente mit größerer Autorität zu hören.

Im Grunde ist das Geschichtenerzählen bereits im Denken angelegt. Da beim Denken mehrere Muster miteinander kombiniert werden, haben Gedanken den Charakter einer Mini-Geschichte. »Ich setze mich auf den Stuhl, um mich auszuruhen.« Der Begriff *Stuhl* fordert dazu auf, daraus eine Geschichte zu machen, da in ihm bereits die Aktivität des Sitzens enthalten ist. In den Mustern ist also angelegt, dass die Menschen sich zu Wesen entwickeln, die Erzählungen lieben.

Beim Erzählen wird die Erfahrung gemacht, dass ein bestimmtes Ereignis immer wieder etwas anders dargestellt wird, ohne dass man sich das bewusst vornimmt. Bereits beim normalen Sprechen lässt sich beobachten, dass das Gesprochene regelmäßig von dem abweicht, was man sich vorher zurechtgelegt hatte. Offensichtlich wird die Darstellung unbewusst davon beeinflusst, welche Ziele mit der Neuerzählung verfolgt werden.

Oft ist es einfacher, einen Gedanken handelnd zu zeigen, als ihn verbal auszudrücken. Da die Übersetzung der Gedanken in verbale Sprache leicht misslingen kann, sind grundsätzlich alle verbalen Äußerungen sehr skeptisch zu betrachten. Stets muss geprüft werden, ob die verbalen Aussagen der Wirklichkeit entsprechen, zumal da die Sprache die Möglichkeit der Lüge eröffnet. Es ist deshalb ratsam, ein kritisches Verhältnis zu den Erzählungen zu entwickeln. Kindern sollte beigebracht werden, das Bewusstsein auch auf das Muster der Erzählung zu richten. Dadurch wird verhindert, dass sie sich übermäßig mit den Erzählungen identifizieren. Erzählungen können so nicht nur leichter abgespeichert, ihre praktische Relevanz kann auch leichter erkannt werden.

Die oft beschworene Magie der Sprache beruht also darauf, dass Begriffe völlig unbemerkt Handlungsimpulse auslösen. Erzählungen wirken animierend und anregend, da sie zum Handeln auffordern. Was von den Erzählungen aufgenommen wird, hängt nicht nur davon ab, welche Bedeutung den Begriffen gegeben wird, sondern auch, welche Bedürfnisse angesprochen werden.

Viele Sätze, die häufig von Autoritätspersonen gehört wurden, werden verinnerlicht und spontan aktiviert, wenn man sich in einer Situation befindet, die der Situation ähnelt, in der die Sätze gelernt wurden. Meist sind es demütigende, entmutigende und abwertende Sätze: »Aus Dir wird nie etwas!«, »Streng' Dich etwas mehr an!« Viele Sätze sind bei der Verarbeitung von emotionalen Verletzungen entstanden: »Ich bin schuld, wenn es anderen schlecht geht.« Solche

Sätze werden häufig als Glaubenssätze bezeichnet, weil man fest von ihrer Gültigkeit überzeugt ist. Es sind magische Sätze, mit denen man sich immer wieder selbst indoktriniert.

Daraus ergibt sich, dass das traditionelle Verständnis falsch ist, dass die Sprache Aussagen über Tatsachen trifft. Sprache bildet nicht die Wirklichkeit ab, sondern ist ein Werkzeug, mit dem etwas bewirkt wird. Da das Sprechen wie andere praktische Fertigkeiten so lange eingeübt wird, bis es gewohnheitsmäßig abläuft, ist man sich der Wirkung der Begriffe auf andere in der Regel nicht bewusst. Sprechen läuft genauso wie das Handeln völlig gewohnheitsmäßig ab. Jeder Begriff ist eine Gewohnheit, die festlegt, wie die Wirklichkeit wahrgenommen und wie auf sie eingewirkt werden kann. Ebenso folgen Satzbau, Grammatik und Wortwahl gelernten Gewohnheiten. Der Gewohnheitscharakter des Sprechens ist noch verborgener als beim Handeln, da man dabei niemals direkt mit der Realität kollidiert, wie dies beim Handeln immer wieder passiert. Deshalb konnte die Illusion entstehen, dass die Sprache einer eigenständigen mentalen Sphäre angehört und primär ein Erkenntnisinstrument ist.

Das Fazit dieser Überlegungen ist, dass Sprechen im Grunde eine besondere Form des Handelns ist. Die Sprache erweitert die Möglichkeiten, auf andere Menschen einzuwirken. Sprache wird wie ein Werkzeug benutzt. Da dies in der Regel unbewusst erfolgt, scheint die Sprache magische Kräfte zu besitzen.

5.6. Die Machtmittel der Sprache

»Die Sprache ist ein unvollkommenes Werkzeug. Die Probleme des Lebens sprengen alle Formulierungen.« (Antoine de Saint-Exupéry)

Die Sprachphilosophie interessierte sich lange Zeit für die Frage, ob die Sprache das Denken bestimmt. Unterschiede zwischen verschiedenen Kulturen schienen die Folge unterschiedlicher Sprachen zu sein. Wenn jedoch von der These ausgegangen wird, dass das Denken nicht auf die Sprache angewiesen ist, entstehen Zweifel an dieser Auffassung. Offensichtlich hängt die Art des Denkens von der Struktur der sozialen Umwelt ab. Nicht die Sprache bestimmt das Denken, sondern die Art des Denkens entscheidet darüber, wie die Sprache benutzt wird.

Die Sprache hat vielfältige Mittel entwickelt, um bestimmte Wirkungen zu erreichen. Dazu gehören die sprachlichen Muster, mit denen Verknüpfungen zwischen mehreren Begriffen hergestellt werden. Weitere Mittel sind die bereits erwähnten abstrakten Allgemeinbegriffe, die Metaphern und die Grammatik.

Wenig bekannt ist, dass die Sprache Muster bereitstellt, um die Art der Verknüpfung von mehreren Begriffen zu kennzeichnen. Wenn neue Erfahrungen gemacht werden, stellt sich das Problem, wie die einzelnen Aspekte der Erfahrungen verbunden werden sollen. Beim Bericht über konkrete Handlungsabläufe ist das kein Problem, da hier die Reihenfolge zeitlich festgelegt ist. Die Art der Verknüpfung ergibt sich in der Regel daraus, dass die Muster bestimmte Aktivitäten vorgeben. Das Denken ist aber unfähig, die Qualität von Beziehungen zwischen Objekten zu bestimmen, da dies grundsätzlich nicht aus den Sinneswahrnehmungen abgeleitet werden kann. So können z. B. zwar Regelmäßigkeiten beobachtet werden, aber nicht, ob die Beziehung zufällig oder kausal ist. Das Denken braucht deshalb Schemata, mit denen die Art der Beziehung zwischen den Elementen einer Erfahrung bestimmt werden kann.[123] Solche Schemata sind für das Denken unentbehrlich. Sie werden in diesem Buch als Denkschemata bezeichnet.[124]

Wenn z. B. behauptet werden soll, dass zwischen Mittel und Zweck ein gesetzmäßiger Zusammenhang besteht, wird das Denkschema der Kausalität eingesetzt. In den Naturwissenschaften hat sich dieses Denkschema als fruchtbar erwiesen. Ob es allerdings berechtigt ist, bei beobachteten Regelmäßigkeiten des menschlichen Verhaltens von kausalen Gesetzen zu sprechen, ist letztlich, wie be-

---

123 Die Philosoph David Hume gehört zu den wenigen Denkern, die die Bedeutung der Gewohnheit für das Denken erkannt haben.
124 Vgl. die ausführliche Darstellung in: Neubeck 2017, Kap. 2.4.

reits David Hume erkannt hat, nicht überprüfbar. Auf jeden Fall gibt es im menschlichen Verhalten keine festen Regelmäßigkeiten, die es rechtfertigen würden, von einer kausalen Determination auszugehen. Alle Versuche, das menschliche Handeln nach dem kausalen Modell der Naturwissenschaften zu erklären, sind bisher deshalb gescheitert. Kausalität ist nicht mehr als ein heuristisches Prinzip, das davon ausgeht, dass alle Prozesse von Gesetzen bestimmt werden.[125] Das menschliche Denken kann nur Regelmäßigkeiten erkennen. Ob sie aber notwendig sind und ewig gelten, kann nicht erkannt werden. Der Begriff des Naturgesetzes ist religiösen Ursprungs: Für Descartes und Newton wurden die Naturgesetze von Gott erlassen. Außerhalb des religiösen Glaubens sind die Naturgesetze nicht mehr als analogische Verwendungen des Gesetzesbegriffes, wie er bei der politischen Gesetzgebung verwendet wird. Für das Verständnis des menschlichen Verhaltens ist es ausreichend, sich auf Regelmäßigkeiten zu stützen.

Im Verlauf dieses Buches wird auf andere Denkschemata wie z. B. das personalistische, dualistische oder das mechanistische Denkschema hingewiesen. Wenn der Geist wie eine Person begriffen wird, liegt das an der Verwendung des personalistischen Denkschemas, das davon ausgeht, dass alle Prozesse einen Urheber haben. Besonders deutlich ist ihre verfälschende Wirkung beim mechanistischen Denkschema zu beobachten. Wenn z. B. der menschliche Körper in Analogie zu Maschinen betrachtet wird, geraten die sozialen Faktoren bei der Krankheitsentstehung völlig aus dem Blickfeld. Mit der Sprache können so wirkungsvoll die sozialen Ursachen von Krankheiten verschleiert werden.

Es ist noch ungeklärt, woher die Denkschemata stammen. Sicherlich sind sie nicht angeboren, sondern kulturelle Erfindungen, die allmählich Bestandteil der kulturellen Tradition geworden sind. Sie basieren darauf, dass Muster, die aus konkreten Erfahrungen abgeleitet wurden, auf die Welt der Gedanken übertragen wurden. Dies wird

---

125 Vgl. Falkenburg, S. 59.

bei dem mechanistischen Denkschema besonders deutlich.

Wie oben bereits erwähnt wurde, lässt es die Sprache zu, dass abstrakte Allgemeinbegriffe gebildet werden, die nicht ein Zeichen für bestimmte Gegenstände sind. Meistens entstehen sie dadurch, dass Verben in Substantive umgewandelt werden. So entstanden aus dem Verb *wollen* der *Wille* oder aus dem Verb *vernehmen* die Vernunft. Oder es wurden die in der Natur erfahrenen Kräfte als Geister personifiziert. Wie oben bereits dargestellt, können mit solchen Begriffen bestehende Ungleichheiten und Ungerechtigkeiten gerechtfertigt werden. Mit den abstrakten Allgemeinbegriffen kann so der Blick auf die Realität verzerrt werden. Die Realität wird dann so gesehen, wie sie gesehen werden soll.

Da die Menschen gesellige Wesen sind, wird verlangt, dass das Verhalten gerechtfertigt wird, falls es von den Gewohnheiten der Gruppe abweicht. Es entsteht das Problem, sich Gründe für das Handeln ausdenken zu müssen. Sofern auf die Effizienz des eigenen Verhaltens verwiesen werden kann, ist dies unproblematisch. Wenn dies aber nicht möglich ist, besteht die Möglichkeit, auf relativ unbestimmte Faktoren – wie z. B. den Charakter, die Triebe, die Natur oder transzendente Götter – auszuweichen. Da es sich um Gründe handelt, die nicht direkt beobachtet werden können, wird es schwierig, die Begründungssätze auf ihre Realitätsgerechtigkeit zu überprüfen. Im Unterschied zu reinen Handlungsanweisungen sind solche Begründungssätze anfechtbar. Wenn z. B. das Verhalten einer anderen Person damit erklärt wird, dass sie sich minderwertig fühlt oder eifersüchtig ist, kann dies als eine mögliche Interpretation akzeptiert, aber auch zurückgewiesen werden. Die Sprache wird in solchen Fällen benutzt, um die Fiktion der Verantwortung und Freiheit zu erzeugen.

Bei der sprachlichen Darstellung von natürlichen Prozessen müssen zwangsläufig Verben verwendet werden, die aus dem Bereich des menschlichen Handelns stammen. Denn es kann prinzipiell nicht geklärt werden, wie natürliche Prozesse ablaufen. Es ist z. B. fraglich, ob es angemessen ist, die Photosynthese so darzustellen, dass dabei Kohlehydrate »hergestellt« werden. An der Darstellung der Messergebnisse der Gehirnforschung wird besonders deutlich, welche Fallstricke mit Verben aus dem Bereich des menschlichen Handelns verbunden sind. Wenn z. B. Gehirnforscher die Funktion von Neuronen beschreiben, müssen sie zwangsläufig Begriffe wie aktivieren, arbeiten oder tätig sein verwenden, deren Sinn vom menschlichen Handeln her bekannt ist. Die Neuronen werden zwangsläufig wie Subjekte behandelt, die eine Absicht verfolgen. Die Messergebnisse werden damit sozusagen vermenschlicht, so dass leicht der Eindruck entstehen kann, dass das Gehirn wie ein Subjekt denkt und handelt. So wird z. B. oft behauptet, dass sich das Gehirn durch eine Überdosis an Stress seine eigene Realität aufbaut. Dieses Beispiel zeigt, dass die Sprache dazu benutzt werden kann, fremde Zusammenhänge zu vermenschlichen.

Es wird immer wieder behauptet, dass das menschliche Denken durch und durch metaphorisch sei und mit Metaphern verfälscht werde.[126] Ohne Zweifel haben fast alle Begriffe einen metaphorischen Ursprung. Aber für das Lernen der Begriffe ist das belanglos. Kleinkinder lernen die Begriffe als Zeichen für bestimmte Muster, die sie bereits kennen. Dass z. B. das Verb *lesen* früher eine völlig andere Bedeutung als heute hatte und deshalb eine Metapher ist, ist völlig irrelevant, da die ursprüngliche Bedeutung nicht mehr gelernt wird. Auch beim Denken über die Gegenstände des Alltags spielt der metaphorische Gehalt der Begriffe keine Rolle. Da die Bausteine des Denkens aus Mustern bestehen, ist die metaphorische Herkunft der Begriffe belanglos. Das Denken selbst benutzt keine Metaphern.

Da allerdings die Sprache nur mangelhaft dafür geeignet ist, komplexe Sachverhalte klar und eindeutig auszudrücken, ist sie auf Metaphern angewiesen. Die Metaphern machen es möglich, bestimmte Handlungsweisen auf etwas anderes zu übertragen und damit verständlich zu machen. Das ist besonders deutlich, wenn es um Gefühle geht. So kann z. B. gesagt werden, dass jemandem das Herz gebro-

126 z. B. Fritz Mauthner, George Lakoff.

chen wurde, um einen bestimmten Gefühlszustand zu beschreiben, obwohl dies medizinisch nicht nachweisbar ist. Auch bei den philosophischen Allgemeinbegriffen wie z. B. Geist, Vernunft, Bewusstsein, Erkenntnis u. a., die durch die Substantivierung von Verben gebildet wurden, müssen Metaphern eingesetzt werden. Da sie keinen direkten sinnlichen Gegenstandsbezug haben, kann ihnen kein Muster zugewiesen werden. Sie sind deshalb darauf angewiesen, dass ihnen eine Bedeutung aus einem anderen Bereich zugeordnet wird. So wurde z. B. der Begriff des Bewusstseins mit der Metapher des Spiegels verbunden. Oder der Begriff der Seele, der das allen Dingen zugrunde liegende Prinzip ausdrücken soll, wurde mit dem Atem, der scheinbar alles Leben begründet, in Verbindung gebracht.

Metaphern existieren nur auf der Ebene der Sprache. Sie sind Hilfsmittel, um Gedanken für Phänomene mitteilbar zu machen, für die eigentlich keine Begriffe gebildet werden können. Da die Metaphern ein bestimmtes Verständnis suggerieren, aber grundsätzlich nicht geklärt werden kann, ob die übertragene Bedeutung angemessen ist, kann das Verstehen unbemerkt in die Irre geführt werden. Es muss stets bedacht werden, dass viele Begriffe nur eine metaphorische Funktion haben.

Auch die Grammatik der Sprache wird dazu benutzt, um kulturelle Grundüberzeugungen auszudrücken, ohne sie explizit auszuformulieren. In den indogermanischen Sprachen werden alle Aussagen mit der Struktur von Subjekt-Prädikat-Objekt gebildet. Die Grammatik lässt so den Eindruck entstehen, dass das Subjekt des Satzes ein handelndes Wesen ist. Von einem Subjekt wird berichtet, wie es gehandelt hat. »Der Geist denkt.« Es entsteht so der Eindruck, dass jede Aktivität von einem Subjekt ausgeht. Auch scheinen das Handeln und Denken aktiv steuerbar zu sein. Bereits dadurch kann evtl. der Sinn eines Gedankens verändert werden. So wird z. B. »Ich denke, dass ...« so verstanden, dass das Pronomen *ich* ein Stellvertreter des Subjekts *Ich* ist. Auch bei Begriffen wie Selbstachtung oder Selbstreflexion wird von der Aktivität eines Subjekts *Selbst* ausgegangen. Das Verhältnis zwischen Subjekt und Prädikat kann nur als aktiv oder passiv gekennzeichnet werden. Entweder handelt man bewusst aktiv oder man wird von fremden Kräften passiv gesteuert. Die indogermanische Sprache zwingt dazu, sich für eine Seite entscheiden. Ein »sowohl – als auch« kann nicht gedacht werden. Die widersprüchliche Erfahrung, dass man sowohl aktiv handelt als auch von inneren Impulsen geführt wird, kann deshalb sprachlich nur sehr unbeholfen ausgedrückt werden.

Rolf Elberfeld hat nachgewiesen, dass die grammatikalische Struktur der indogermanischen Sprachen nicht in der Sprache selbst angelegt ist, sondern Ausdruck einer kulturellen Grundeinstellung ist.[127] Während in den indogermanischen Sprachen das Satzzentrum beim Subjekt liegt, ist dies bei den ostasiatischen Sprachen eher bei den Verben der Fall. So können dort sinnvolle Sätze ohne ein Subjekt gebildet werden. Deshalb konnte im chinesischen Taoismus das oben erwähnte unpersönliche Prinzip des wu wei entstehen, das auf dem Vertrauen basiert, dass sich eine für die jeweilige Handlungssituation richtige Antwort von selbst einstellt.

In der Struktur der Sprache drücken sich die fundamentalen Grundüberzeugungen einer Kultur aus. In den indogermanischen Sprachen gehört dazu die Überzeugung, dass die Menschen triebhafte Wesen sind, die gezähmt werden müssen. Daraus entwickelte sich das Konzept der Selbstbestimmung und Selbstkontrolle. Es drang vollständig in die Struktur der Sprache ein, so dass es sehr schwierig wurde, die Erfahrung der Selbststeuerung überhaupt wahrzunehmen und angemessen zu artikulieren. Es entwickelte sich die tief verwurzelte Denkgewohnheit, die eigenen Gedanken und Gefühle als Ausdruck einer inneren geistigen Steuerungsinstanz anzusehen. Alle Gedanken, die mit dieser Grundüberzeugung nicht übereinstimmen, stellen das eigene Selbstverständnis infrage und werden instinktiv abgewehrt.

Alle Begriffe spiegeln die jeweilige kulturelle Praxis wider. Für welche Farbschattierungen z. B. Begriffe zur Verfügung stehen,

---

127 Vgl. Elberfeld 2012, S. 190f.

hängt davon ab, welche Bedeutung sie für das praktische Handeln haben. Wenn z. B. bei Homer das Farbwort blau nicht vorkommt, heißt das nicht, dass die alten Griechen blau nicht wahrgenommen haben. Vielmehr liegt das daran, dass blau als Farbe von Materialien in der Natur sehr selten ist.[128] Das spricht gegen die Behauptung vieler Linguisten, dass die Sprache samt Begriffen und Grammatik angeboren sei.

Es sollte deutlich gemacht werden, dass nicht die Sprache das Denken bestimmt, sondern umgekehrt das Denken die Sprache. Es ist ein Irrtum anzunehmen, dass die Sprache die Realität abbildet. Sprache ist lediglich ein Werkzeug, um damit bestimmte Ziele zu erreichen. Es wäre deshalb auch falsch zu sagen, dass die Sprache missbraucht wird.

5.7. Ohne Probleme kein Denken

»Wenn die Begriffe sich verwirren, ist die Welt in Unordnung.«
(Konfuzius)

Aus diesen Überlegungen folgt, dass das Denken ein selbstorganisierter Prozess ist. Mit Hilfe von simulierten Handlungen wird die Lösung eines Problems gesucht. Denken ist sozusagen Handeln im Leerlauf. Genauso wie das eigene Handeln nur beobachtet und erlebt wird, erfolgt das Denken nicht aktiv und bewusst, sondern es wird bloß erfahren, wie eine Lösung gesucht und gefunden wird.

Das Denken kann effizient sein, weil es mit Mustern für Bewegungen arbeitet. Die Gedanken können das Handeln steuern, da sie Handlungsanweisungen sind. Es ist also nicht erforderlich, dass die Gedanken sprachlich artikuliert werden, damit sie wirksam werden können. Da das Denken völlig unbewusst abläuft, besteht keine Möglichkeit, auf das Denken Einfluss zu nehmen. Das kann nur indirekt auf die Weise geschehen, dass man sich um neue und möglichst reichhaltige Erfahrungen bemüht.

128 Deutscher 2013, S. 108.

Da das Denken imaginiertes Handeln ist, hat es eine inhärente empathische Qualität. Der Wunsch, andere nicht zu verletzen, führt dazu, das beim Denken immer auch geprüft wird, wie sich das eigene Handeln auf andere Menschen auswirken könnte. Das empathische Denken kann sich aber nur entfalten, wenn selbständiges Handeln möglich ist. Sozial abhängige Menschen werden zum kontrollierenden Denken gezwungen.

Es wäre ein Fehler, sich die eigenen Gedanken als eine persönliche Leistung zuzurechnen. Das Denken arbeitet mit den Mustern, die im Laufe der Zeit von selbst beim Kontakt mit der Umwelt gelernt wurden. Wie persönliche Erfahrungen verarbeitet werden, entzieht sich der Kontrolle. Deshalb sind Appelle wie *Wage zu denken* eine Überforderung. Jeder denkt so, wie seine Muster im aktuellen Moment beschaffen sind. Die Vorstellung, dass die Menschen für ihr Denken in dem Sinne verantwortlich sind, dass sie sich frei für ihre Gedanken entscheiden können, muss aufgegeben werden. Das Missverständnis, dass das Denken eine bewusste aktive Leistung des Subjekts ist, konnte entstehen, da sich in Eigentümergesellschaften die Überzeugung gebildet hat, dass jeder über seine Fähigkeiten wie ein dingliches Eigentum verfügen kann.

Die Mustertheorie des Denkens macht die Besonderheit der abstrakten philosophischen Allgemeinbegriffe verständlich, die im Kapitel 3.3. behandelt wurden. Die philosophischen Begriffe sind abstrakt, weil sie nicht in konkreten Problemen wurzeln, die sich beim Handeln stellen. Da sie sich nicht direkt auf Muster für Bewegungen beziehen, entziehen sie sich dem unmittelbaren Verständnis. Deshalb sind sie nicht dafür geeignet, die Wirklichkeit zu erfassen. Sie verfehlen die eigentliche Aufgabe des Denkens, Probleme beim Handeln zu beseitigen.

Aus dem neuen Verständnis des Denkens ergibt sich die Konsequenz, dass die philosophischen Bemühungen, etwas Unbedingtes und Absolutes zu finden, aus dem alle Urteile und Normen begründet werden können, vergeblich sind. Die Sehnsucht nach einer objektiven Autorität für die Gedanken ist die Folge der falschen Vorstellung, dass Erkenntnisse aus einem Abbild der Realität bestehen. Gedanken können nicht mehr als bedingte Hinweise sein, wie menschliche Ziele erreicht werden können. Objektive Erkenntnis ist eine Fiktion.

Es zeigt sich, dass das Denken mit den natürlichen Faktoren der Muster- und Gewohnheitsbildung geklärt werden kann. Wenn das Denken als eine Sonderform des Handelns verstanden wird, stellt sich die Frage nach der Quelle des Denkens nicht mehr. Der traditionelle Gegensatz von Körper und Geist, von materiellen Gegenständen bzw. Bewegungen und immateriellen Gedanken löst sich auf.[129] Da das Denken auf diese Weise aus der Kontinuität der natürlichen Entwicklung erklärt werden kann, fügt sich diese Theorie des Denkens nahtlos in die Evolutionstheorie ein. Es bestätigt sich die alte esoterische Weisheit, dass alles Bewegung ist.

129 Vgl. Kap. 2.4.

6. Der Unterschied zwischen Gut und Böse

»Es würde viel weniger Böses auf Erden geben, wenn das Böse niemals im Namen des Guten getan werden könnte.« (Marie von Ebner-Eschenbach)

Wie oben dargestellt wurde, scheint in der Erzählung von Adam und Eva die Erkenntnis zu stecken, dass die Menschen im Paradies glücklich waren, weil sie den Unterschied zwischen Gut und Böse nicht kannten. Sie lebten im Augenblick und handelten, wie sie immer schon gehandelt haben. Die Menschen waren glücklich, weil sie keine Verhaltensvorschriften kannten und auch nicht brauchten. Ihr Leben wurde von Liebe, Empathie und Verzeihen geleitet. Erst nach der Vertreibung aus dem Paradies und der Etablierung von Privateigentum und sozialer Herrschaft entstand die Moral. Seitdem werden die zwischenmenschlichen Beziehungen von Pflicht, Gehorsam und Strafe geprägt.

Die oben entwickelte Konzeption des Denkens und Handelns regt an, das Phänomen der moralischen Gestaltung der zwischenmenschlichen Beziehungen völlig neu zu betrachten. Es muss angenommen werden, dass das in der Antike entstandene egozentrische Denken die Qualität der moralischen Entscheidungen total verändert hat. An die Stelle von Liebe und Empathie in egalitären Gesellschaften tritt die Moral der Pflicht, des Gehorsams und der Strafe. Die Art, wie die zwischenmenschlichen Beziehungen gestaltet werden, ist ein Reflex der objektiven Struktur der Gesellschaft.

Vermutlich sind die moralischen Beziehungen ebenfalls spezielle Gewohnheiten, die wie alle anderen Verhaltensweisen mehr oder weniger unbewusst von anderen Menschen nachahmend übernommen werden. Und wie alles Handeln werden vermutlich auch die moralischen Verhaltensweisen stark von den Emotionen geprägt. Das erklärt, dass sich die moralischen Entscheidungen der individuellen Kontrolle entziehen.

6.1. Glückliche Menschen brauchen keine Moral

»Was aus Liebe gethan wird, geschieht immer jenseits von Gut und Böse.« (Friedrich Nietzsche)

Die Frage, woher die moralischen Werte und Regeln stammen, beschäftigte die Moralphilosophie von Anfang an. Eine endgültige Antwort wurde aber noch nicht gefunden. Die Spanne der bisherigen Antworten beginnt damit, dass sie von der Natur oder von Gott vorgegeben werden und endet damit, dass sie aus menschlichen Vereinbarungen hervorgegangen sind.

Die folgenden Überlegungen zeigen, dass die moralischen Verhaltensgewohnheiten nicht gesetzt werden, sondern sich spontan aus der zwischenmenschlichen Kooperation herausbilden, so wie die grammatikalischen Regeln der Sprache und die normalen Verhaltensgewohnheiten von selbst entstehen. Die Moral ist genauso wie die Sprache ein Werk der natürlichen Selbstorganisation. Dies drückt sich in der Überzeugung aus, dass jeder einen inneren moralischen Kompass[130] hat.

Die Vorstellung, dass sich die moralischen Verhaltensgewohnheiten von selbst herausbilden, erscheint den traditionellen Moraltheorien als einfältig und reaktionär. Vor allem in autoritären Gesellschaften, in denen viele moralische Vorschriften bewusst geplant werden und die Überzeugung von der Existenz objektiver moralischer Werte vertreten wird, ist der Gedanke der Selbstorganisation völlig undenkbar. Da das Prinzip der Selbstbestimmung oberste Priorität hat, muss der Gedanke, dass sich die moralischen Entscheidungen von selbst ergeben, als absurd abgelehnt werden. Es herrscht die Überzeugung vor, dass Gott, die Natur oder die Vernunft die Quellen der Moral seien.

Es ist deshalb nicht weiter überraschend, dass es keine Moraltheorie gibt, in der der Gedanke der moralischen Selbstorganisation

---

130 Wenn in dieser Arbeit vom inneren Kompass oder vom inneren Autopiloten gesprochen wird, handelt es sich lediglich um Metaphern für die Selbststeuerung.

explizit erwogen wird. Eine Ausnahme stellt der Taoismus dar, dessen Ethik ohne moralische Regeln auskommt. Es wird darauf vertraut, dass der Einzelne spontan das Richtige tut, wenn er sich selbstvergessen auf die jeweilige Handlungssituation einlässt. Diese Grundhaltung wird mit den Begriffen *wu wei* umschrieben, die meistens fälschlicherweise mit Nicht-Handeln übersetzt werden. Korrekter wäre die Übersetzung *Nicht-Eingreifen*, das heißt, dass man nicht mit vorgefassten Plänen und Regeln in eine Situation geht, sondern so handelt, wie es die Situation erfordert.[131] Im Taoismus gilt jede Situation als einmalig und braucht eine darauf abgestimmte Antwort. Sie ergibt sich aus dem Vertrauen in das Tao, das als das Grundprinzip der Welt verstanden wird.

Die Gefühlstheorien der Moral können als Vorläufer der Theorie der moralischen Selbststeuerung angesehen werden.[132] Sie basieren auf der Theorie des moralischen Sinns (moral sense), mit denen die schottischen Aufklärer Shaftesbury, Hutcheson und David Hume die traditionellen Theorien der Religion, der Vernunft, des Naturrechts und der Vereinbarung infrage gestellt haben. Mitleid, Gerechtigkeit, Empörung, Schuld, Scham u. a. werden als moralische Emotionen bezeichnet, da sie direkt das moralische Handeln bestimmen. Die Gefühlstheorien stützen sich offensichtlich auf die Erfahrung, dass sich die moralischen Entscheidungen spontan aus den Anforderungen der Situation heraus einstellen. Darauf basiert ihre Plausibilität. Sie haben allerdings den Mangel, dass sie nicht klären können, warum die Gefühle eine verhaltensorientierende Kraft haben. Außerdem wird übersehen, dass die inhaltliche Ausprägung der moralischen Entscheidungen von den kulturellen Bedingungen bestimmt wird.

Auch in der Theorie der Kooperationsmoral von Emile Durkheim steckt die Einsicht, dass sich die moralischen Regeln spontan aus den Notwendigkeiten der Kooperation ergeben.[133] Da die Menschen fähig sind, die Bedürfnisse anderer wahrzunehmen und in ihrem Verhalten

131 wu wei bedeutet wörtlich die Abwesenheit von Autorität.
132 z. B. Jonathan Haidt, Philipp Hübl.
133 Vgl. Joas, S. 91.

zu berücksichtigen, entstehen angemessene Gewohnheiten für alle bei der Zusammenarbeit auftretenden Probleme. Die Erfahrung zeigt, dass Kooperation am besten gelingt, wenn alle Beteiligten gleichberechtigt sind.

In der Sozialpsychologie wird die spontane Entstehung von Gruppennormen nicht bestritten.[134] Ein Beleg für die spontane Entstehung von moralischen Beziehungen kann auch in den Forschungsergebnissen des Primatologen gesehen werden. Die langjährigen Beobachtungen des Gruppenlebens der Schimpansen und Bonobos lassen keinen Zweifel daran, dass die Menschenaffen ein Interesse an guten Beziehungen haben. Sie helfen einander, schlichten Streit, trösten einander und vermeiden, anderen Gruppenmitgliedern zu schaden. Offensichtlich organisiert sich das Zusammenleben spontan, so dass die Gruppe als Ganze überlebt, ohne dass es dafür moralische Regeln gibt.[135]

Bei der spontanen Entstehung von moralischen Verhaltensgewohnheiten nimmt die Empathie eine gewisse Schlüsselstellung ein, da sie die Fähigkeit verleiht, sich in die Bedürfnisse anderer Menschen einzufühlen und darauf zu reagieren. Wie oben dargestellt wurde, ist die Empathie kein Gefühl, sondern eine Bereitschaft, anderen Menschen zu helfen. Sie führt zum unmittelbaren Respekt vor den Bedürfnissen anderer und gewährleistet, dass sie beim eigenen Handeln angemessen berücksichtigt werden. Gemeinsam mit dem Vertrauen ist sie der Grundpfeiler des Zusammenlebens.

Für viele Moraltheoretiker ist das Mitleid die eigentliche Wurzel der Moral. Es stellt sich die Frage, ob dabei nicht eigentlich die Empathie gemeint ist. So hat das Mitleid, von dem die Menschen nach der Auffassung von Jean-Jacques Rousseau im Naturzustand geleitet werden, alle Kennzeichen der Empathie. »Gerade das Mitleid bringt uns dazu, ohne Nachdenken denen zur Hilfe zu kommen, die wir leiden sehen. ... Gerade das Mitleid nimmt im Naturzustand die Stelle der Gesetze, der Sitten und der Tugend ein.«[136] Für Jeremy Rifkin ist

---

134 Vgl. Gollwitzer, S. 149.
135 De Waal 2015
136 Rousseau, S. 179.

das Mitleid bei Schopenhauer, das in seiner Ethiktheorie eine zentrale Rolle spielt, identisch mit Empathie.[137] Auch das Mitgefühl des Buddhismus, das als zentrales Motiv des Handelns gilt, zeigt alle Merkmale der Empathie: die umfassende mitfühlende Sorge für andere, das Gefühl des Bezogenseins auf andere, die Schwächung des Mitgefühls durch Ich-zentrierte Gewohnheiten und die Entfaltung des Mitgefühls durch Achtsamkeit. Das Mitleid sei unser Naturzustand, wenn das Ego abwesend ist. Es könne sich entfalten, wenn man im Augenblick lebt.[138]

Zu Recht haben einige Moralphilosophen behauptet, dass der allgemeinste Nenner jeder Moral darin besteht, dass die Interessen der anderen berücksichtigt werden. So sieht Hans Jonas die Quelle der Moral in der natürlichen Verantwortung der Eltern für ihre Kinder. Da sich diese Verantwortung aus der Natur der Elternschaft ergibt, ist sie unwiderruflich und unkündbar. Hans Jonas spricht von der »Ur-Verantwortung der elterlichen Fürsorge.«[139] Für Jonas ist Verantwortung das entscheidende, zum Handeln drängende Gefühl und damit der Angelpunkt der Moral. Dagegen ist einzuwenden, dass das Verhältnis der Mutter zum Kleinkind im Grunde kein moralisches Verhältnis ist, sondern auf natürlich bedingter Empathie basiert.

In den Jäger- und Sammlerkulturen gab es optimale Bedingungen für die spontane Entstehung von Verhaltensgewohnheiten, die ein harmonisches Zusammenleben ermöglichen. Da relative soziale Gleichheit und Gewaltlosigkeit vorherrschten, konnten sich moralische Verhaltensgewohnheiten herausbilden, die auf dem Respekt vor den Bedürfnissen anderer Menschen beruhen. Die ihnen zugrunde liegenden Regeln haben eine große Verbindlichkeit, weil sie nicht als etwas Fremdes erlebt werden, sondern in den persönlichen Bedürfnissen gründen. Sie dienen nicht der Kontrolle und Disziplinierung, sondern der Konfliktvermeidung und Bereicherung des Zusammenlebens. Es gab wenig Anlass, systematisch über die moralischen

---

137 Rifkin, S. 262.
138 Vgl. Beck, S. 190.
139 Jonas, S. 185.

Regeln nachzudenken, wie dies in autoritären Herrschaftsverhältnissen der Fall ist. Es entstand implizit ein Konzept der Moral, das auf der Empathie basiert.

In egalitären Gesellschaften, die auf den Prinzipien der sozialen Gleichheit und der Fairness beruhen, wird sich eine neue Form der empathischen Moral entwickeln. Sie kann nicht in Form von zehn Geboten in Stein gemeißelt werden. Die moralischen Regeln trennen nicht wie in der autoritären Moral, sondern führen die Menschen zusammen. Sie sind das gemeinsame Wissen einer Gemeinschaft, wie das Zusammenleben am besten reguliert werden kann. Deshalb sind alle Gruppenmitglieder daran interessiert, dass dieses Wissen bewahrt und beachtet wird.

In sozialen Herrschaftssystemen wird die Empathie unterdrückt. Es bildet sich eine autoritäre Moral heraus, die absoluten Gehorsam gegenüber den moralischen Geboten verlangt. Im Mittelpunkt der autoritären Moral stehen Pflicht, Verantwortung, Schuld und Strafe. Pflichterfüllung tritt an die Stelle von empathischem Verhalten. Es entsteht die Vorstellung vom Gewissen als strengem Sittenwächter. Der Vernunft wird die Aufgabe zugewiesen, das Verhalten gegenüber den natürlichen Trieben zu kontrollieren. Da sich die moralischen Regeln gegen die menschlichen Bedürfnisse richten, werden sie häufig übertreten. Die Moral wird zum Instrument der Disziplinierung und Kontrolle. Arno Gruen spricht deshalb von einer abgespaltenen Moral, weil Menschen, die von ihren empathischen Gefühlen abgespalten sind, nur mit Zwang zum moralischen Handeln angehalten werden können.[140]

Die autoritäre Moral wirkt sich verhängnisvoll auf die zwischenmenschlichen Beziehungen aus. Sie bestärkt das Denkschema der Abwertung aller abweichenden Meinungen und Verhaltensweisen. Moralische Kommunikation führt zu Streit, Intoleranz und Konflikt. Anstatt sich in Beziehungen dem Risiko auszusetzen, die eigene Unsicherheit zu spüren, werden andere verletzt und herabgesetzt, wenn

---

140 Gruen 1987, S. 195.

man die Macht dazu hat. Die Fixierung auf die Moral verhindert, dass man sich um einen fairen Ausgleich von Differenzen mit anderen Menschen bemüht. Die Moralisierung der sozialen Beziehungen ist die Folge tiefer Verhaltensunsicherheit, die entsteht, wenn es den Menschen verwehrt wird, sich an ihrem inneren moralischen Kompass zu orientieren. Zu Recht hat Niklas Luhmann die Aufgabe der Ethik darin gesehen, vor der Moral zu warnen.[141]

Gewalt gab es bereits in den relativ egalitär verfassten Stammesgesellschaften, aber sie war eher punktuell und periodisch. Erst unter Bedingungen sozialer Herrschaft wurde sie zum Kernelement des Zusammenlebens. Das fing an mit der Sklaverei und der patriarchalen Unterdrückung der Frauen, setzte sich mit dem ausbeuterischen Handel fort und führte in der Gegenwart in die totale soziale und ökonomische Abhängigkeit fast aller Menschen vom »System«.

Je mehr Gewalt in die sozialen und ökonomischen Beziehungen eindrang, umso bedeutungsvoller wurde die Moral. Es wurde von ihr erwartet, dass damit die durch die Gewalt zwangsläufig entstehenden Konflikte gelöst werden können. Die autoritäre Moral ist ein Versuch, die Brüche und Spaltungen zu kitten, die durch soziale Herrschaft in der Gemeinschaft entstanden sind. Widerstandskräfte müssen gebändigt, Ohnmachtsgefühle beruhigt und Rachegefühle entschärft werden. Mit Prinzipien wie der Heiligkeit des Lebens werden Verbote begründet, die allein den Zwecken der Herrschenden dienen. Autoritäre Moral ist ein Mittel, um die Menschen an menschenfeindliche Bedingungen anzupassen.

Wilhelm Reich hat in seinem Buch *Massenpsychologie des Faschismus* ausführlich dargestellt, wie unter dem Einfluss der autoritären Moral die moralische Selbststeuerung zerstört wird. »Der autoritär erzogene und gehaltene Mensch kennt die natürlichen Gesetze der Selbststeuerung nicht, er hat kein Vertrauen zu sich selbst; er hat Angst vor seiner Sexualität, weil er nie gelernt hat, sie natürlich zu leben. Er lehnt daher jede Verantwortung für seine Handlungen und

---

141 Luhmann, S. 266.

Entscheidungen ab und er fordert Direktion und Führung.«[142] Reich fordert deshalb, dass die autoritäre Lenkung der Gesellschaft durch soziale Selbststeuerung ersetzt werden muss.

Alle Überlegungen zur Moral sind zwangsläufig Erzählungen, da es in der Moral nichts gibt, das den Status von erkennbaren Tatsachen hat. Die neue Erzählung, dass die moralischen Regeln spontan entstehen, öffnet die Chance, dass öffentlich über sie diskutiert wird, so dass sie sich zwanglos weiterentwickeln können. Während früher der Glaube an die Existenz von absoluten Werten die öffentliche Diskussion stillgestellt hatte, könnte die neue Erzählung verhindern, dass die moralischen Regeln zu festen Gewohnheiten erstarren und sich stattdessen kreativ weiterentwickeln.

6.2. Moralische Gewohnheiten lernen

> »Man kann in Kinder nichts hineinprügeln, aber vieles herausstreicheln.« (Astrid Lindgren)

Nach dem traditionellen Moralverständnis lernen kleine Kinder die zwischenmenschlichen Regeln mithilfe von Lohn und Strafe. Manche bezeichnen das Lernen sogar als Dressur oder Abrichtung. Es wird von der Überzeugung ausgegangen, dass jüngere Kinder nicht moralisch denken und handeln können. Erst Erwachsene würden lernen, die gelernten Regeln aus Einsicht und mit Vernunft zu befolgen. Diese Überzeugungen sind grundfalsch.

Tatsächlich wird das zwischenmenschliche Verhalten ausschließlich im direkten zwischenmenschlichen Kontakt gelernt. Wenn kleine Kinder z. B. immer wieder erfahren, dass die Erwachsenen ihre Versprechungen einhalten, werden sie es richtig finden, dass sie sich selbst an ihre eigenen Versprechungen halten. Sie werden ganz selbstverständlich die Bedürfnisse der Erwachsenen respektieren, wenn sie sicher sein können, dass auch ihre Bedürfnisse beachtet werden. Wenn ihnen immer wieder geholfen wurde, können sie gar

---

142 Reich 2010, S. 114.

nicht anders, als anderen zu helfen. Wer Fürsorge von anderen erfahren hat, wird lernen, fürsorglicher mit sich selbst umzugehen. Wer ausreichend Liebe und Zuwendung erfährt, dem ist Feindseligkeit gegenüber anderen Menschen fremd. Kinder, die mit Liebe und Verständnis behandelt werden, verhalten sich liebevoll gegenüber anderen und gegenüber sich selbst.[143] Wenn ihre Bedürfnisse immer angemessen und prompt befriedigt werden, wird ihr Vertrauen bestätigt, dass sich ihre Eltern um sie kümmern. Sie entwickeln die Fähigkeit, selbstständig für sich selbst zu sorgen. Aus erfahrener Fürsorge wird die Fähigkeit der Selbstsorge. Das enge Angewiesensein auf Hilfe, Beachtung, Zuwendung u. a. führt so dazu, dass alle Verhaltensweisen, wie die Eltern mit ihnen umgehen, für bedeutsam und lernenswert gehalten werden.

Im Grunde haben die frühen Lernprozesse von Kleinkindern überhaupt nichts mit Moral zu tun. Das Kind reagiert weniger auf die Erwartungen der Eltern als auf deren reales Verhalten. Es will mit seinen Bedürfnissen nach Nahrung, Zuwendung, Schutz und Pflege ernst genommen werden. Kinder wollen alle Fertigkeiten lernen, um mit ihren Bezugspersonen gut auszukommen. Nichts ist dem Kind wichtiger, als dass sie die liebevolle Zuwendung ihrer Eltern erhalten. Sie haben deshalb ein vitales Interesse daran, die Verhaltensweisen ihrer Eltern zu übernehmen. Im Grunde unterscheidet sich das Lernen von moralischem Verhalten in keiner Weise vom Lernen von körperlichen Fähigkeiten.

Zu den Grundbedürfnissen gehören das Interesse, Schmerzen zu vermeiden, die körperliche Unversehrtheit zu schützen, Nahrung und Obdach zu besitzen, liebevolle persönliche Beziehungen zu genießen, frei zu sein, um eigene Pläne ungestört zu verwirklichen, in eine Gruppe eingebunden zu sein, mit anderen zu kommunizieren, die eigenen Fähigkeiten zu entwickeln und Anerkennung für seine Tätigkeiten zu finden und auch in Zukunft zu leben.[144] Die Grundbedürfnisse führen dazu, dass entsprechende Ansprüche an das Verhalten

143 Pieper, S. 174.
144 Singer 2013, S. 65.

anderer gestellt werden. Sobald Kinder die Sprache beherrschen, protestieren sie z. B. energisch gegen unehrliches Verhalten der Eltern. Genauso reagieren sie ärgerlich auf emotionale Verletzungen wie unangemessene Kritik und Abwertung und zeigen, dass Grenzen überschritten wurden. Das bedeutet, dass auch in einer Umgebung, in der viele Menschen unehrlich sind, Wert auf ehrliches Verhalten gelegt wird. Man ist auch ehrlich, wenn keine Gefahr besteht, bei Unehrlichkeit erwischt zu werden.[145] Man ist nicht ehrlich, weil das Gebot, nicht zu lügen, gelernt wurde, sondern weil man andere Menschen nicht verletzen möchte.

Mit den Grundbedürfnissen steht praktisch ein moralischer Maßstab zur Verfügung, mit dem das Verhalten der anderen bewertet wird. Jedes Kind bringt nach Gerald Hüther schon eine subjektive Empfindung mit auf die Welt, die ihm von Anfang an hilft, nicht alles mit sich machen zu lassen. Es hat ein »feines Gespür dafür, wie es richtig wäre. Wie es selbst behandelt werden möchte und wie das Zusammenleben mit anderen gestaltet werden sollte, damit es gut … ist.«[146] Wer seine eigenen Bedürfnisse sensibel wahrnimmt, entwickelt aus eigener Initiative moralische Verhaltenserwartungen. Insofern hat das moralische Verhalten eine zweifache Wurzel: das beobachtete Verhalten der anderen Menschen und die Verhaltenserwartungen, die sich aus den eigenen Bedürfnissen ergeben. Das moralische Entwicklungsziel ist erreicht, wenn die Verhaltensmuster flexibel auf die jeweilige Situation angewandt werden können. Die moralische Grundfähigkeit besteht deshalb in der Sensibilität für die Anforderungen der jeweiligen Situation, für die eigenen Bedürfnisse und für die Interessen der beteiligten Personen.

Die Erfahrung lehrt, dass sich die Menschen in den Grundbedürfnissen nicht wesentlich unterscheiden. Man weiß, welche Folgen das eigene Handeln hat und was passiert, wenn die Bedürfnisse der anderen nicht berücksichtigt werden. Deshalb ist der Rat überflüssig, zunächst die voraussichtlichen Wirkungen des eigenen Handelns auf

145 Ariely, S. 244.
146 Hüther 2018, S. 114.

die Bedürfnisse der anderen zu prüfen. Zu Recht behauptet Francisco Varela, dass eine Moral, die auf Entscheidungen basiert, absurd ist.[147] Nur das moralische Verhalten, das auf den Grundbedürfnissen basiert, hat Überzeugungskraft. Daraus ergibt sich das Interesse daran, dass alle Menschen gleichbehandelt werden und dass niemand aufgrund irgendwelcher Fähigkeiten oder Eigenschaften gegenüber anderen bevorzugt wird.

Im moralischen Lernprozess reicht die verbale und gestische Missbilligung völlig aus, um Kinder darauf aufmerksam zu machen, dass ein bestimmtes Verhalten nicht akzeptabel ist. Wenn ein Kind wiederholt feststellt, dass sich bei einem bestimmten Verhalten der Gesichtsausdruck und die Stimme der Mutter oder des Vaters verändern, nimmt es wahr, dass etwas nicht stimmt. Es wird durch die höhere Stimme und den finsteren Gesichtsausdruck verunsichert. Da es das unangenehme Gefühl vermeiden will, dass die Eltern wegen seines Verhaltens ungehalten sind, wird es sich bemühen, die erwarteten Verhaltensgewohnheiten einzuüben. Dies ist allerdings erst mit etwa zwei Jahren möglich, weil Kinder dann fähig sind, zwischen ihrem Verhalten und dem Verhalten der Bezugspersonen einen Zusammenhang herzustellen und ein Bewusstsein für Regelmäßigkeiten zu entwickeln.

Kinder lernen die geltenden moralischen Gewohnheiten am besten auf die Weise, dass ihnen die Gelegenheit gegeben wird, die Grenzen ihres eigenen Verhaltens auszuprobieren.[148] Es muss ihnen ein Spielraum für den Protest gegenüber Verletzungen der eigenen Bedürfnisse gewährt werden. Wenn sie die Grenzen anderer verletzen, erfahren sie unmittelbar, welche Regeln den anderen wichtig sind. Sie müssen dazu angehalten werden, sich in die Gefühle der anderen hineinzuversetzen, um zu lernen, welche Wirkungen ihre Verhaltensweisen haben. Außerdem müssen sie »eine breite Skala von emotionalen Reaktionen seitens der Eltern erfahren - nicht nur Reaktionen auf sich selbst, sondern auch Reaktionen der Eltern aufeinan-

147 Varela, in: Pörksen, S. 131.
148 Vgl. Gruen 2015, S. 93.

der, der Eltern auf die anderen Geschwister und die weitere Familie. Nur so kann das Kind lernen, dass andere Menschen dieselben Gefühle haben wie es selbst.«[149]

Je nachsichtiger die Eltern sind, umso bereitwilliger werden deren Gewohnheiten übernommen. Wenn Kinder aber für Regelverletzungen bestraft werden, werden die Regeln als äußerliche Gebote gelernt, die nicht mit ihren Erfahrungen und Bedürfnissen verbunden sind. Strafe führt in der Regel dazu, dass der moralische Lernprozess scheitert und negative Verhaltensweisen entwickelt werden. Untersuchungen bestätigen, dass Kinder die Gewohnheiten ihrer Eltern eher übernehmen, wenn sie liebevoll und fürsorglich erzogen werden, als wenn sie häufig bedroht und körperlicher Gewalt ausgesetzt werden oder Gehorsam verlangt wird.[150]

Bemerkenswert ist, dass beim Lernprozess der moralischen Gewohnheiten Angst und Schuldgefühl nicht erforderlich sind. Im Gegenteil gelingt der Lernprozess am besten, wenn solche Gefühle gar nicht im Spiel sind. Natürlich ist in den Gefühlen der Unsicherheit nach einem abweichenden Verhalten ein kleines Moment von Angst enthalten. Aber sie hat nichts mit Angst vor Bestrafung und Verlust der elterlichen Liebe zu tun, die nach Sigmund Freud die Triebfeder für die Entwicklung der Moral sei. Das Kind gehorcht nicht, um Schuldgefühle zu vermeiden. Die weit verbreitete Vorstellung, dass die Regeln primär deshalb eingehalten werden, um Strafe und Schuldgefühle zu vermeiden, ist Ausdruck eines falschen Verständnisses der kindlichen Entwicklung. Jared Diamond berichtet, dass Kinder in vielen vorbäuerlichen Stammesgesellschaften ihre Eltern schlagen dürfen. Kinder würden als selbstständige Personen betrachtet werden, die gleiche Rechte wie die Erwachsenen haben.[151] Kinder »müssen selbst entscheiden, ob sie tun oder lassen, was ihre Gesellschaft von ihnen erwartet. Am Ende lernen sie, dass es ihren Interessen am besten dient, wenn sie ein wenig auf ihre Eltern hö-

---

149 Juul 1997, S. 156.
150 Vgl. Berk, S. 355.
151 Diamond 2013, S. 205

ren.«[152]

Es trifft auch nicht zu, dass die moralischen Gebote nur eingehalten werden, um zu vermeiden, dass man mit Gefühlen der Wut, der Empörung oder des Ärgers anderer Menschen konfrontiert wird und dass dadurch die Gefühle von Scham, Schuld oder Unwohlsein ausgelöst werden. »Diese Emotionen stellen starke negative Anreize dar, die Akteure zur Befolgung sozialer moralischen Regeln bewegen.«[153] Das Gefühl der Scham motiviere, alles zu tun, damit künftig die Regelverletzung vermieden und ein eventueller Schaden bei anderen wiedergutgemacht wird. Aus der Tatsache, dass bei Regelverletzungen Scham empfunden wird, darf nicht abgeleitet werden, dass die Scham von sich aus dazu beiträgt, dass die Regeln eingehalten werden. Vielmehr zeigen die Gefühle der Scham und Schuld lediglich an, dass Angst vor Strafe oder Demütigung im Spiel ist und dass ein Mangel an Selbstreflexivität besteht, unzureichende Verhaltensgewohnheiten zu korrigieren.

Im Lernprozess der moralischen Verhaltensweisen bei Kindern spielt das Denken zunächst überhaupt keine Rolle. Das Ziel des Lernens besteht darin, ein Gleichgewicht zwischen den Erwartungen der anderen und den eigenen Bedürfnissen zu finden. Das moralische Wissen besteht aus gelernten Gewohnheiten, die sozusagen »in Fleisch und Blut« übergegangen sind. Das moralische Handeln ist ein Können, das genauso wie praktische Tätigkeiten geübt werden muss.

Es ist ein Irrtum anzunehmen, dass die moralischen Gewohnheiten dadurch gelernt werden, dass die ihnen entsprechenden Regeln als sprachliche Gebote internalisiert werden. Die Sprache lässt zwar den Eindruck entstehen, dass das Lernen des moralischen Verhaltens mit ihrer Hilfe erfolgt. Aber das moralische Lernen ist überhaupt nicht auf die Kenntnis der Sprache angewiesen. Selbst für praktische und technische Regeln trifft dies nicht zu. Niemand kann das Fahrradfahren ausschließlich mit einem Regelbuch erlernen. Bei

152 a.a.O., S. 232
153 a.a.O., S. 324

einfacheren Bewegungen kann es natürlich gelingen, Regeln ins Handeln umzusetzen. Aber wie soll jemand die moralische Regel umsetzen, andere nicht zu betrügen, wenn er in einer Umgebung aufwächst, wo ständig betrogen wird? Das Bedürfnis, sich für erlittenen Betrug durch eigenen Betrug schadlos zu halten, wird dazu führen, sich das Verhaltensmuster des Betrügens anzugewöhnen. Man braucht sich dann nicht zu wundern, wenn die Regeln nicht befolgt werden oder ihre Einhaltung nur vorgetäuscht wird.

Die moralischen Gebote werden also nicht auf die Weise gelernt, dass die Kinder zunächst die symbolischen Begriffe von gut und schlecht aufnehmen und alle Handlungen, die von den Eltern missbilligt werden, einer einheitlichen Kategorie »schlechte Handlungen« zuordnen. Die Kompetenz, zwischen erwünschten und missbilligten Handlungen zu unterscheiden, wird gelernt, bevor die Kinder kognitiv und sprachlich so weit sind, zwischen gut und schlecht zu unterscheiden. Es trifft nicht zu, »dass der menschliche Geist prädisponiert ist, Wörter zu lernen, die Gefühle benennen, welche das Fundament der symbolischen Kategorien gut und böse bilden.«[154]

Auf jeden Fall werden nicht zuerst die moralischen Regeln angeeignet, bevor sie im konkreten Verhalten angewandt werden. Das Verhalten der anderen wird einfach nachgeahmt. So wird z. B. das moralische Muster der Ehrlichkeit auch dann gelernt, wenn man nie gehört hat, dass man seine Versprechungen einhalten soll. Das bedeutet, dass das Lernen von moralischen Gewohnheiten ein praktischer Vorgang ist, an dem das Denken überhaupt nicht beteiligt ist.

Das Fazit dieser Überlegungen ist, dass die moralischen Gewohnheiten nicht wie Vokabeln oder Gedichte gelernt werden, sondern sich in der Auseinandersetzung mit dem Verhalten der Eltern entwickeln. Moralisches Handeln ist ein Können, das sich gleichsam naturwüchsig herausbildet. So wie im Denken spontan Problemlösungen gefunden werden, so bilden sich geeignete moralische Gewohnheiten, mit denen ein harmonisches Zusammenleben gesichert wird.

154 Kagan, S. 234.

6.3. Das Missverständnis der moralischen Regeln und Werte

»Lerne die Regeln gut, damit du sie richtig brechen kannst.«
(Der 16. Dalai Lama)

In der traditionellen Moral werden die moralischen Regeln entweder aus abstrakten Prinzipien wie dem Geist, der Vernunft oder der Natur abgeleitet oder als ein Ergebnis von sozialen Vereinbarungen verstanden. Wenn jedoch von der Gewohnheitsbildung als dem Grundprinzip des Handelns ausgegangen wird, müssen beide Positionen infrage gestellt werden. In der moralischen Erziehung werden nicht Regeln, sondern moralische Reaktionsgewohnheiten gelernt. Gewohnheiten müssen nicht begründet werden. Sie verstehen sich von selbst, da sie ein harmonisches Zusammenleben ermöglichen.

Das Lernen der Moral ähnelt dem der Sprache. Die Sprache wird auch nicht auf die Weise gelernt, dass zuerst die Regeln der Grammatik gelernt werden, um sie dann auf das Sprechen anzuwenden. Kinder beherrschen die Sprache, ohne je etwas von grammatikalischen Regeln gehört zu haben. Sie lernen einfach die Sprachgewohnheiten ihrer Bezugspersonen.[155] Die grammatikalischen Regeln sind bloß das Produkt des wissenschaftlichen Nachdenkens über die Muster der Sprache. Ebenso werden die moralischen Gewohnheiten durch Nachahmung gelernt, ohne dass Regeln beachtet werden.

Die moralischen Regeln werden erst zum Thema, wenn versucht wird, die eigenen moralischen Gewohnheiten zu verstehen. Dabei kann beobachtet werden, dass sie bestimmten Regeln folgen. So wird z. B. bei der Gewohnheit der Ehrlichkeit die Regel festgestellt, dass man immer die Wahrheit sagen will. Es kann der Eindruck entstehen, dass die Regeln objektive Wirkfaktoren sind und eine eigenständige Existenz haben. Aus der obigen Analyse des Handelns und Denkens folgt, dass dies ein Irrtum ist. Die Regeln sind bloß das Produkt des Nachdenkens über die Eigenarten der moralischen Gewohnheiten. Es handelt sich also um mentale Abstraktionen, die induktiv aus der

---

155 Vgl. Noe, S. 128.

Analyse des Handelns gewonnen werden.[156] Moralische Regeln haben also keine unabhängige Existenz, sondern sind Verbalisierungen der Muster, die den moralischen Gewohnheiten zugrunde liegen.

Demnach ist die Goldene Regel[157], die in vielen Moraltheorien als ein allgemeines Prinzip betrachtet wird, eine Abstraktion der konkreten Erfahrung, dass man bestrebt ist, andere nicht zu verletzen. Der kategorische Imperativ von Kant ist letztlich nur eine Weiterentwicklung der Goldenen Regel. Das von John Rawls vorgeschlagene Verfahren (»Schleier des Nichtwissens«), wie gerechte moralische Regeln entwickelt werden können, ist eine weitere Variante. Im Grunde geht es stets darum, dass die Bedürfnisse der anderen respektiert werden. Deshalb versagen bei psychisch beschädigten Menschen alle Moralprinzipien. So würde die Goldene Regel dem Masochisten erlauben, von anderen sadistisches Verhalten zu fordern. Wer unfähig zur Empathie ist, kommt bei der Anwendung der Goldenen Regel oder seiner Varianten zu untragbaren Ergebnissen.

Seit Immanuel Kant wird die Achtung von vielen Moralphilosophen als das Grundprinzip der Moral betrachtet. Achtung sei eine moralische Pflicht, die direkt aus der Vernunftnatur der Menschen und der Würde aller Menschen abgeleitet werden kann. Achtung ergebe sich aus der Einsicht, dass andere Menschen nicht als Mittel für die eigenen Zwecke eingesetzt werden dürfen, sondern in ihrer Würde zu achten sind. Aber die Achtung darf nicht als ein geistiges Prinzip missverstanden werden. In Wirklichkeit wurde das Grundprinzip der wechselseitigen Achtung induktiv aus der beobachteten Nützlichkeit des empathischen Verhaltens, also der empathischen Rücksichtnahme auf die Bedürfnisse der anderen gewonnen und zu einem idealen Prinzip verallgemeinert.

Der Begriff des Guten nimmt in vielen Moraltheorien eine Schlüsselstellung ein. Manche behaupten sogar, dass jede Moral eine

---

156 Vgl. die Auffassung von John Dewey, dass die Regeln aus der Reflexion von vorreflexiven Impulsen entstehen. Joas 1992, S. 170.

157 »Behandle andere so, wie du von ihnen behandelt werden willst.«

Konzeption des Guten voraussetze.[158] Das Gute sei sozusagen die Quelle aller moralischen Regeln. Dazu ist kritisch anzumerken, dass der Begriff des Guten auf dem problematischen Verständnis basiert, dass in der Natur des Menschen festgelegt sei, was erstrebenswert ist. So glaubte Aristoteles, dass sich alle moralischen Regeln (Tugenden) aus der Glückseligkeit als dem obersten Guten ableiten lassen. Es kann nicht übersehen werden, dass der Begriff des Guten ein leerer Allgemeinbegriff ist, der durch die Nominalisierung des Adverbs gut entstanden ist. Er scheint einen klaren Gehalt zu haben. Was gut ist, kann aber nicht durch das Denken ermittelt werden, sondern ergibt sich daraus, was sich im harmonischen Zusammenleben bewährt.

In vielen moralischen Konzepten werden die moralischen Regeln auf eine begrenzte Zahl von angeblich zentralen Ge- und Verboten reduziert (z. B. nicht töten; anderen in Lebensgefahr helfen; andere nicht körperlich verletzen und im Gebrauch ihrer geistigen Fähigkeiten behindern; andere nicht psychisch schädigen, demütigen und erniedrigen u. Ä.). Diese Regeln stellen abstrakte Verallgemeinerungen des konkreten Handelns dar. Solche Konzepte der Minimalmoral sind auf den ersten Blick plausibel, da sie scheinbar klare Richtlinien an die Hand geben. Im praktischen Handeln erweisen sie sich aber als untauglich, da in konkreten Situationen die moralischen Entscheidungen nicht bewusst mithilfe von moralischen Prinzipien, sondern spontan von den erlernten Gewohnheiten getroffen werden.

Gewohnheiten, die angstfrei gelernt wurden, können sich flexibel an neue Bedingungen anpassen. Es können problemlos Ausnahmen zugelassen werden, wenn die Situation damit besser bewältigt werden kann. Es geht deshalb niemals darum, dass die moralischen Regeln flexibel eingesetzt werden, sondern dass sich die Gewohnheiten flexibel an die jeweiligen Situationsbedingungen anpassen. Wer scheinbar rigide an Regeln festhält, hält sich im Grunde stur an seine Gewohnheiten, weil er nicht gelernt hat, sie situationsgemäß anzupassen.

158 z. B. Taylor 1994.

Da die moralischen Regeln nur Verallgemeinerungen von gelebten moralischen Verhaltensgewohnheiten sind, dürfen sie nicht verabsolutiert werden. Aus der Analyse des Denkens ergibt sich, dass es keinen überindividuellen Standpunkt gibt, von dem die subjektiven Regeln abgeleitet werden könnten. Es gibt keine objektiven Quellen, aus denen die Prinzipien und Werte geschöpft werden können. Alle Quellen, die bisher angedacht wurden – wie z. B. die Natur oder die Vernunft –, haben sich als Fiktionen herausgestellt, da es sich dabei nur um künstlich geschaffene Begriffe handelt. Es trifft nicht zu, dass jedes moralische Urteil von sich aus den Anspruch erhebt, wahr zu sein und für alle Gültigkeit zu haben.[159] Es erweist sich auch als unmöglich, normative Werte aus den Bedürfnissen oder Interessen abzuleiten.[160] Deshalb sind alle Versuche gescheitert, die Objektivität und universelle Gültigkeit der moralischen Regeln zu begründen.

Da sich die moralischen Verhaltensgewohnheiten aus konkreten Erfahrungszusammenhängen heraus entwickeln, ist es nicht weiter verwunderlich, dass sie stets nur einen lokalen Bezug haben. So bezieht sich die Hilfsbereitschaft meistens nur auf die eigene Sozialgruppe. Warum soll notleidenden Afrikanern geholfen werden, mit denen man in keinem sozialen Verhältnis steht, zumal noch nicht einmal damit gerechnet werden kann, dass sie die Hilfe ggf. erwidern? Deshalb ist die Klage der Moralphilosophen, dass die meisten Menschen ihre moralischen Regeln nur auf ihre Gruppe anwenden, unberechtigt. Sobald sich der Erfahrungskreis der Menschen vergrößert und man sich als Mitglied einer größeren Gemeinschaft erfährt, die nicht durch soziale Schichtgrenzen gespalten ist, wird sich auch die Reichweite der moralischen Verhaltensgewohnheiten von selbst erweitern. Die moralischen Regeln werden dann durch die Erfahrung der Zusammengehörigkeit »universalisiert«. Die Vernunft ist dazu nicht fähig.

Aus diesen Überlegungen folgt, dass bei kritischen moralischen Fragen nicht Regeln bzw. allgemeine Moralprinzipien benutzt wer-

159 Singer, S. 485.
160 Stemmer, S. 79.

den, um daraus auf logischem Wege eine Antwort abzuleiten. Das einzige Hilfsmittel, um zu einer Antwort zu gelangen, besteht darin, sich in die Situation hineinzuversetzen bzw. die Situation so zu betrachten, als wäre man in der Position des anderen. Meistens kommt die moralische Einschätzung spontan zustande, ohne dass man bewusst die Perspektive der anderen einnehmen muss. Die Antwort ergibt sich spontan aus der eigenen emotionalen Betroffenheit.

Moral ist keine Frage der richtigen Regeln, sondern basiert darauf, welche Verhaltensweisen für kritische Interaktionen gelernt wurden. Wer z. B. gelernt hat, Kränkungen mit verbalen Gegenangriffen abzuwehren, wird nicht mit aggressiven Wutanfällen oder mit totalem Rückzug darauf reagieren. Wer dies nicht gelernt hat, wird dazu neigen, auf Kränkungen mit Gewalt zu reagieren und wird sich davon nicht durch moralische Appelle abhalten lassen. Das bedeutet, dass moralische Appelle und Schuldvorwürfe relativ sinnlos sind. Sie wirken nur über den sozialen Druck, der hinter ihnen steht.

Das Missverständnis der Regeln als objektive Wirkfaktoren war für die Theorie der Moral folgenreich. Denn wenn die Regeln als Orientierungsgrößen des Handelns verstanden werden, müssen moralische Entscheidungen als geistige Phänomene verstanden werden. Es stellen sich dann die unlösbaren Fragen nach der Freiheit, dem Ich und der Schuld.

Die kritische Analyse der moralischen Regeln verändert den Blick auf die moralischen Werte. Im Grunde entstehen Werte auf die gleiche Weise, wie es für die Regeln dargestellt wurde. Bei der Reflexion konkreter, positiv bewerteter Verhaltensgewohnheiten kann festgestellt werden, dass ihnen bestimmte Präferenzen zugrunde liegen. Wenn den Präferenzen abstrakte Begriffe wie z. B. Gerechtigkeit, Besonnenheit, Freiheit, Wahrheit, Achtung, Fürsorge, Solidarität, Würde, Gelassenheit u. Ä. zugewiesen werden, entstehen abstrakte Werte. Die Werte sind somit nichts anderes als sprachliche Abstraktionen, die aus der Verallgemeinerung von konkreten Verhaltensweisen zu Idealen entstehen. So ist der Wert des Lebens, mit denen Moralphilosophen häufig operieren, um z. B. bestimmte medizinische Eingriffe abzulehnen, außerhalb von religiösen Überzeugungen nicht zu begründen. Das eigene Leben erscheint subjektiv als wertvoll, weil der menschliche Selbsterhaltungstrieb dazu anregt, für sich selbst zu sorgen und Gefährdungen zu vermeiden. Aber daraus ergibt sich keineswegs, dass das Leben einen inhärenten Wert besitzt.

Wenn Werte wie heilige Güter behandelt werden, wird lediglich zum Ausdruck gebracht, dass sich die Gemeinschaft darauf geeinigt hat, bestimmte Verhaltenseigenschaften als absolut wünschenswert zu betrachten, obwohl sie sich weder mit der Vernunft noch mit der Natur begründen lassen. Wenn etwas als wertvoll erkannt wird, ist das ausschließlich eine subjektive Wertung, die nur etwas über die Beziehung zwischen dem Subjekt und dem Objekt, aber nicht über das Wesen des Objekts selbst aussagt. Deshalb dürfen Menschen, die die Werte der Gemeinschaft nicht einhalten, nicht abgewertet oder sogar bestraft werden, sondern muss ihnen erklärt werden, warum sie gewalttätige Verhaltensgewohnheiten gelernt haben, und ihnen die Chance gegeben werden, neue Verhaltensgewohnheiten zu lernen.

Die Neigung, als wertvoll eingeschätzte Eigenschaften als inhärente Werte der Dinge selbst aufzufassen, ist – wie oben bereits erwähnt – vermutlich historisch mit der Entstehung des Münzgeldes entstanden.[161] Da die Waren einen objektiven Wert zu haben scheinen, wird angenommen, dass es auch objektive Werte an sich gibt. Der abstrakte Begriff *Wert* konnte sicherlich erst gebildet werden, seitdem ökonomische Tauschwerte den Alltag der Menschen prägen.

Die Problematik der moralischen Werte zeigt sich besonders deutlich am Begriff der Würde. Dieser abstrakte, inhaltlich schwer fassbare Begriff soll seit Kant ausdrücken, dass alle Menschen einen absoluten, unbedingten Wert haben.[162] In der Regel wird die Würde damit begründet, dass alle Menschen bestimmte Rechte (Unversehrtheit, Freiheit u. a.) haben. Die Literatur zeigt, dass der Begriff der Würde oft synonym mit Selbstachtung, Integrität, Wahrhaftigkeit,

---

161 Vgl. Kap. 3.2.
162 Diese Vorstellung stammt aus dem christlichen Weltbild, in dem die Menschen als Geschöpfe Gottes verstanden werden.

Selbstbestimmung, Selbstsorge und Menschlichkeit verwendet wird. Da aber der Begriff der Würde nur durch andere abstrakte Allgemeinbegriffe bestimmbar ist, bleibt es letztlich ungeklärt, worum es bei der Würde eigentlich geht.

Im Grunde macht der Begriff der Würde aus dem menschlichen Wunsch, dass alle Menschen mit ihren Bedürfnissen geachtet werden sollten, eine metaphysische Aussage über das Wesen des Menschen. Zu Recht stellt Peter Bieri in seinem Buch über die Würde fest, dass dem Begriff nur bezogen auf ein Selbstbild, das man für sich als wichtig ansieht, ein Sinn zugewiesen werden kann.[163] Da aus dem Begriff der Würde nicht abzuleiten ist, welche Beschaffenheit das ideale Selbstbild hat, ist er irreführend. Mit dem abstrakten Begriff der Würde wird der einfache Sachverhalt verschleiert, dass es primär darum geht, nicht nur auf die Erwartungen anderer, sondern vor allem auf sich selbst, d. h. auf die eigenen Bedürfnisse zu achten.

Am Begriff der Würde wird deutlich, warum im Feld der Moral leere Allgemeinbegriffe vorherrschen. Normalerweise drücken Menschen ihre Empfindung, dass andere Menschen moralische Regeln verletzt haben, durch Gefühle der Empörung und Wut aus. Wenn jedoch bei einer demütigenden Gewalterfahrung davon gesprochen wird, dass man in seiner Würde verletzt wurde, werden die unmittelbaren Gefühle der Empörung durch diesen abstrakten Begriff überdeckt. Die eigenen Gefühle werden intellektualisiert, mit der Folge, dass man von seinen Gefühlen entfremdet wird und die Handlungsimpulse, die in den Gefühlen vorgegeben werden, geschwächt werden. Unbemerkt wird das Gefühl des Widerstandes gegen Gewalt mithilfe des leeren Allgemeinbegriffs der Würde unterdrückt.

Das Argument, dass alle Menschen einen gleichen Wert haben, wird häufig dazu benutzt, um damit die moralische Pflicht zu begründen, dass man anderen Menschen helfen soll. »Unsere größte Chance auf eine bessere Zukunft liegt nicht darin, die Leute dazu zu bringen, die ganze Menschheit als eine große Familie zu betrachten - das ist

163 Bieri.

unmöglich. Sie liegt stattdessen in einer Würdigung der Tatsache, dass das Leben weit entfernt lebender, uns unbekannter Menschen denselben Wert hat wie das Leben derjenigen, die wir lieben - auch wenn wir mit Ersteren nicht genauso sympathisieren.« [164] Nach Peter Singer wäre es moralisch geboten, auf einen Kinobesuch zu verzichten und stattdessen das Geld effizienten Wohlfahrtsorganisationen zu spenden. Viele Moralphilosophen betrachten es als eine universalmoralische Grundregel, anderen zu helfen. Diese würde dem wohlverstandenen Interesse aller Menschen entsprechen.

Die moralische Hilfspflicht kann keineswegs zweifelsfrei damit begründet werden, dass alle Menschen den gleichen Wert haben. Das Postulat der Wertgleichheit stellt lediglich die Verabsolutierung des subjektiven Wunsches dar, dass alle Menschen gleichbehandelt werden sollten. Ebenso wenig lässt sich die moralische Hilfspflicht direkt aus dem metaphysischen Begriff der Vernunft ableiten. Es ist eine Fiktion, dass ein allgemeiner Konsens darüber erzielt werden könnte, welche soziale Reichweite die Hilfe haben soll.

Das Postulat der moralischen Hilfspflicht hat bloß den Charakter eines moralischen Appells. Während die Religionen ihre Mitglieder mit dem Hinweis auf den Willen Gottes zur Hilfe anderer verpflichten, können die Moralphilosophen keine überzeugenden Argumente für die Hilfspflicht liefern, sondern allenfalls schlechtes Gewissen schüren. Es ist nicht zufällig, dass die Hilfsorganisationen mit suggestiven Fragen werben: »Will ich eine Person sein, die sich aktiv für das Wohlergehen anderer einsetzt?«[165]

Die Erfahrung zeigt, dass die Hilfsbereitschaft ausschließlich in der individuellen emotionalen Betroffenheit und Empathiefähigkeit wurzelt. Sie kann weder durch Vernunftgründe noch durch moralische Appelle geweckt werden. Nahestehenden Menschen wird spontan geholfen, aber das Leiden von Menschen, das man bloß aus den Medien erfährt, löst keinen Hilfeimpuls aus. Anderen wird geholfen,

164 Singer, S. 106.
165 Dieses Argument wird z. B. von der Bewegung der Effektiven Altruisten benutzt.

weil ein entsprechendes Bedürfnis geweckt wurde. Ein Mangel an Hilfsbereitschaft ist deshalb stets auf mangelnde Betroffenheit zurückzuführen. Wer in der Kindheit keine Hilfe erfahren hat, dem fehlt die spontane Hilfsbereitschaft, wenn er mit dem Leid anderer Menschen konfrontiert wird. Es wird gelernt, sich von der Wahrnehmung des Leids anderer nicht berühren zu lassen und die Verweigerung der Hilfe zu rationalisieren. Der Mangel an Hilfsbereitschaft ist im Grunde kein moralisches, sondern ein psychologisches Problem! Es muss verhindert werden, dass die natürliche, empathisch begründete Hilfsbereitschaft durch falsche Erziehungsmaßnahmen erstickt wird.

Bei der moralphilosophischen Analyse der Hilfsbereitschaft wird regelmäßig ausgeblendet, dass der größte Teil des Leidens sozioökonomische und politische Ursachen hat. Armut ist in der Regel die Folge von Ausbeutung, Ungleichbehandlung, Ausbildungsdefiziten und mangelnden oder falsch organisierten politischen Institutionen. Die Aktivitäten von Wohlfahrtsorganisationen können sozioökonomische Strukturmängel allenfalls oberflächlich ausgleichen. Langfristig sind sie sogar schädlich, weil dadurch die Einsicht in die Notwendigkeit von politischen Reformen der Verteilung der kollektiv erzeugten Güter geschwächt wird. Aufgeklärte Menschen sehen deshalb in der Hilfsbedürftigkeit anderer Menschen keinen Appell zu direkter Hilfe, sondern die politische Aufgabe, die ungerechten sozialen Lebensbedingungen zu überwinden und die Ideologien zu kritisieren, die die Ursachen des Leidens im Fehlverhalten des Einzelnen sehen.

Es zeigt sich, dass der Begriff des Wertes ein leerer Allgemeinbegriff ist, der aus der Mythologisierung des ökonomischen Wertbegriffs hervorgegangen ist. Er wurde mit magischen Fähigkeiten ausgestaltet, die ihm von Haus aus nicht zukommen. Da er keine angestammte Bedeutung hat, kann er leicht dazu missbraucht werden, die Interessen der Herrschenden zu legitimieren. Deshalb ist große Skepsis gegenüber seiner ubiquitären Verwendung angebracht. Demgegenüber ist der Begriff der moralischen Regeln sinnvoll, da er es ermöglicht, über die moralischen Gewohnheiten nachzudenken. Regeln erleichtern die öffentliche Diskussion über deren Sinn. Mit ihrer Hilfe kann präzise bestimmt werden, welche Aspekte der Gewohnheiten problematisch sind und in welche Richtung sie modifiziert werden sollten. Die Regeln sind deshalb nützliche Hilfsmittel für die Diskussion über moralisches Verhalten. Voraussetzung ist natürlich, dass dies im Bewusstsein geschieht, dass die Regeln nur Hilfsmittel zu Verständigung über die Verhaltensgewohnheiten sind.

Als Fazit ist festzuhalten, dass Regeln beim moralischen Handeln keine direkte Funktion haben, da stets im Einklang mit den gelernten Gewohnheiten gehandelt wird. Ihre Funktion erschöpft sich darin, dass sie sowohl die Reflexion über das eigene Verhalten als auch die öffentliche Diskussion über die Prinzipien des Zusammenlebens erleichtern. Damit erweist sich die gängige Definition der Moral als Gesamtheit der moralischen Regeln als Irrtum. Es wurde von der falschen Überzeugung ausgegangen, dass die moralischen Regeln geistiger Natur sind. Deshalb konnte nicht verstanden werden, dass sie aus der Verbalisierung der Regelmäßigkeiten von moralischen Verhaltensgewohnheiten hervorgehen.

6.4. Moralische Rechte

»Nun erst recht denken!« (Manfred Hinrich)

Haben die Menschen ein Recht darauf, dass ihre Interessen beachtet werden? Haben sie ein Recht auf Freiheit? Was heißt es eigentlich, ein moralisches Recht zu haben? In der bisherigen Analyse der Moral wurde bewusst auf den Begriff des moralischen Rechts verzichtet, da er fragwürdig geworden, nachdem die Konzepte der religiös oder naturrechtlich begründeten Rechte in die Kritik geraten sind. Auch die Versuche, moralische Rechte aus den natürlichen Interessen und Bedürfnissen abzuleiten, sind gescheitert. Aus der Sicht der oben entwickelten Theorie des Denkens stammt die Überzeugung, dass moralische Rechte zweifelsfrei aus der objektiv vorgegebenen moralischen Ordnung abgeleitet werden können, aus der mythologisch-religiösen Gedankenwelt.

Häufig wird der Begriff des Rechts benutzt, um abstrakte moralische Begriffe inhaltlich zu bestimmen. So werden z. B. dem Begriff
der Gerechtigkeit bestimmte Grundrechte zugeordnet: das Recht auf
Leben, das Recht, nicht körperlich verletzt zu werden, das Recht auf
die lebensnotwendigen Grundgüter, das Recht auf eine gewisse Ausbildung, das Recht auf Eigentum, das Recht auf ein freies, selbstbe-
stimmtes Leben u. a. Der Begriff Recht suggeriert, dass es sich hier
um moralische Regeln handelt, die den Menschen von Natur aus zukommen und objektiv vorgegeben sind. Das ist aber in keiner Weise
der Fall. In Wirklichkeit handelt es sich lediglich um Ansprüche, die
gegenüber anderen Menschen erhoben werden, in der Erwartung,
dass sie von den anderen anerkannt werden. Auch das Eigentumsrecht ist weit entfernt davon, wohl begründet und intersubjektiv akzeptiert zu sein. Solange es um den Besitz der notwendigen Gegenstände wie Wohnung, Möbel und Haushaltsgeräte geht, besteht kein
Dissens. Wenn aber unter Eigentum das Unternehmenskapital, mit
denen abhängige Arbeitnehmer beschäftigt werden, oder das Geldka-
pital, mit dem ein Zinseinkommen erzielt werden kann, verstanden
wird, hört der Konsens auf. Zu Recht fasst Margalit Recht als ein Interesse auf.[166] Es wird erwartet, dass die eigenen Interessen von den
anderen in angemessener Weise berücksichtigt werden. Damit sind
Rechte nicht mehr als Erwartungen, denen andere Menschen entsprechen sollen.

Wenn von Rechten im eigentlichen Sinne die Rede ist, handelt es
sich stets um Rechte, die von Menschen geschaffen wurden. Rechte
gewähren Ansprüche, die von politischen Instanzen geschaffen werden und vor Gericht durchgesetzt werden können. Da aber die meisten moralischen Werte nicht durch positives Recht geschützt werden,
ist die Verwendung des Rechtsbegriffs in moralischen Zusammenhängen irreführend. Offensichtlich ist der Begriff des moralischen
Rechts nicht mehr als ein Versuch, subjektive Ansprüche mit schein-

---

166 Vgl. Margalit, S. 56.

barer objektiver Gültigkeit auszustatten. Er ist Ausdruck von reinem Wunschdenken. Es darf nicht vergessen werden, dass der Begriff des moralischen Rechts lediglich eine analogische Verwendung des Begriffs des gesetzlichen Rechts ist.

Auch der normative Gehalt der Menschenrechte ergibt sich nicht aus der menschlichen Natur oder aus transzendenten Quellen. Vielmehr ergibt es sich aus der Abstraktion von bevorzugten moralischen Verhaltensweisen, also von Idealen, die für erstrebenswert gehalten werden.[167] Deshalb sind die in den Menschenrechtserklärungen fixierten Ansprüche rechtlich völlig unverbindlich. So ist z. B. das Recht auf Arbeit, das in der Allgemeinen Erklärung der Menschenrechte der Vereinten Nationen von 1948 in Art. 23 formuliert wurde, nicht mehr als ein Wunschgedanke. Erst wenn Menschenrechte in nationale Verfassungen aufgenommen werden, haben sie rechtlichen Belang. Allerdings sind sie meistens so allgemein formuliert (»Die Würde des Menschen ist unantastbar«), dass damit zwar Interventionen begründet, aber Rechtsverletzungen nicht verhindert werden können. Erst wenn konkrete Verletzungen vor Gericht eingeklagt werden können, kann von Menschenrechten gesprochen werden. Solange dies nicht der Fall ist, liegt der praktische Nutzen der Menschenrechte primär im ideologischen Bereich. Insofern kann auch nicht von einem menschlichen Selbstbestimmungsrecht gesprochen werden, solange es nicht vom Gesetzgeber anerkannt wird.

Jede Argumentation mit moralischen Rechten hat den Nachteil, dass der Wirklichkeit abstrakte Ideale vorgehalten werden. Es ist äußerst problematisch, das konkrete Handeln an Idealen zu messen. Da Ideale nur angestrebt, aber nicht per se eingehalten werden können, führen sie zu inneren Konflikten und Schuldgefühlen. Zu Recht hat Friedrich Nietzsche die eigentliche Aufgabe der Moral darin gesehen, alle Ideale, die er als Götzen bezeichnete, zu zerstören. Nur wer ohne innere Zerrissenheit handelt, könne mit sich selbst identisch sein. Das schließt nicht aus, dass man mit der eigenen moralischen

---

167 Vgl. Hinkmann.

Reaktion unzufrieden ist und eine Korrektur der eigenen Gewohnheiten angestrebt wird.

Diese Überlegungen sollen im Folgenden am Beispiel des Eigentumsrechts veranschaulicht werden, das in der Kultur der Vernunft und Freiheit eine Schlüsselrolle spielt. Mit ihm wird die absolute Verfügungsgewalt über den persönlichen Besitz begründet und werden alle Ansprüche der Gemeinschaft an die soziale Verwendung des Eigentums abgewehrt. Das Grundrecht auf Eigentum wird immer wieder zur Rechtfertigung der krassesten Einkommensunterschiede herangezogen. So argumentiert z. B. Hoerster: »Da mein Körper ausschließlich mir gehört, steht mir auch alles zu, was ich mit meinem Körper – ob als Sportler, Unternehmer oder Autor – an Geld und Ansehen erwerbe.«[168] »Meine Anlagen gehören mir auch deshalb, weil sie, ebenso wie mein Körper, Teil meiner Identität sind.«[169]

Das heutige Eigentumsrecht stammt aus dem römischen Recht, in dem es ursprünglich als uneingeschränkte Verfügungsgewalt über Sklaven gefasst wurde. Später wurde diese Grundeinstellung auf normale Güter übertragen. Schließlich wurde im Übergang von der feudalistischen zur bürgerlichen Gesellschaft der Begriff des Eigentums auch auf das Verhältnis der Menschen zu sich selbst übertragen. So begründete John Locke 1690 das Eigentumsrecht damit, dass jeder Mensch ein Eigentum an seiner eigenen Person hat. »Wenn die Erde und alle niederen Lebewesen wohl allen Menschen gemeinsam eignen, so hat doch jeder Mensch ein Eigentum an seiner eigenen Person. Über seine Person hat niemand ein Recht als nur er allein. Die Arbeit seines Körpers und das Werk seiner Hände, so können wir sagen, sind im eigentlichen Sinne sein. Was immer er also jenem Zustand entrückt, den die Natur vorgesehen und in dem sie es belassen hat, hat er mit seiner Arbeit gemischt und hat ihm etwas hinzugefügt, was sein eigen ist – es folglich zu seinem Eigentum gemacht.«[170]

Zu Lockes Zeiten begann sich die Vorstellung durchzusetzen,

168 Hoerster, S. 135.
169 a.a.O., S. 110.
170 Locke, S. 22.

dass Eigentum die uneingeschränkte Verfügungsmacht bedeutet. John Locke hat die historischen Bezüge des Begriffs übersehen, da er von der fragwürdigen Überzeugung ausging, dass das Eigentum in der Natur begründet ist. Deshalb fiel ihm nicht auf, dass die Vorstellung, dass jeder Mensch ein Eigentum an seiner eigenen Person hat, absurd ist. Da es kein Ich gibt, kann man nicht über sich verfügen. Selbst das Wort *hat* ist irreführend, da es ein Besitzverhältnis suggeriert. Ursprünglich bedeutete *haben* lediglich, dass etwas zu mir gehört. Erst in der bürgerlichen Gesellschaft wurde es als *besitzen* verstanden.

Lockes Vorstellung, dass die eigene Arbeit etwas zum Eigentum macht, konnte in einer überwiegend handwerklich organisierten Gesellschaft noch als plausibel erscheinen. Als aber im folgenden Jahrhundert die Produktion in größeren Produktionsstätten arbeitsteilig und kooperativ stattfand und die Arbeiter nicht mehr Eigentümer der Werkzeuge waren, war unübersehbar, dass dieser Denkansatz widersinnig ist. Der Anteil des einzelnen Arbeiters am hergestellten Produkt konnte jetzt nicht mehr bestimmt werden. Trotzdem wurde das uneingeschränkte Verfügungsrecht über das eigene Eigentum weiter damit begründet, dass es das Produkt der eigenen Arbeit sei.

Dass sich die schwache Begründung von Locke dennoch durchgesetzt hat, liegt daran, dass das vorherrschende fetischistische Sprachverständnis den Eindruck entstehen lässt, dass das Eigentum mit festen Eigenschaften ausgestattet ist. Es wurde übersehen, dass der Begriff von Haus aus leer ist und im historischen Verlauf mit Regeln aufgefüllt wurde, die einseitig auf die Interessen der Fabrikbesitzer und Kaufleute zugeschnitten sind. Den Eigentümern ist es gelungen, die Diskussion des Eigentumsbegriffs der öffentlichen Diskussion zu entziehen und den Staat zu verpflichten, das Eigentum zu schützen. Es konnte nicht erkannt werden, dass der Begriff lediglich die historisch festgelegten Regeln umfasst, wie die Güter verteilt werden, die von der Gemeinschaft produziert wurden. Das Eigentumsrecht basiert letztlich nur auf historisch erkämpften Rechten, die in den staatlichen Verfassungen festgeschrieben wurden, die aber bei rationalen und informierten Personen keine Zustimmung finden.

Das Eigentum wird häufig mit dem Talent, der Begabung, der Leistung oder besonderen Fähigkeiten begründet. Dabei ist zu beachten, dass sich alle persönlichen Fähigkeiten primär den Erziehungsbemühungen der Eltern, der Umwelt und der Gunst der Verhältnisse verdanken. In einer arbeitsteiligen Gesellschaft ist die Produktion von Waren und Dienstleistungen stets eine kollektive Leistung, die auch auf der öffentlichen Bereitstellung von Verkehrs-, Energie-, Bildungsinfrastruktur basiert, so dass es unmöglich ist, die hergestellten Produkte einzelnen Personen zuzurechnen.

6.5. Verbindlichkeit

»Wenn du dich immer an die Regeln hältst, verpasst du eine Menge Spaß.« (Katharine Hepburn)

Es ist merkwürdig, dass die Frage, warum moralische Regeln häufig nicht eingehalten werden, in der Moralphilosophie völlig vernachlässigt wurde. Die wenigen Erklärungsansätze sind völlig unzureichend. Die Übertretung der moralischen Regeln kann weder mit dem Bösen noch mit göttlicher Strafe erklärt werden, da dabei mythologische Gründe benutzt werden. Auch die übliche Argumentation, dass die Regeln aus Egoismus nicht eingehalten werden, ist falsch. Egoisten halten in der Regel die Moral nicht deshalb ein, weil es zu anstrengend ist, ständig das Risiko zu kalkulieren, erwischt und sanktioniert zu werden, sondern weil sie unfähig sind, die Bedürfnisse anderer Menschen zu erkennen und zu respektieren.

Nach den bisherigen Überlegungen muss zur Klärung der Frage, warum die moralischen Regeln häufig nicht eingehalten werden, geprüft werden, unter welchen Bedingungen das Lernen von sozial verträglichen moralischen Gewohnheiten scheitert. Dabei muss davon ausgegangen werden, dass alle Kinder mit ihren Eltern kooperieren wollen. Sie haben eine starke Motivation, alle Verhaltensweisen zu lernen, die sie bei ihren Eltern beobachten. Wenn aber ihre Bedürfnisse nachhaltig verletzt werden, entwickeln sich – wie oben dargestellt wurde – negative Verhaltensgewohnheiten, die das harmonische Zusammenleben belasten. Das Sanktionsrisiko bei Regelverletzungen wird unbewusst in Kauf genommen, weil die damit verbundene Erregung aus psychischen Gründen gebraucht wird.

Eltern können noch so häufig beteuern, dass sie ihr Kind lieben, für das Kind zählt nur, ob sich die Eltern liebevoll verhalten. Wenn ein Kind beobachtet, dass die Eltern nicht ehrlich sind und ihre Versprechen nicht einhalten, sind alle Ansprüche an das Kind, ehrlich zu sein und Versprechen einzuhalten, vergebens. Es wird misstrauisch, wenn seine Erwartungen wiederholt verletzt werden. Die Verletzung seiner Bedürfnisse hat zur Folge, dass die negativen Verhaltensweisen der Eltern übernommen werden. Es entstehen Verhaltensweisen, die im Widerspruch zu den Erwartungen der Erwachsenen stehen.

Die negativen Gewohnheiten steuern unbewusst das Handeln, so wie man sich beim Laufen auch nicht jeden Schritt überlegt. Man ist z. B. nicht neidisch, weil man sich in einer aktuellen Situation bewusst für den Neid entscheidet, sondern weil man nicht anders kann. Es darf nicht übersehen werden, dass man in der Realität nie vor der Entscheidungsfrage steht, ob eine Regel übertreten werden soll oder nicht. Weder werden die Vor- und Nachteile bewusst abgewogen, noch wird das Risiko eingeschätzt, erwischt zu werden. Für spontan getroffene Entscheidungen hat man stets Entschuldigungsgründe parat.

Von außen betrachtet sind die negativen Reaktionsmuster sozial schädliche Reaktionsmuster, aber aus der Innensicht sind sie im Grunde Versuche, sich mit Versagungen und Entbehrungen zu arrangieren, also unbewusste Versuche der Selbstheilung.

Menschen, die im Klima der Angst keine sozial verträglichen Verhaltensgewohnheiten lernen konnten, neigen dazu, ständig über Moral zu reden. Sie verfolgen damit insgeheim die Absicht, ihr eigennütziges, tendenziell gemeinschaftsschädliches Verhalten vor sich selbst zu legitimieren. Wer ständig dazu neigt, andere Menschen mit verdeckter Gewalt zu manipulieren und auszunutzen, bedient sich der Moral, um sein Verhalten vor sich und anderen zu rechtfertigen.

Demgegenüber ist jedem das Moralisieren fremd, der im Klima von Liebe und Zuwendung aufgewachsen ist. Wer seine moralischen Verhaltensmuster relativ angstfrei lernen konnte, hat überhaupt keine Probleme im Umgang mit anderen Menschen. Kontrolle und Verzicht sind dann nicht erforderlich. Er kann selbst in emotional angespannten Situationen gelassen bleiben. Es wäre deshalb falsch, hier von Selbstkontrolle zu sprechen.

Wer einen Mangel an moralischen Werten beklagt, übersieht, dass moralische Defizite Symptome negativer Entwicklungsbedingungen sind. Die Ursachen für Egoismus und Gier liegen nicht im Einzelnen, sondern in der sozialen Umwelt. Die Nichteinhaltung von moralischen Regeln hat stets eine komplexe Vorgeschichte, an der die ganze Gemeinschaft beteiligt ist. Wenn dem Einzelnen die Schuld für ein Verhalten zugeschoben wird, das letztlich durch die Umwelt bedingt ist, werden ihm Schuldgefühle, Selbstbestrafung und Selbstablehnung aufgezwungen, die ihn belasten und schädigen.

Bereits Sokrates hatte erkannt, dass niemand willentlich böse ist. Allerdings hatte er nicht erkannt, dass das Böse letztlich in einem erlittenen Mangel an Liebe und Zuwendung wurzelt. Deshalb sind die traditionellen Erklärungen, warum Menschen Böses tun, Scheinerklärungen. Sie setzen einseitig beim Individuum an und ignorieren völlig die Prägekraft der sozialen Umwelt. Der Grundfehler des moralischen Denkens besteht darin, dass nicht erkannt wird, dass sich niemand bewusst für moralisches Fehlverhalten entscheidet, sondern sich von den persönlichen Gewohnheiten leiten lässt, die als Reaktion auf erlittene Gewalt gebildet wurden.

Wer im Klima von Liebe und Respekt gute moralische Verhaltensgewohnheiten lernt, macht sich keine Gedanken über die Einhaltung der moralischen Regeln. Er achtet wachsam darauf, dass sich die anderen an sie halten. Die Verbindlichkeit der moralischen Regeln wurzelt im Gewohnheitscharakter des moralischen Verhaltens. Wer sich nicht an die moralischen Regeln hält, hat Gewohnheiten gelernt, die zu »bösen« Handlungen führen.

Als Fazit ist festzuhalten, dass es beim moralischen Handeln nicht darum geht, sozial unerwünschte Handlungen und unmoralische Triebe zu unterdrücken, sondern dass sozial verträgliche Verhaltensgewohnheiten gelernt werden. Die Verbindlichkeit des moralischen Verhaltens ergibt sich nicht aus der Pflicht, sondern aus gut geübten Verhaltensgewohnheiten. Die Nichteinhaltung von moralischen Regeln geht auf die Verletzung von Grundbedürfnissen und einem dadurch bedingten Mangel an Empathie zurück. Wenn die Bedürfnisse anderer Menschen nicht empathisch wahrgenommen werden, können keine sozial verträglichen Verhaltensgewohnheiten gelernt werden.[171] Sozial schädliche Verhaltensgewohnheiten sind nicht die Folge von bewussten Entscheidungen zugunsten des Eigeninteresses, sondern werden spontan nach starken emotionalen Verletzungen aufgrund von unbewältigter Angst und der dadurch bedingten Ausbildung von Ersatzgefühlen gebildet.

6.6. Moralische Selbstreflexivität

»Nur wer sich verändert, bleibt sich treu.« (Wolf Biermann)

Auf die Frage nach dem richtigen moralischen Verhalten wird von der Moralphilosophie die Antwort gegeben, dass man auf sein Gewissen und auf die Stimme der Vernunft hören oder dem wahren Selbst folgen soll. Auch die Vorstellungen vom guten Leben sollen Ratgeber sein. Stets wird davon ausgegangen, dass es objektive Werte gibt, die es zu erkennen gilt. Nach den bisherigen Überlegungen sind diese traditionellen Antworten unbrauchbar.

Genauso wie beim normalen Handeln ständig geprüft wird, ob das Ziel erreicht wird und die Mittel dafür geeignet sind, findet auch beim moralischen Handeln ständig eine Selbstreflexion statt. Die Menschen denken über ihr moralisches Verhalten nach, wenn sich beim Handeln ein Gefühl der Unstimmigkeit meldet. Es wird der Sinn des Verhaltens hinterfragt und evtl. nach einer besseren Lösung

171 Frank, S. 138.

gesucht. Das Nachdenken kann ins Bewusstsein treten, es kann aber auch völlig unbewusst ablaufen. Das Ergebnis der Selbstreflexion ist kein moralisches Urteil, sondern ein Impuls, wie anders gehandelt werden sollte. Vielfach ist man sich der Gründe dafür nicht bewusst. Auch wenn über das Verhalten anderer nachgedacht wird, ist das Ergebnis kein Werturteil, sondern ein Vorschlag, wie sinnvoller gehandelt werden könnte.

Nach der Mustertheorie des Denkens muss davon ausgegangen werden, dass auch die moralische Selbstreflexion nicht absichtlich und bewusst eingeschaltet wird, sondern gleichsam wie von selbst abläuft, weil sie durch das Gefühl der Unstimmigkeit aktiviert wird. Die moralische Selbstreflexivität sorgt dafür, dass sich die moralischen Reaktionsgewohnheiten ständig wie von selbst korrigieren. Sie lässt eine normative Selbstregulierung entstehen.

Meistens ist man sich gar nicht bewusst, dass eine moralische Entscheidung getroffen wurde. Erst wenn man zu einer Stellungnahme aufgefordert wird, müssen die eigenen spontanen Bewertungen als Urteile ausformuliert werden. Man steht dann vor der Aufgabe, die Bewertung, die die körperliche Gestalt einer Empfindung hat, in die formale Struktur von Sätzen mit Subjekt und Prädikat hineinzuzwingen. Es müssen die moralischen Begriffe von richtig und falsch u. Ä. verwendet werden, obwohl gespürt wird, dass sie ungeeignet sind, mit ihnen die persönliche Bewertung auszudrücken. Statt zu fragen, warum es zu dem Problem gekommen ist, wird das Verhalten einfach unter feststehende Regeln subsumiert. Moralische Urteile zwingen zur Vereinfachung. Wenn so vorgegangen wird, versteht man weder sich selbst noch andere. Im unreflektierten Gebrauch der Sprache wird nicht erkannt, dass moralische Sätze nur Notbehelfe sind. Sie sind nicht mehr als Interpretationsversuche von präverbalen Empfindungen. Zu Recht schließt Walzer aus der Erfahrung, wie das praktische moralische Denken funktioniert, dass es den Charakter der Interpretation hat.[172]

---

172 Walzer, S. 32.

Moralische Selbstreflexivität setzt ein ausgeprägtes Gespür voraus, ob die persönlichen Bedürfnisse verletzt wurden. Sie entwickelt sich, wenn die eigenen Bedürfnisse ernst genommen werden.[173] Die Selbstreflexivität ist umso effizienter, je mehr sie sich auf entfaltete persönliche Bedürfnisse stützen kann. Die Menschen haben in ihren Bedürfnissen sozusagen einen moralischen Kompass. Das Konzept des Gewissens ist überflüssig. Es ist im Grunde eine falsche Personifikation der moralischen Selbststeuerung.

Wenn Empathie der vorherrschende Charakterzug einer Gemeinschaft ist, richtet sich auch das Verhältnis zu sich selbst daran aus. Denn letztlich lernen die Menschen, wie sie mit sich selbst umgehen, dabei, wie andere mit ihnen umgehen. Empathie in zwischenmenschlichen Beziehungen führt zur Selbstempathie.

Das Modell der moralischen Selbstreflexion hebt die traditionelle Vorstellung auf, dass das moralische Handeln in der (deduktiven) Anwendung von moralischen Regeln und Prinzipien auf konkrete Entscheidungssituationen besteht. Die traditionelle Trennung von Sein und Sollen, nach der aus der Analyse des Seins nicht auf das Sollen geschlossen werden darf, löst sich auf. Wie die spontane mütterliche Fürsorge für Säuglinge deutlich macht, ergibt sich das, was getan werden soll, direkt aus der aktuellen Situation. Die moralische Selbstreflexion orientiert sich nicht an objektiven Werten, sondern daran, was in einer gegebenen Situation den Bedürfnissen der beteiligten Personen entspricht. Sie ist keine spezielle Fähigkeit, sondern ergibt sich aus der Neigung des Denkens, wahrgenommene Probleme spontan zu lösen.

Das Konzept der moralischen Selbstreflexion findet sich in Ansätzen in den moralischen Theorien von Aristoteles, Spinoza und Erich Fromm wieder, in denen die Tugend mit dem Glück gleichgesetzt wird. Das moralische Handeln erfolgt nicht nach Regeln, sondern ergibt sich daraus, dass die Bedürfnisse der anderen spontan be-

---

173 Wie oben dargestellt, gehört zu den Bedürfnissen auch das Interesse an der vollen Entfaltung handwerklicher, intellektueller und emotionaler Fähigkeiten.

achtet werden und das ganze Potenzial an Fähigkeiten entwickelt wird. »Der produktive Mensch, der seiner Vernunft vertraut und sowohl andere wie auch sich selbst lieben kann, hat den Willen zu tugendhaftem Handeln.«[174] Psychisch gesunde Menschen entwickeln spontan eine differenzierte moralische Urteilsfähigkeit, nicht weil sie besser denken können, sondern weil sie empathischer sind. Zu Recht hat Erich Fromm festgestellt, dass moralisches Versagen in psychischen Störungen begründet ist.[175]

Die moralische Entwicklung wird häufig so dargestellt, dass sie mit Heteronomie (Fremdbestimmung) beginnt und ihr Ziel in der Autonomie hat. Es wird erwartet, dass die moralischen Regeln ab einem bestimmten Zeitpunkt aus freien Stücken gewählt werden. Das ist nicht der Fall. Es wird verkannt, dass die moralischen Entscheidungen stets auf gelernten moralischen Gewohnheiten basieren. Im Verlauf der persönlichen Entwicklung kommt lediglich evtl. die Fähigkeit hinzu, die eigenen moralischen Gewohnheiten zu reflektieren. Wer allerdings nicht gelernt hat, mit seinen Verhaltensweisen entsprechend den eigenen Bedürfnissen zu experimentieren, wird auf Appelle, über seine moralischen Regeln nachzudenken, mit Abwehr und Unverständnis reagieren.

Die moralische Selbstreflexion hat den Bereich der Sexualität schon weitgehend erfasst. Aufgrund der öffentlichen Kritik sind viele gesetzliche Regulierungen, die die sexuelle Selbstbestimmung früher eingeschränkt hatten, aufgehoben worden. Allerdings wird das Verhältnis zur Sexualität immer noch von den Vorurteilen aus der jahrtausendelangen patriarchalen Unterdrückung der Sexualität belastet.

Die traditionelle autoritäre Moral ist hauptsächlich eine patriarchale Sexualmoral, die das Ziel der männlichen Kontrolle über die weibliche Sexualität verfolgte. Sie konnte erst durchgesetzt werden, als nach der Erfindung der Landwirtschaft das Privateigentum entstand. Mit Hilfe von staatlichen Gesetzen wurde der familiär erzeugte Gewinn allein den Männern zugesprochen. Die Frauen gerieten in

---

174 Fromm 1978, S. 251.
175 a.a.O., S. 242.

ökonomische Abhängigkeit von den Männern. Damit konnte die weibliche Sexualität leichter kontrolliert werden. Die sexuellen Ge- und Verbote ergaben sich aus dem Bestreben der Männer, ihr Eigentum ausschließlich an die eigenen Kinder weiterzugeben. Mit der geplanten Verheiratung der Kinder soll das Eigentum weiter gesteigert werden. Deshalb wurde auf Heiraten innerhalb der eigenen Schicht Wert gelegt.

Die neu entstandenen sexuellen Normen unterstützen allein die Interessen der männlichen Teilgruppe der Gesellschaft. Es entstand eine Männermoral, eine partikulare Moral, die ein Geschlecht auf Kosten des anderen bevorzugt. Sie wurde durch bewusste Vereinbarungen geschaffen, während sich bisher die moralischen Regeln spontan entwickelt hatten. In der voragrarischen Menschheitsgeschichte konnten die Frauen wahrscheinlich ihre Sexualpartner frei auswählen, so wie es z. B. bei den mit den Menschen verwandten Bonobo-Affen die Praxis ist. Die voragrarische Moral war allein daran ausgerichtet, dass niemand durch das Verhalten anderer verletzt wird.

Aufgrund der massiven Sexualunterdrückung, vor allem bei männlichen Jugendlichen, wurde die Sexualität zu einer fremden und quälenden Kraft. Die sexuellen Konflikte erzwangen eine Dämonisierung der Sexualität. Wenn die sexuellen Impulse als Werk des Teufels, von bösen Geistern oder der egoistischen Natur aufgefasst werden, kann man sich von jeder Verantwortung für sexuelle Übertretungen freisprechen. Wenn Sexualität als Sünde begriffen wird, müssen jegliche sexuelle Regungen abgelehnt werden. Da die sexuellen Bedürfnisse nicht aufhören, auf Befriedigung zu drängen, entsteht zwangsläufig ein innerer Dauerkonflikt.

Der männliche Versuch, die weibliche Sexualität zu kontrollieren, hat die männliche Sexualität beschädigt. Die jederzeitige männliche Verfügbarkeit über die weibliche Sexualität wurde mit der Vergiftung der Beziehungen zu den Frauen erkauft. Zwangsheirat, Zwangssex und Entrechtung der Frauen schaffen ein Klima der Angst, Frustration, Rache, Ablehnung und Diskriminierung, Missverständnisse und Heuchelei. Die Abwehr der männlichen sexuellen Bedürfnisse durch die Frauen hat viel Feindschaft und Verbitterung bei den Männern hervorgerufen. Die mangelnde Befriedigung ihrer sexuellen Bedürfnisse hat sie nach Kompensation suchen lassen: im sexuellen Missbrauch von Dienstboten, in Gelegenheitssex oder in nebenehelichen Beziehungen. Die zahlreichen inhumanen Gewaltexzesse wie Kriege, Hexenverfolgung, Vergewaltigung und Völkermord gehen zu großem Teil auch auf das Konto der weiblichen Sexualunterdrückung.

Die Sexualität leidet unter Normierung und entfaltet sich am besten ohne soziale Regulierung. Schließlich wird bei einvernehmlichem Verkehr niemand Drittes verletzt. Auch Beziehungsstörungen und chronischer Stress schaden der sexuellen Lust. Es trifft nicht zu, dass die Sexualität diszipliniert werden muss, damit ein zivilisatorisches Zusammenleben möglich ist. Sexualität braucht einen entspannten Körper und die sexuelle Selbstbestimmung beider Geschlechter.

Der Psychoanalytiker Wilhelm Reich hat an seinen Patienten beobachtet, dass sich deren sexuelles Verhalten spontan verändert, wenn die neurotischen Ängste gegenüber der Sexualität überwunden werden. Offensichtlich orientierten sie sich nicht mehr an den moralischen Pflichten, sondern an der Selbststeuerung der eigenen Lust. »Diese andere Art Moral war nicht gelenkt von einem «Du sollst« oder »Du darfst nicht«, sondern ergab sich spontan durch die Anforderungen der genitalen Lust und Befriedigung. Eine unbefriedigende Handlung wurde nicht aus Angst, sondern wegen des Wertes der sexuellen Glückshaftigkeit unterlassen.« »Die Selbststeuerung folgt den natürlichen Gesetzen der Lust und ist mit natürlichen Trieben nicht nur vereinbar, sondern vielmehr funktionell identisch. Die moralistische Regulierung schafft einen scharfen, unauflösbaren seelischen Widerspruch, den der Natur contra Moral.«[176]

Nur freie Sexualität kann das Potential der Gewohnheiten nutzen,

---

176 Reich 1981, S. 137 und S. 138.

das eigene Verhalten ständig zu verbessern, indem Neues gewagt wird. Freie Sexualität sucht von sich aus das Optimum an Lust. Deshalb wird empfohlen, die sexuelle Kommunikation geschehen, sich fallen und sich von den Gefühlen treiben zu lassen. Nichts tun heißt, nicht einem Programm zu folgen, sondern abzuwarten, welche Handlungsimpulse sich von selbst einstellen. Im sexuellen Kontakt kann erfahren werden, wie die alte Weisheit des Nicht-Handelns zu qualitativ verbessertem Handeln führt.

Sexuelle Selbstbestimmung verlangt, dass die Moral völlig von allen patriarchalischen Sexualverboten befreit wird. Außerdem müssen die Lebensbedingungen, die Angst vor sozialem Abstieg, Arbeitslosigkeit und Armut produzieren, so weit reformiert werden, dass sie nicht zu chronischen körperlichen Verspannungen führen, die die sexuelle Lust beeinträchtigen. Die Sexualität ist keine abgetrennte biologische Funktion, sondern teilt das Schicksal des ganzen Menschen. Es gibt keine soziale Befreiung ohne sexuelle Befreiung.

Aus diesen Überlegungen folgt das Fazit, dass die Menschen die Fähigkeit haben, über strittige moralische Fragen nachzudenken. Da ständig neu verhandelt werden kann, was für wen in Ordnung ist, sind keine festen Regeln erforderlich. Wer seinen eigenen Bedürfnissen folgt, respektiert auch die Bedürfnisse der anderen. Wenn jeder zu seinen Bedürfnissen steht, wird Moral überflüssig und werden emotionale Verletzungen weitgehend vermieden.

6.7. Paradigmenwechsel

»Ich hatte noch nie so viel Spaß ohne zu lachen.« (Woody Allen)

Wer in der Kindheit Vertrauen und Empathie entwickelt hat, weiß in der Regel, was zu tun ist, ohne erst nachdenken zu müssen. Beim Kontakt mit anderen Menschen kommt es primär darauf an, gut miteinander auszukommen. Das gelingt am besten, wenn man auf den anderen hört, die möglichen Auswirkungen des eigenen Handelns antizipiert und versucht, für Konflikte einen fairen Ausgleich zu finden. Allgemeine Lebenslehren sind dafür nicht erforderlich. Sie sind eher hinderlich, da dogmatische Theorien vom eigenen Denken abhalten.

Wenn man sich von der Empathie leiten lässt, passen sich die zwischenmenschlichen Verhaltensgewohnheiten spontan an veränderte Bedingungen an. Wenn Gewohnheiten scheitern, setzt spontan eine Suche nach besseren Verhaltensmustern ein. Emotionale Verletzungen können allerdings dazu führen, dass die Fähigkeit, aus Fehlern zu lernen, verloren geht.

Empathische Moral kommt ohne Strafe aus. Gestörte soziale Beziehungen werden mit Verzeihen wiederhergestellt.[177] Kluge Eltern wenden das Prinzip der Verzeihung automatisch bei der Kindererziehung an. Sie wissen, dass Kinder aus eigenem Antrieb bestrebt sind, die kulturell erwünschten Verhaltensweisen zu lernen. Da dies nicht immer gleich auf Anhieb gelingt, dürfen sie nicht mit Strafen und Beschimpfungen entmutigt werden. Strafe macht aus Kindern unterwürfige, angepasste Wesen. Sie schwächt ihre Selbstachtung. Stattdessen müssen die Kinder mit Verzeihen ermutigt werden, mit der Erprobung ihres Verhaltens fortzufahren. Häufig wird bei älteren Kindern das Prinzip der Verzeihung vom Strafprinzip abgelöst. Das liegt daran, dass sich unsichere Eltern schwertun, mit selbstsicheren Kindern umzugehen.

Das Prinzip der Strafe ist auch für Erwachsene schädlich. Bei erwachsenen Tätern ist zu beobachten, dass es ihnen bei einem Verzicht auf Strafe leichter fällt, die sozialen Regeln anzuerkennen und sich so zu eigen zu machen, dass sie das zukünftige Verhalten lenken. Dadurch wird ihr Selbstvertrauen gestärkt, aus eigener Kraft die Einhaltung der Regeln zu schaffen. Der Täter bleibt natürlich verpflichtet, die Verletzung wiedergutzumachen oder einen angemesse-

---

177 Im Folgenden werden die Begriffe Vergebung und Verzeihung als synonym benutzt. Wenn der Begriff der Vergebung nicht durch religiöse Vorstellungen besetzt wäre, würde ich ihn bevorzugen, weil er deutlich macht, dass man dem anderen etwas gibt, nämlich Verständnis und Zuwendung, und dass Schuldvorwürfe und Rachebedürfnisse weggegeben werden. Am religiösen Begriff der Vergebung ist problematisch, dass Reue, Buße und Entschuldigung als Gegenleistung verlangt werden.

nen Ausgleich herzustellen. Verzeihung macht die Regelverletzung nicht ungeschehen. Es bedeutet auch nicht, sie zu vergessen oder zu rechtfertigen.

Wer die Kraft der Verzeihung erfahren hat, weiß, dass Hass, Rachsucht und Vergeltungsdrang völlig kontraproduktiv sind. Diese Gefühle helfen nicht, die Verletzung wiedergutzumachen und eine gestörte soziale Beziehung wiederherzustellen, sondern führen zu weiterer Zurückweisung, zu psychischer Verhärtung und damit zur Fixierung dysfunktionaler Gewohnheiten. Der Verzeihende weiß, dass derjenige, der unabsichtlich andere verletzt, das starke Bestreben hat, seine Reaktionsgewohnheiten so umzugestalten, dass eine Wiederholung vermieden wird.

Verzeihung setzt spontan ein, wenn Beziehungen von Liebe geprägt sind. Menschen, die relativ liebevoll aufgewachsen sind und deren Eltern bereit waren, sich bei Kindern für Fehler zu entschuldigen, verzeihen spontan. In der Regel nimmt man sich nicht bewusst vor, anderen zu verzeihen, weil man weiß, dass man sich danach besser fühlt, sondern das Verzeihen wird ganz selbstverständlich und spontan praktiziert. Selbst wenn man es sich bewusst vornehmen sollte, bedeutet dies nur, dass der spontane Impuls zur Verzeihung ins Bewusstsein getreten ist. »Verzeihen heißt, aufhören zu hassen, heißt, auf Rache zu verzichten, und deshalb braucht die Liebe gar nicht mehr zu verzeihen, sie hat es schon immer getan und wird es immer tun, sie besteht ja nur unter dieser Bedingung.«[178] Der »Geist der Verzeihung«[179] kann sich also nur in einem Klima des Respekts und der Achtung entwickeln, in der sich Liebe von selbst entwickelt. Verzeihung stellt sich dann ganz von selbst ein. Demgegenüber schwächen emotionale Verletzungen die Fähigkeit zur Verzeihung.

Verzeihung gilt in erster Linie sich selbst. Hass, Rachsucht, Vergeltungsdrang, Verurteilung, Ärger, Schuldzuweisungen und Vorwürfe gegenüber anderen Menschen binden viel Energie. Das gilt auch für Selbstkritik, Selbstschuldvorwürfe, Selbstabwertungen und

178 Comte-Sponville 1996, S. 143.
179 Kodalle.

Selbstbestrafung. Solange die Gedanken um eine erlittene Verletzung kreisen, wird man von negativen Gefühlen überflutet. Wer anderen Vorwürfe und Schuldzuweisungen wegen ihrer Vergehen macht, ist negativ an sie gebunden. Wenn aber die Erwartung aufgegeben wird, dass sich der andere entschuldigt und seine Schuld wiedergutmacht, kann sich die innere Spannung auflösen. Man hört auf, sich selbst zum Opfer zu machen. Selbstverzeihung befreit von den eigenen Fixierungen.

Verzeihung kann nicht zur moralischen Pflicht erhoben werden. Sie muss »von Herzen kommen«. Verzeihung darf nicht an Bedingungen wie Schuldeingeständnis, Reue oder Wiedergutmachung geknüpft werden. Sie darf nicht zu einem moralischen Prinzip erhoben werden. Wenn Verzeihung erzwungen wird, verliert sie ihre Funktion, die durch Regelverletzungen beschädigten sozialen Beziehungen wiederherzustellen. Verzeihung funktioniert nicht, wenn sie als Konfliktlösungsinstrument eingesetzt wird.

Verzeihen gelingt am besten im Geist der Selbststeuerung. Man geht dann davon aus, dass der Täter unter dem Zwang von emotionalen Verletzungen gehandelt hat und selbst ein Opfer ist. Da Verletzungen ein Zwangsgeschehen sind, können sie dem Täter nicht persönlich zugerechnet werden. Mit diesem Wissen fällt es leichter, dem Täter zu verzeihen.

Auch wenn der Appell zur Verzeihung zwecklos ist, können die Einsicht in die schädlichen Wirkungen der Bestrafung einerseits und die positiven Wirkungen der Verzeihung auf die eigene psychische Verfassung andererseits hilfreich sein. Wer wiederholt erfahren hat, dass Verzeihen die einzige Kraft ist, die das verlorene Gleichgewicht wiederherstellen kann, und danach handelt, bei dem können emotionale Verletzungen leichter ausheilen. Vielleicht kann auch die Liebe wieder lebendig werden, die unter dem Druck von Hass, Rachsucht und Vergeltungsdrang verschwunden ist. Verzeihung scheint eine kognitive Tugend zu sein, die auch aus Einsicht gelebt werden kann, falls sie nicht auf der Basis von Liebe ganz selbstverständlich das Le-

ben führt. Sie ist unersetzlich, wenn Liebe fehlt.[180] Verzeihung emp-
fiehlt sich aus Eigennutz.

Als Fazit ist festzuhalten, dass die Menschen ihr zwischenmenschliches Verhalten mit Hilfe von Regeln regulieren. Es kann
deshalb von einer normativen Selbstregulation gesprochen werden.
Eine Moraltheorie, die die Orientierung an den persönlichen Bedürfnissen diffamiert, untergräbt die selbstständige moralische Urteilsfähigkeit. Die traditionelle autoritäre Moral führt zu moralischer Un-
mündigkeit. Bei der empathischen Moral tritt an die Stelle von vorgegebenen moralischen Regeln und Prinzipien die moralische Selbstreflexion, die das eigene Verhalten ständig korrigierend begleitet und
reguliert.

---

180 Comte-Sponville 1996, S. 263.

7. Zur Rückkehr in das Paradies

»Handeln lehrt die Philosophie, nicht reden.« (Seneca)

Seitdem Historiker entdeckt haben, dass auf der Basis des Getreideanbaus soziale Herrschaft und Privateigentum entstanden sind, kann nicht mehr an der uneingeschränkt positiven Bewertung der bisherigen kulturellen Entwicklung festgehalten werden. Die Analyse der sozialen Lebensbedingungen lässt erkennen, dass die Menschheit zwar materiell reicher, aber sozial ärmer geworden ist, weil ihr soziales Zusammenleben immer mehr durch Ängste belastet wurde. Es drängt sich immer mehr die Erfahrung auf, in einer verkehrten Welt zu leben. Die kulturelle Entwicklung ist in ökonomischer Hinsicht eine Erfolgsgeschichte, aber in sozialer und psychologischer Hinsicht hat sie Merkmale einer Verfallsgeschichte.

Die Hauptursache für die negative Entwicklung scheint darin zu bestehen, dass sich soziale Herrschaft und Privateigentum im Verlauf der Geschichte wechselseitig verstärkt haben, so dass eine Welt ohne Staat und Eigentum kaum noch vorstellbar erscheint. Aber seit einiger Zeit werden die Vorstellungen, dass soziale Herrschaft von Gott gewollt sei, kulturellen Fortschritt ermögliche und sicheres, gewaltfreies Zusammenleben gewährleiste, immer mehr als irrationale Erzählungen durchschaut, mit denen die ungerechten Verhältnisse gerechtfertigt werden. Die Verblendung, in der die Menschen mehr als vier Jahrtausende lang gelebt haben, löst sich allmählich auf.

Die Pforte zum Paradies ist keineswegs versperrt, wie im Mythos von Adam und Eva behauptet wird. Sie wird sich öffnen, wenn soziale Herrschaft wieder abgebaut wird. Das kann nicht durch Aktionen der gegenwärtigen politischen Eliten geschehen, da diese viel zu stark in soziale Herrschaft verstrickt sind. Vielmehr muss sich in der Mehrheit der Menschheit die Erkenntnis durchsetzen, dass die Menschheit auf eine falsche Bahn geraten ist und dass die gegenwärtige Organisation des Lebens nicht den Bedürfnissen der Menschen entspricht. Wie bei einem individuellen Trauma müssen die Gründe für die Entstehung des kollektiven Traumas erkannt und alle Rechtfertigungen, mit denen es bisher erklärt wurde, infrage gestellt werden.

Grundlegend ist die Einsicht, dass die historische Fehlentwicklung zu einer traumatisierten und traumatisierenden Gesellschaft geführt hat. Es muss ins allgemeine Bewusstsein treten, dass jeder in die Täter-Opfer-Dynamik verstrickt ist, so dass traumatisierte Menschen unbewusst ihre Verletzungen an andere Menschen weitergeben. Nachhaltige Reformen werden erst möglich sein, wenn sich jeder selbst als ein Opfer von Traumatisierungen wahrnimmt und die Illusion aufgibt, psychisch völlig gesund zu sein. Nur wenn man ganz ehrlich gegenüber sich selbst ist, kann man sich etwas aus der Verstrickung in die Täter-Opfer-Dynamik befreien.

Es muss erkannt werden, dass bisher verdrängt wurde, in einer verkehrten Welt zu leben. Es muss die Wahrheit zugelassen werden, dass den Menschen eine Lebensweise aufgezwungen wurde, die im Widerspruch zu ihren Bedürfnissen steht, und dass die allgegenwärtige Angst ihre Vitalität und Lebensfreude erheblich eingeschränkt hat. Die negative soziale Dynamik wurde von der Angst der Herrscher vor Revolten einerseits und von der Angst der Unterdrückten vor weiteren Traumatisierungen andererseits vorangetrieben. Erst wenn die zerstörerische Kraft der Angst erkannt wird, kann vielleicht die gelähmte und verdrängte Wut über die falschen sozialen Verhältnisse wieder zur realen Kraft der Veränderung werden.

Die Rückkehr ins Paradies ist natürlich nur eine Metapher für die Überzeugung, dass die Prinzipien, die die Menschen als wesentlich für ein harmonisches Zusammenleben erachten, früher verwirklicht waren und deshalb als wiederherstellbar erscheinen. Es geht keineswegs um eine Wiederherstellung der ursprünglichen Lebensbedingungen. Genauso wie ein individuelles Trauma nicht ungeschehen gemacht werden kann, sondern nur die Erinnerung daran zugelassen werden muss, müssen aus dem kollektiven Trauma geeignete Lehren gezogen werden, wie die zentralen Prinzipien verwirklicht werden können, ohne dass dabei die kulturellen Fortschritte, die in der Zwischenzeit erzielt wurden, aufgegeben werden. Die Institutionen, die zur Verteidigung der Herrschaft geschaffen wurden, müssen durch bessere ersetzt werden.

Der wichtigste Baustein für den Weg in eine bessere Zukunft ist die Einrichtung demokratischer Selbstverwaltung auf allen Ebenen des sozialen Lebens: in der Familie, den Vereinen, Organisationen und Betrieben. Nur wenn jeder die Erfahrung macht, dass er wirksamen Einfluss auf die Aktivitäten der anderen nehmen kann und dass alle Probleme in gleichberechtigter Kooperation effizienter gelöst werden können, entsteht ein vitales Interesse daran, die Ausbreitung von Herrschaftspositionen zu verhindern und sich für relative Gleichheit unter den Menschen einzusetzen. In der Praxis der Selbstverwaltung wachsen die Tugenden der Gleichheit, Fairness, Achtung und Solidarität.

Die Idee der demokratischen Selbstverwaltung ist in einem Menschenbild verwurzelt, das den Menschen als ein soziales Wesen definiert, dessen Bedürfnisse und Interessen von der Qualität der sozialen Umwelt abhängen. Erfahrungen mit erfolgreicher Selbstverwaltung werden das vitale Interesse wiederbeleben, Verantwortung für die Gemeinschaft und die zukünftigen Generationen zu übernehmen. Nur auf diese Weise kann das Unbehagen an der Kultur überwunden werden.

Das breite Unbehagen an der historischen Entwicklung, insbesondere in den unteren sozialen Schichten, resultiert auch daraus, dass die extrem wachsende Ungleichheit immer weniger akzeptiert wird. Denn die Bewertung der eigenen Situation ergibt sich stets aus dem Vergleich mit anderen Menschen. Da die Legitimationen von großem Reichtum zunehmend ihre Glaubwürdigkeit verlieren, führt die Wahrnehmung der wachsenden Ungleichheit zu heftigen Ressentiments, einer stummen Empörung, die nicht ausagiert werden kann. Darin staut sich ohne Zweifel eine große soziale Sprengkraft auf.

Beim Blick in die Zukunft muss mit Trauer der Opfer gedacht werden, die die bisherige Entwicklung den Menschen abverlangt hat. Die Erfindungen von Schrift, Mathematik, Literatur, Kunst und

Wissenschaft wären sicherlich nicht zustande gekommen, wenn sie nicht von sozialer Herrschaft aus Eigeninteresse und ohne Rücksicht auf Menschenleben durchgesetzt worden wären. Alle neuen kulturellen Techniken waren zunächst Mittel, um die Herrschaft abzusichern und hätten sich möglicherweise gar nicht ohne Herrschaft entwickelt. Es fällt deshalb schwer, sie uneingeschränkt gutzuheißen. Sie werden sich sicherlich qualitativ verändern, wenn sie als Mittel zur Pflege von egalitären und gerechten Beziehungen eingesetzt werden.

7.1. Leben ohne Erzählungen

> «Nicht was ihr glaubt ist wichtig, sondern was ihr tut, und was ihr seid, und was ihr fühlt. Nur wenn eine Lehre mit der eigenen Erfahrung übereinstimmt, dann sollt ihr sie akzeptieren. Ihr sollt nicht einmal meine eigenen Lehren vom Hörensagen übernehmen, sondern nur dann, wenn ihr sie, aus eurem eigenen Blickwinkel her betrachtet, versteht.» (Buddha)

In der letzten Zeit wurde immer wieder geklagt, dass es keine Erzählungen gibt, wie auf die gegenwärtigen sozialen, ökonomischen und klimapolitischen Krisen reagiert werden sollte. Es ist erstaunlich, dass die lange Tradition der utopischen Entwürfe, die sich von Platon über Thomas Morus bis zu Karl Marx erstreckt, in der Gegenwart völlig abgebrochen ist, obwohl angesichts der Tatsache, dass die sozialen Widersprüche noch nie so groß wie in der Gegenwart waren, ein dringender Bedarf danach besteht.

Der Mangel an zeitgenössischen Utopien liegt keineswegs an der Komplexität der gegenwärtigen Probleme, wie oft behauptet wird. Nach meiner Auffassung liegt die eigentliche Ursache in der kulturellen Hegemonie der herrschenden Gruppe, die inzwischen so groß ist, der jeder Angst hat, für seine utopischen Vorstellungen ausgelacht zu werden. Eigentlich wäre die Zeit reif für das Paradies. Noch nie waren angesichts des hohen Entwicklungsstandes der Produktivkräfte die objektiven Chancen zur Realisierung einer maßvollen Utopie so groß wie heute. Aber die Übermacht der herrschenden

Gruppen lässt ihre Realisierbarkeit als völlig aussichtslos erscheinen. Die riesige Diskrepanz zwischen dem Möglichen und dem Faktischen lähmt die Phantasie.

Die utopische Phantasie wird sicherlich auch durch die Prädominanz von modernen Mythen behindert. So ist zwar z. B. der Glaube an einen unaufhaltbaren Fortschritt der Menschheit ziemlich zerbröckelt, dafür wird fest daran geglaubt, dass hohe Einkommen in großen Leistungen begründet sind. Menschen seien Marktteilnehmer, die um knappe Ressourcen konkurrieren. Der Markt und die Konkurrenz würden Wohlstand für alle garantieren. Da die gegenwärtigen Lebensbedingungen stark von Ängsten durchsetzt sind, klammern sich viele Menschen an solche ökonomistischen Mythen.

Letztlich hat auch die vorherrschende individualistische Fixierung des Denkens zu dem Utopiemangel beigetragen. Sie hat das Bewusstsein für die Abhängigkeit des Einzelnen von der Gemeinschaft verkümmern lassen. Es wurde vergessen, dass man sich nur helfen kann, wenn man den anderen hilft und dass man sich nur verändern kann, wenn die Strukturen des Zusammenlebens dies zulassen. Muss erst die individualistische Erzählung aufgebrochen werden, damit der kollektive Widerstandsgeist wieder erwacht? Setzt kollektives Handeln voraus, dass die individualistische Fixierung überwunden wird?

In der gegenwärtigen historischen Situation, in der die Gesellschaft eine extrem komplexe Struktur angenommen hat, kann eine umfassende soziale Reform sicherlich nicht mehr mit Erzählungen nach dem Muster der alten Utopien angegangen werden. Es erscheint als aussichtslos, die gesellschaftliche Organisation nach einem fertigen Plan umzubauen. Der frühere Glaube an große utopische Entwürfe ergab sich aus der traditionellen Überschätzung des Denkens. So glaubte die sozialistische Utopie daran, dass die schlechten Verhältnisse in einem einmaligen großen Kampf umgestürzt werden könnten. Sicherlich kann eine Reform nur schrittweise erfolgen. Schließlich haben sich die gegenwärtigen Lebensbedingungen allmählich ungeplant und unbeabsichtigt aus einer Vielzahl von kleinen Entscheidungen entwickelt. Nach jedem Schritt muss geprüft werden, ob man mit den gewählten Maßnahmen näher an das angestrebte Ziel herangekommen ist.

Das schrittweise Vorgehen muss an einem allgemeinen Ziel ausgerichtet werden, das zunächst nur sehr allgemein bestimmt werden kann. Erst im Verlauf des Reformprozesses können realistische Teilziele bestimmt und zunehmend präzisiert werden. Eigentlich braucht das praktische Handeln keine Erzählungen. Da aber angesichts der historischen Fehlentwicklung zunächst nur die allgemeine Richtung der Korrektur bestimmt werden kann und das Denken noch in soziale Herrschaft verstrickt ist, sind Erzählungen unentbehrlich.

Nach den bisherigen Überlegungen muss die handlungsleitende Erzählung auf der Einsicht basieren, dass humanes Leben, also ein Leben ohne Gewalt, erst möglich ist, wenn soziale Herrschaft aufgehoben und durch Modelle der Selbstverwaltung ersetzt wird, wie sie früher selbstverständlich waren (z. B. die Allmende in der Landwirtschaft), bevor sie von sozialer Herrschaft zerstört wurden. Es muss ein gesellschaftlicher Zustand hergestellt werden, in dem jeder Einzelne über große Handlungsfähigkeit verfügt und in der Lage ist, sich im Handeln an seinen Bedürfnissen und seinem praktischen Wissen zu orientieren. Die Menschen müssen die Fähigkeit zurückerlangen, die sozialen Probleme, auf die sie im Handeln stoßen, aufzugreifen und nach geeigneten Lösungen zu suchen. Die Erzählung muss auch zum Inhalt haben, dass die zahlreichen aktuellen Krisen ihre gemeinsame Wurzel darin haben, dass ein Übermaß an Gewalt in die zwischenmenschlichen Beziehungen und in das Verhältnis zur Natur eingedrungen ist. Es muss das Bewusstsein geweckt werden, dass ein harmonisches Zusammenleben nur unter Bedingungen von sozialer Gleichheit und Gewaltlosigkeit möglich ist.

Eine humane Gesellschaft zeichnet sich durch die Abwesenheit von mythischen Erzählungen aus. Wenn alle Probleme, mit denen die Menschen konfrontiert werden, durch unmittelbares und direktes Handeln gelöst werden können, brauchen die Menschen keine Illusionen mehr. Alle mythischen Erzählungen hatten letztlich die Funktion, die Menschen in politischer Ohnmacht zu halten. Illusionen sind

Zeichen der Ohnmacht.

Es ist bemerkenswert, dass die großen Erzählungen der Geschichte (Gilgamesch-Epos, Altes Testament), die die Entwicklung nachhaltig geprägt haben, in der historischen Phase entstanden sind, als die soziale Herrschaft entstand. In den neu entstandenen monotheistischen Religionen mit einem allmächtigen Gott spiegelte sich die neue hierarchische soziale Ordnung. Es entstand der Glaube, dass die Götter Einfluss auf das moralische Zusammenleben der Menschen nehmen.

Ein Leben ohne Illusionen wird im Allgemeinen als Aufklärung bezeichnet. Dabei wird eine problematische Metapher verwendet. Bei der Befreiung von irrationalen Erzählungen geht es nicht darum, Licht ins irrationale Denken zu bringen. Vielmehr müssen die Menschen von Bevormundung und Denkkontrollen durch Instanzen sozialer Herrschaft befreit werden, so dass das Vertrauen in das eigene Denken wiederhergestellt wird. Ein Leben ohne Angst befreit sich ganz von selbst von Illusionen, da deren blockierende Wirkung sofort gespürt wird. Es entsteht eine grundsätzliche Skepsis gegenüber allen Erzählungen, auch daran, dass der Mensch gegenwärtig häufig als homo narrans[181] gekennzeichnet wird. Aufklärung ist dann erreicht, wenn das Denken vom Druck zum magischen Denken befreit ist. Die Utopie wäre ein Leben ohne Erzählungen.

7.2. Der Mensch als handelndes Wesen

> *»Der Fortschritt der Zivilisation besteht in der Vergrößerung der Anzahl von wichtigen Operationen, die wir ausführen können, ohne darüber nachzudenken.« (Alfred North Whitehead)*

Aus den Überlegungen zur empathischen Selbststeuerung ergibt sich ein Menschenbild, das sich radikal vom traditionellen Bild des Menschen als geistigem Wesen unterscheidet. Im Zentrum steht das Prinzip der Selbststeuerung, das auf der Erfahrung basiert, dass sich

---

181 El Ouassil, S. 81.

alle menschlichen Aktivitäten von selbst ergeben. Genauso wie sich die körperlichen Regungen wie Hunger, Durst, Schmerz und Sexualität ungewollt einstellen, treten auch die Gefühle und Gedanken von selbst ins Bewusstsein. Negative Gefühle weisen darauf hin, dass die bisherigen Verhaltensgewohnheiten unzulänglich sind. Gedanken zeigen den Weg, wie die Verhaltensgewohnheiten korrigiert werden können. Dieser Mechanismus der Selbstkorrektur ist bereits bei den Tieren zu beobachten. So erfahren z. B. Tiere an den Bauchschmerzen, die sie unmittelbar nach der Aufnahme von Nahrung haben, dass sie diese Nahrung künftig vermeiden sollten. Das Prinzip der Selbststeuerung drückt sich also darin aus, dass Veränderungen des Verhaltens geschehen, ohne dass sie bewusst angestrebt wurden und ohne dass man sich dessen in jedem Fall bewusst ist.

Wie oben bereits ausgeführt, erfolgt die spontane Selbstkorrektur nicht auf Initiative einer inneren geistigen Instanz (Ich, Selbst u. a.). Wenn sie als ein aktiv und bewusst gestalteter Prozess erlebt wird, ist dies eine Selbsttäuschung, die darauf zurückzuführen ist, dass die Menschen unter dem Einfluss des Menschenbildes der Freiheit und Vernunft gelernt haben, spontan ablaufende und bewusst erlebte Prozesse dem eigenen Ich zuzuschreiben und den Einfluss der Umwelt auszublenden.

Die Selbstkorrektur ist sehr leicht störbar. Emotionale Verletzungen führen zu zwanghaftem Verhalten, das mit Lernverweigerung verbunden ist. Das Verhalten wird dann nicht mehr von den ursprünglichen Bedürfnissen bestimmt, die vor den emotionalen Verletzungen wirksam waren, sondern von Ersatzgefühlen. Der Organismus verliert die Fähigkeit, seine Erfahrungen für die Korrektur des eigenen Verhaltens zu nutzen. Die natürlichen Richtwerte werden abgeändert, um sich mit den widrigen Lebensbedingungen zu arrangieren.

Alles Verhalten unterliegt der Selbststeuerung. Wenn sich das Verhalten nicht mehr an den ursprünglichen Bedürfnissen ausrichtet, stabilisiert es sich auf der Basis von angstgeprägten Erwartungen. Insofern ist auch der Egoismus ein Produkt der Selbststeuerung.

Da man sich stets mit seinen inneren Impulsen identifiziert, ist es schwierig zu bestimmen, ob die Selbststeuerung eine empathische oder egozentrische Qualität hat. Allenfalls an den Gefühlen des Unbehagens, der Unzufriedenheit, der Angst, der Feindseligkeit, des Neids, des Ärgers, der Einsamkeit u. Ä. kann abgelesen werden, ob die Selbststeuerung eher von egozentrischen Impulsen geleitet wird. Auch Selbstkritik, Schuldvorwürfe und Selbstzweifel sind Symptome für eine egozentrische Selbststeuerung. Psychische Missempfindungen regen an, den Weg in Richtung Empathie zu beschreiten. Solange man unter Bedingungen sozialer Herrschaft lebt, ist allerdings die Gefahr groß, dass sie übersehen oder falsch gedeutet werden.

Wenn die Selbststeuerung von Empathie geprägt wird, ist man offen für die Gefühle der anderen Menschen und bereit, auf ihre Bedürfnisse einzugehen. Man ist offen für neue Erfahrungen und neugierig, andere Menschen und Situationen zu erleben. Es wird vermieden, sich seine Gedanken als eigene Leistung zuzurechnen. Man glaubt nicht daran, dass die Gedanken frei gewählt sind, und ist bereit, seine Gedanken als Geschenk anzunehmen. Ängste und Schmerzen werden zugelassen und befragt, welche Botschaft in ihnen steckt. Empathische Selbststeuerung bedeutet, empathisch mit sich selbst umgehen. Alle Signale, die auf mangelhaft erfüllte Bedürfnisse hinweisen, werden ernst genommen. Es gibt keinen Grund, sich für die eigenen körperlichen Regungen zu schämen oder sich deswegen Vorwürfe zu machen.

Die empathische Selbststeuerung ist die zentrale Achse einer stabilen Lebensweise. Im Grunde gibt es keine anderen Lebensweisen, in denen die Menschen zufrieden und glücklich sein können. Es ist kein Zufall, dass alle theoretischen Versuche, die Grundeinstellung zur Welt zu erfassen, auf die Polarität hinauslaufen, dass einer richtigen Lebensform (z. B. Gemeinschaft bei Tönnies, Seinsorientierung bei Fromm, Resonanz bei Rosa) eine pathologische Lebensform (Gesellschaft bei Tönnies, Habenorientierung bei Fromm, Entfremdung bei Rosa) gegenübersteht. Spinoza hat erkannt, dass es darum geht, ob man im Einklang mit der menschlichen Natur oder nach Bedürfnissen lebt, die unter dem Einfluss von Gewalt deformiert wurden. Die Vielzahl der historisch feststellbaren Lebensformen ist damit zu erklären, dass beide Grundeinstellungen zur Welt unterschiedliche Ausprägungen annehmen können. Es ist ein Irrtum, dass es eine Vielzahl von gleichwertigen Lebensformen gibt. Es gibt nur eine stabile Lebensweise. Die Lebensformen, die nicht vom Prinzip der empathischen Selbststeuerung getragen sind, machen wegen ihrer inneren Widersprüchlichkeit unzufrieden.

In meinem Buch *Wie Denken funktioniert* wurde vorgeschlagen, die Menschen als handelnde Wesen zu bezeichnen.[182] Damit soll im Gegensatz zum Primat des Geistes hervorgehoben werden, dass alle typisch menschlichen Fähigkeiten, das kreative Denken, das Herstellen von Werkzeugen und die reichhaltigen Gefühle, spezifische Aspekte des Handelns sind. Handeln ist das gemeinsame Prinzip aller typisch menschlichen Fähigkeiten.[183]

Handeln heißt, die Hände zu benutzen. Tatsächlich sind die vielseitig einsetzbaren Hände das charakteristischste Organ der Menschen. Keine anderen Tiere verfügen über Hände, die sich so gut für die Herstellung von Werkzeugen und zur Umgestaltung der natürlichen Umwelt eignen. Die menschliche Kultur verdankt sich voll und ganz der motorischen Intelligenz der Hände. Ohne die geschickten Hände gäbe es weder Wissenschaft und Sprache noch Philosophie und Kunst.[184] Die menschliche Intelligenz ist eine herstellende Intelligenz. Zu Recht hat Henri Bergson den Menschen als homo faber[185] bezeichnet.

Die Kennzeichnung des Menschen als handelndes Wesen beansprucht nicht, eine Wesensbestimmung zu sein. Es soll lediglich hervorgehoben werden, dass Probleme nicht mit dem Denken allein ge-

---

182 Vgl. Neubeck 2017, Kap. 5.3.
183 Vgl. die These von Arnold Gehlen, dass die Handlung das durchlaufende Aufbaugesetz aller menschlichen Funktionen und Leistungen ist. Gehlen 2004, S. 23.
184 Vgl. Wilson.
185 Übersetzung des lateinischen Ausdrucks: der schaffende Mensch.

löst werden können, wie im geistigen Modell behauptet wird. Problemlösungen können nur im probeweisen Handeln gefunden werden. Nicht das Denken, sondern das Handeln ist kreativ. Deshalb ist das Handeln die zentrale Fähigkeit der Menschen.

Es ist ein Irrtum zu glauben, dass das innere Wesen des Menschen bestimmt werden kann. Die eigenen Entscheidungen und emotionalen Impulse können letztlich nicht restlos verstanden werden. Der Anspruch, sich selbst zu verstehen, muss aufgegeben werden. Es genügt zu wissen, in welchen Situationen die als problematisch empfundenen Gewohnheiten gelernt wurden und wie sie verändert werden können. Die Gesamtheit der Handlungsgewohnheiten macht aus, was jeder Einzelne ist.

Wenn sich die Menschen konsequent als handelnde Wesen verstehen, drängt sich die Erfahrung auf, dass jeder Mensch ein Teil der sozialen Gemeinschaft und des alles umfassenden Lebens ist. Es kann gespürt werden, wie stark das eigene Handeln von vielfältigen Einflussfaktoren der sozialen und natürlichen Umwelt bestimmt wird und wie begrenzt das eigene Denken ist. Das Denken weiß um seine große Kreativität, maßt sich aber nicht an, ein unbegrenztes Erkenntnispotenzial zu besitzen.

Wie oben ausgeführt, steuern sich die Menschen in dem Sinne selbst, dass sie ihre Erfahrungen nutzen, um ihr Handeln zu verbessern. Alle Probleme, die durch falsches Handeln entstanden sind, können auch durch Handeln gelöst werden. Die Menschen haben dank des Bewusstseins die Chance, die Fehlsteuerung ihres Handelns zu korrigieren. Mit geduldigem Handeln können die verstellten Richtwerte wieder in ihre natürliche Position zurückgebracht werden. Allerdings sind dem enge Grenzen gesetzt, wenn nicht gleichzeitig die widrigen Lebensbedingungen beseitigt werden.

Denn die Selbststeuerung orientiert sich immer sowohl an den menschlichen Bedürfnissen als auch an den Anforderungen der kulturellen Umwelt. Es war ein Fehler der Philosophen, dass die menschlichen Bedürfnisse auf die animalischen Bedürfnisse nach Nahrung und Fortpflanzung reduziert und damit abgewertet wurden.

Es wurde übersehen, dass die Menschen als soziale Lebewesen auch psychische Grundbedürfnisse nach Bindung, Zuwendung, Anerkennung, Vertrauen, Selbstständigkeit u. Ä. haben. Wie im Moralkapitel dargestellt wurde, wird das menschliche Zusammenleben wesentlich von diesen Bedürfnissen bestimmt. Viele Probleme lassen sich deshalb erst lösen, wenn die Grundbedürfnisse erfüllt werden. Dafür muss der Irrglaube aufgelöst werden, dass alle Probleme, unter denen die Menschen leiden, individuell zu lösende Aufgaben sind.

Mit dem Konzept der Selbststeuerung erhält die Frage, woher die Menschen wissen, was richtig ist, eine völlig neue Antwort. Im traditionellen Denken berief man sich auf die Vernunft, das wahre Selbst, die Weisheit des Körpers, das Herz oder das Gefühl der Richtigkeit. Was richtig ist, ergibt sich vielmehr aus der Situation. Ob es richtig war, weiß man immer erst, wenn gehandelt wurde.

Diese Überlegungen sprechen dafür, dass die traditionelle Erzählung, dass die Menschen geistige Wesen bzw. Vernunftwesen sind, durch die Erzählung ersetzt werden sollte, dass die Menschen handelnde Wesen sind. Alles was den Menschen ausmacht, sein kritisches Denkvermögen und sein kreatives Handeln, wird damit besser zum Ausdruck gebracht. Nicht der Geist oder die Vernunft, sondern die Hände sind das Charakteristikum der Menschen.

Alle Mystifikationen – wie z. B. die Begriffe Geist, Vernunft oder Seele –, mit denen sich die Menschen jahrtausendelang identifiziert haben, erweisen sich als Produkte von sozialer Herrschaft. Selbst der Atem wurde mystifiziert: wer richtig atme, werde gesund. Die Absicht aller Mystifikationen bestand darin, die Menschen zur Überzeugung zu verführen, dass sie ihr Leben aus eigener Kraft führen können. Ihr Wissen, dass sie letztlich das sind, was die Umwelt aus ihnen macht, sollte zerstört werden.

Wenn sich die Menschen als handelnde Wesen begreifen, wird sich die Vorstellung, ein von der Umwelt abgelöstes und ihr als Fremder gegenüberstehendes Wesen zu sein, auflösen. Die Menschen werden aufhören, sich als Wesen zu verstehen, die außerhalb der Natur stehen. Es wird dann darauf verzichtet, die eigene Identität in der Abgrenzung von den Tieren zu bestimmen, wie es früher selbstverständlich war und erstaunlicherweise immer noch Praxis ist. So behauptet Markus Gabriel: »Menschen sind Tiere, die keine sein wollen, weil es nicht möglich ist, dass wir uns mit dem Menschentier identifizieren.«[186] Der Wunsch, mehr als bloße Tiere zu sein, ist eine Folge der abendländischen Wunschvorstellung von der Überlegenheit des menschlichen Denkens. Alle Versuche, die Menschen als Ausnahmewesen aufzufassen, haben sich bisher als unhaltbar erwiesen. So ist z. B. die Behauptung, dass die Menschen als einzige Wesen über ein reflexives Bewusstsein verfügen würden, fraglich, da ohne Zweifel auch höhere Tiere über Bewusstsein verfügen. Ob Tiere sich bewusst sind, dass sie etwas wissen, kann grundsätzlich nicht geklärt werden. Da sich alle höheren mentalen Fähigkeiten der Menschen in der natürlichen Evolution herausgebildet haben, muss davon ausgegangen werden, dass es keine qualitativen Neuerungen, sondern nur graduelle Verbesserungen gibt.[187] [188] So unterscheidet sich das Menschliche von den Tieren durch einen wesentlich größeren Umfang an gelernten Gewohnheiten und die Fähigkeit, mit den Händen Werkzeuge zur Bearbeitung der vorgefundenen natürlichen Materialien herzustellen. Erst wenn die menschliche Selbstüberschätzung überwunden wird, können die Menschen ihr Potenzial entfalten, humane Tiere zu sein. »Erst wenn der Mensch sich wieder zu seinem Tiersein im guten Sinne bekennt, wird er echte Kultur schaffen.«[189]

Es erweist sich als undurchführbar, die Grenzlinie zwischen Mensch und Natur zu bestimmen. Das liegt daran, dass der Begriff der Natur ein unbestimmter Allgemeinbegriff ist, der erst eine Bedeutung erhält, wenn ihm mit Metaphern ein Gehalt zugewiesen wird. So bezeichnete der Begriff der Natur ursprünglich alles, was von sich aus wächst und das Prinzip seiner Bewegung in sich enthält. Später kamen die Bedeutungen hinzu, dass die Natur das Wesen von

186 Gabriel 2018, S. 313.
187 Sachser.
188 Reich 2010, S. 305.
189 a.a.O., S. 305.

Objekten ausdrückt und alles umfasst, was von Naturgesetzen bestimmt wird. Wegen der Komplexität des Naturbegriffs ist die Empfehlung, sich als Natur zu erfahren, schwierig umzusetzen.[190] Mit dieser Empfehlung kann nur gemeint sein, dass gespürt wird, dass sich die Gefühle, Gedanken und Entscheidungen von selbst einstellen, also die Fiktion aufgegeben wird, sich selbst bewusst kontrollieren zu können.

Die von den menschlichen Händen hergestellten Gegenstände haben eine kulturelle Entwicklungsdynamik ausgelöst, die nicht voraussehbar war und die bisher auch kaum kontrolliert werden konnte. Neue Gegenstände gaben Anlass zur Entwicklung neuer Produktions- und Kommunikationstechniken, die wiederum die Veränderung der sozialen Strukturen bewirkten. Auf jeder Entwicklungsstufe entstanden neue Probleme, die die weitere Entwicklung vorantrieben. Neue Techniken haben einerseits die materiellen Lebensbedingungen verbessert, zugleich aber auch die soziale Herrschaft verstärkt. Die kreativen menschlichen Hände haben so eine verhängnisvolle kulturelle Dynamik in Gang gesetzt, die in den Krisen der Gegenwart ihren vorläufigen Kulminationspunkt erreicht hat.

Das Konzept des Menschen als handelndes Wesen ist mit der philosophischen Strömung des Pragmatismus verwandt, in der die zentrale Bedeutung des Handelns für das Denken betont wird. Der Pragmatismus hat mich darin bestätigt, die Idee, dass die geistigen Besonderheiten der Menschen mit den Besonderheiten ihres Handelns zusammenhängen, weiter zu verfolgen. Daraus entstanden die Mustertheorie des Denkens und das Konzept der Selbststeuerung. Der Pragmatismus hat den Mangel, dass er keine Theorie des Denkens enthält, so dass er nicht in der Lage ist, die Bedeutung des Handelns für das Denken plausibel zu machen.

Eine gewisse Nähe besteht auch zum Materialismus. Aus der Sicht der Theorie der Selbststeuerung des menschlichen Denkens ist der Versuch des Materialismus, die Mängel der geistigen Erklärung

---

190 Böhme, S. 141.

des menschlichen Denkens mit Hilfe der Theorie der Atome als den kleinsten Teilen der Materie zu überwinden, zum Scheitern verurteilt. Das Ziel des Materialismus, das Denken und Handeln mit natürlichen Faktoren zu erklären, kann besser damit verfolgt werden, dass die Menschen als handelnde Wesen begriffen werden.

Es können hier allerdings nur die groben Konturen des neuen Menschenbildes angedacht werden, weil es erst ausformuliert werden kann, wenn das Lebensgefühl der empathischen Selbststeuerung nicht nur gedacht, sondern gelebt wird. Die Erzählungen zur neuen Lebenseinstellung können erst überzeugend sein, wenn sie mit realen Erfahrungen durchtränkt sind.

7.3. Die Gewohnheiten rehabilitieren

»Nichts aber ist von größerer Wirkung auf die Steigerung oder Herabminderung unserer Affekte, auf die Verwandlung von Lust in Unlust und Unlust in Lust, als Gewohnheit und Wiederholung.« (David Hume)

Die Überlegungen in diesem Buch sollten zeigen, dass die Gewohnheiten eine überragende Bedeutung für das Verständnis des Menschen haben. Jeder muss sich seine Umwelt selbständig aneignen, indem passende Gewohnheiten erlernt werden. Die Umwelt muss praktisch in eine Art Nährflüssigkeit umgewandelt werden, in der man sich problemlos bewegen kann.

Gewohnheiten werden zwar vom Einzelnen aufgebaut, sind aber letztlich ein Produkt der kulturellen Umwelt. Wer sich bewusst ist, dass sein Leben von Gewohnheiten getragen wird, kann die vielfältigen Abhängigkeiten des eigenen Lebens von der sozialen und natürlichen Umwelt nicht mehr übersehen. Als Mitglied einer Familie entwickelt er ein Verantwortungsgefühl für die nächste Generation. Als Mitglied einer Gemeinschaft sorgt er sich um das Wohlergehen der anderen, weil sein eigenes davon abhängig ist. Das individualistische Selbstverständnis verflüchtigt sich als ein Irrtum. Die Gewohnheiten müssen als die Basis der menschlichen Kultur anerkannt werden.

Die Kultur der Gewohnheiten baut auf der bewussten Pflege der Gewohnheiten auf. Jede Gewohnheit muss immer wieder befragt werden, ob sie noch das Leben befördert, und korrigiert werden, falls dies nicht mehr der Fall ist. Dabei ist man sich der Grenzen der Veränderbarkeit von Gewohnheiten durchaus bewusst. Unter Umständen sind soziale Reformen erforderlich. Der Kern der Lebenseinstellung, die die Gewohnheiten wertschätzt, besteht darin, dass die Menschen ihr Leben nicht führen, sondern bloß erleben. Die Menschen können ihr Handeln durchaus verändern. Nur kann dies nicht beliebig erfolgen. Die Anstöße dazu stammen aus Erfahrungen, die im Handeln gemacht werden. Die Menschen verändern sich nicht aus Einsicht oder weil andere dies von ihnen erwarten, sondern wenn sich dafür starke Motive gebildet haben. Auch Veränderungen werden nicht gemacht, sondern bloß erlebt. Die Kultur der Gewohnheiten führt zur Überwindung des individualistischen Denkens.

Die Gewohnheiten sind der wertvollste Besitz der Menschen. Es muss sehr viel dafür getan werden, damit sie zuverlässig funktionieren. Das weiß jeder, der ein Musikinstrument spielt. Aber bei der Benutzung der Sprache und anderer kultureller Techniken wird meistens zu wenig an ihre Pflege gedacht. Die meisten Menschen ruhen sich mehr oder weniger auf den Gewohnheiten aus, die sie in ihrer Kindheit gelernt haben. Infolge der Abwertung der Gewohnheiten wird selten bemerkt, dass man ständig Gewohnheiten ausführt. Deshalb kann leicht die Illusion entstehen, der Urheber seiner Handlungen zu sein.

Wenn beobachtet wird, dass man Gewohnheiten ausübt, muss dies keineswegs mit einer Kränkung verbunden sein. Im Gegenteil ist man den Gewohnheiten dankbar, da sie das Leben erleichtern. Bewusste Gewohnheiten eröffnen die Chance, ihren Ablauf probeweise so zu verändern, dass das Leben bereichert wird. Das Gewahrwerden der eigenen Gewohnheiten bedeutet ein Gewinn an Spontaneität und Lebensfreude. Man ist umso einzigartiger, je mehr man sich den Gewohnheiten überlässt. Dies ist nur scheinbar ein Paradox, da die Gewohnheiten die persönlichen Stärken wachsen lassen.

Gewohnheiten sind nichts Persönlichkeitsfremdes. Sie machen überhaupt erst die Entwicklung von Verhaltensweisen möglich, in denen sich die persönlichen Präferenzen und Werte ausdrücken. Sie eröffnen das Potenzial für persönliche Entfaltung. Sie sind nicht nur die Stütze der Identität, sondern die Basis der ganzen menschlichen Kultur. Gewohnheiten ermöglichen einen kumulativen Lernprozess. Nur was beherrscht wird, kann weiterentwickelt und verfeinert werden.

Es macht also einen gewaltigen Unterschied, ob das spontane Handeln mit dem Konzept des Unbewussten oder dem der Gewohnheiten interpretiert wird. Aus der Sicht des Unbewussten macht man sich zum Opfer. Aus der Sicht der Gewohnheiten wird man zum Teilhaber am eigenen Handeln.

Wegen des Doppelcharakters der Gewohnheiten, dass sie einerseits völlig natürlich ablaufen und andererseits beeinflusst werden können, ist es falsch anzunehmen, dass das Handeln von der Vernunft oder dem Bewusstsein gesteuert wird. Beim Handeln sind stets sowohl bewusste als auch unbewusste Anteile am Werk. Daraus folgt, dass es keinen Dualismus von intuitiver, automatischer Selbststeuerung und bewusster, willentlicher Planung und Kontrolle gibt. Was als bewusste, aktive Planung erfahren wird, ist im Grunde nur das Erleben der Blockade der intuitiven Selbststeuerung und des Versuchs, die Störung durch eine bewusste Suche nach besseren Lösungen aufzuheben. Die Menschen steuern ihr Verhalten mit einem unterschiedlichen Maß an Bewusstheit, am stärksten bei Entscheidungsunsicherheit, wenn in einer Trainingsphase neue Gewohnheiten eingerichtet werden. Im Übrigen lassen sich die Menschen von ihren Gewohnheiten leiten. Bewusste Planung und spontaner Ablauf des Handelns ist kein Widerspruch. Die bewusste Planung ist auch nur ein Geschehen, das erlebt wird. Da es keine inneren Entscheidungsinstanzen gibt, sollte stattdessen die Sprachformel verwendet werden, dass immer der ganze Mensch entscheidet und dass das Handeln von selbst geschieht.

Obwohl die Entscheidungen von den Gewohnheiten vorgegeben

werden, verstehen sich die Menschen, die sich zu ihren Gewohnheiten bekennen, zu Recht als aktiv handelnde Wesen. Sie organisieren ihr Handeln mit dem verfügbaren Wissen. Sie wissen, dass alle früher gemachten in ihre Entscheidungen eingehen und dass sie ihre Gewohnheiten verändern können, wenn es erforderlich ist. Sie bilden sich aber nicht ein, dass sie ihr Handeln kontrollieren können.

Von zentraler Bedeutung ist die Einsicht, dass die Gewohnheiten nicht frei gewählt werden, sondern sich unter dem Einfluss der Umwelt wie von selbst herausbilden. In den Gewohnheiten schlagen sich die Anforderungen nieder, die sich aus den kulturellen Lebensbedingungen ergeben. Dieser Gedanke hat Pierre Bourdieu zu seiner Theorie des Habitus angeregt. Gewohnheiten sind deshalb als ein Produkt der Umwelt zu betrachten.

Die Gewohnheiten dürfen nicht mit den tierischen Instinkten gleichgesetzt werden. Es ist ohnehin fraglich, ob aus dem regelmäßigen Verhalten von Tieren geschlossen werden kann, dass sie von Instinkten gesteuert werden. Vermutlich ist das Konzept der tierischen Instinkte bloß eine Projektion der menschlichen Gewohnheiten auf die Welt der Tiere. Da die tierische Umwelt relativ konstant ist, besteht keine Notwendigkeit, das Verhalten zu verändern. Bei Haustieren ist zu beobachten, dass sie durchaus fähig sind, neue Gewohnheiten zu lernen.

Wenn sich die Menschen als handelnde Wesen verstehen, werden sie kulturelle Rituale zur Pflege ihrer Gewohnheiten entwickeln. Bewusste Gewohnheiten werden immer wieder leicht variiert, um zu prüfen, ob sie das Leben bereichern oder belasten. Sie werden befragt, ob sie noch den eigenen Idealen entsprechen. So wird verhindert, dass sie zur zweiten Natur werden und vergessen wird, dass sie gelernt wurden.

Veränderungen des Verhaltens gelingen leichter, wenn beachtet wird, dass ihnen Gewohnheiten zugrunde liegen, die in einer bestimmten Situation gelernt und an bestimmte Umweltreize und bestimmte Glaubenssätze gebunden wurden. Es muss stets bedacht werden, dass die Gewohnheiten keine mechanischen Bewegungsmuster sind, sondern sich in ihnen persönliche Gefühle, Überzeugungen, Befehle und motorische Abläufe bündeln. In den Gewohnheiten kommt die oben dargestellte Untrennbarkeit von Denken, Fühlen und Handeln zum Ausdruck. Um Gewohnheiten zu verändern, müssen deshalb immer gleichzeitig die mit ihnen verbundenen Gedanken und Glaubenssätze korrigiert werden. Je größer die Motivation zur Veränderung ist, umso geringer sind der erforderliche Aufwand und die Anzahl der Wiederholungen, bis das neue Verhalten zuverlässig funktioniert.

Blindheit gegenüber den emotionalen und kognitiven Gewohnheiten hat den Nachteil, dass nicht bemerkt wird, wie sie das Verhalten negativ beeinflussen. Es fällt oft schwer, sich mit den Gewohnheiten zu konfrontieren, da sie mit Angst besetzt sind. Es kann dabei die Einsicht hilfreich sein, wann und wo sie gelernt wurden und dass die Schutzfunktion, die sie in der Kindheit hatten, heute nicht mehr unbedingt benötigt wird und dass die Aufgabe ansteht, angemessenere Gewohnheiten zu lernen. Dazu gehören z. B. auch die Gewohnheiten, sich selbst zu beruhigen, zu verzeihen und zu bejahen.

Ein Nachteil der Ignorierung der Gewohnheiten besteht darin, dass man sich im Erwachsenenalter mit den Gewohnheiten der Kindheit identifiziert, auch wenn sie sich als störend und nachteilig erweisen. Deshalb werden in der Kindheit gelernte Einstellungen, wie z. B. die eigene Mutter zu hassen oder sich über das Verhalten der anderen zu ärgern, in der Regel nicht auf den Prüfstand gestellt. Alle dauerhaften negativen Gefühle sind veränderbar, da sie auf individuellen Entscheidungen beruhen.

Ein aufgeklärtes Verhältnis zu den Gewohnheiten verlangt, dass man sich um Methoden kümmert, wie veraltete Gewohnheiten aufgelöst und neue Gewohnheiten aufgebaut werden können. So kann verhindert werden, dass man sich als ohnmächtig gegenüber seinen Gewohnheiten empfindet und das Wachstumspotential guter Gewohnheiten ungenutzt bleibt. Die Lektüre von Büchern mit praktischen Anleitungen zum Umgang mit den eigenen Gewohnheiten kann sehr hilfreich sein.[191] Es muss nachgeholt werden, was in der Schule versäumt wurde.

Beim Lernen von neuen Gewohnheiten kommt es vor allem darauf an, dass sie an bestimmte, klar definierte Umweltreize gebunden werden. So wird z. B. der Vorsatz, jeden Tag eine halbe Stunde Sport zu betreiben, am besten auf die Weise umgesetzt, dass ein genauer Plan aufgestellt wird, zu welcher Uhrzeit und an welchem Ort das Training beginnen soll. Bei den ersten Wiederholungen müssen diese Auslösereize genau eingehalten werden. Wenn sich die neue Verhaltensweise habitualisiert hat, lockert sich die Bindung an spezielle Umweltreize von selbst.

Wesentlich schwieriger ist es, dysfunktionale emotionale Gewohnheiten abzulegen und durch angemessenere zu ersetzen. Da sie in der Kindheit gelernt wurden, können sie auch umgelernt werden. Das setzt allerdings einen mühsamen und geduldigen Lernprozess voraus.[192] Es hat sich als sehr hilfreich erwiesen, sich konkrete Problemsituationen zu vergegenwärtigen, in denen man sich abgewertet, gekränkt, hilflos oder schuldig gefühlt hat. Mit welcher Reaktion würde man sich besser fühlen? Die neue Reaktion kann ausprobiert werden, indem damit die Situation in der Vorstellung durchgespielt wird. Auf diese Weise wird sie als neue Gewohnheit abgespeichert.

Ein sehr wirksames Instrument zum Aufbau neuer emotionaler Gewohnheiten besteht in der Selbstverpflichtung mit Glaubenssätzen. Wenn man sich z. B. vornimmt, in bestimmten Situationen den anderen nicht zu kritisieren, kann das sehr wirksam sein, wenn es gelingt, zwischen dem Satz »Wenn x mich kritisiert, dann werde ich das einfach hinnehmen und gelassen bleiben« und dem emotionalen Impuls des Ärgers eine feste Assoziation herzustellen. Auf diese Weise können neue Gewohnheiten zur Abwehr von störenden Gefühlen aufgebaut werden. Genauso wie normale Bewegungen häufig wiederholt werden müssen, damit sie sich habitualisieren, müssen

191 z. B. Wood und Clear.
192 vgl. Schmidt-Salomon 2012, S. 267.

auch solche Selbsttherapieschritte öfters ausgeführt werden. Oft reicht es schon aus, dass man sich mit seinen negativen emotionalen Gewohnheiten sozusagen aussöhnt, d. h. sie nicht mehr negiert und bekämpft, sondern als Bestandteil der eigenen Identität bejaht. Dabei ist es sehr nützlich, sich selbst zu verzeihen. Auch wenn die Grenzen der Selbsttherapie schnell erreicht werden, können solche kleinen Schritte sehr hilfreich sein.[193]

Die Analyse des Handelns hat gezeigt, dass die Menschen ihre Verhaltensgewohnheiten nur dann ändern, wenn sie unter ihnen leiden und bemerken, dass der Nutzen, den sie früher einmal gebracht haben, nicht mehr gegeben ist. Die Menschen verändern ihr Verhalten erst, wenn die Kosten, die das Festhalten an den alten Gewohnheiten verlangt, als zu hoch eingeschätzt werden. Wenn die Veränderung z. B. vom Partner verlangt wird, entsteht daraus in der Regel keine ausreichende Motivation dafür. Da die Gewohnheiten in Anpassung an die spezifischen Bedingungen der Umwelt gebildet und oft jahrelang praktiziert wurden, fällt ihre bewusste Veränderung schwer, wenn sie nicht von der Umwelt gefordert wird.

Es ist problematisch, sich für das erfolgreiche Erlernen von neuen Gewohnheiten zu belohnen. Jede Selbstbelohnung ist kontraproduktiv! Es wird die falsche Gewohnheit gelernt, etwas um der Belohnung willen und nicht um seiner selbst willen zu lernen. Die Beobachtung, dass sich das Verhalten zum Positiven hin verändert hat, ist die schönste Belohnung. Ebenso wenig darf man sich mit Selbstkritik oder Selbstablehnung bestrafen, wenn das Umlernen misslingt. Niemand ist für seine Gewohnheiten verantwortlich!

Wenn alle Bemühungen zur Veränderung der Gewohnheiten scheitern, muss man sich an die Einsicht erinnern, dass Veränderungen von selbst eintreten, wenn die Umwelt dafür reif ist. Warum sich selbst Vorwürfe machen, dass man an Gewohnheiten festhält, die im Widerspruch zu den eigenen Idealen stehen? Sie werden von selbst wegfallen, wenn die repressiven Faktoren in der Umwelt verschwin-

193 Vgl. Kap. 5.5.

den. Es kommt deshalb darauf an, dass jeder dazu beiträgt, dass sich die Lebensbedingungen – in vielen kleinen Schritten – verbessern. Passende Verhaltensgewohnheiten trainieren, ist eine kollektive Aufgabe. Sie werden eher zu zuverlässigen Helfern, wenn sich auch die Partner darum bemühen.

Die Gewohnheiten können erst richtig genutzt werden, wenn ihre kulturelle Abwertung aufgehoben wird. Es fällt dann leichter, die Grenzen der eigenen Selbstveränderung zu akzeptieren. Es kann sich das Gefühl einstellen, dass man vom Netz der eigenen Gewohnheiten getragen wird, auch wenn es löchrig ist und ungünstige Gewohnheiten enthält. Eine empathische Kultur ist eine Kultur, in der die Gewohnheiten bewusst gepflegt werden.

Es könnte der Vorwurf erhoben werden, dass eine Kultur der Gewohnheiten Stillstand und Langeweile bedeutet. Dieser Vorwurf gründet offensichtlich auf dem alten Vorurteil, dass Gewohnheiten konservativ sind und nichts Neues zulassen. Es wurde gezeigt, dass die Gewohnheiten durchaus bestrebt sind, alle Probleme zu überwinden, mit denen das Handeln konfrontiert wird. Ist die relative Ruhe der Gewohnheiten nicht der rastlosen Dynamik des Lebens in Herrschaftssystemen vorzuziehen?

7.4. Die Illusion der Psychotherapie

»Man begehrt ja, was Lust gewährt, und flieht, was schmerzlich ist.« (Aristoteles)

Gegenwärtig werden die Menschen mit der Erzählung betört, dass die Psychotherapie der Königsweg sei, damit alle Probleme, unter denen sie leiden, in den Griff zu bekommen. Zu Recht wird an der Psychotherapie kritisiert, dass dadurch soziale Probleme zu individuellen Problemen verkürzt werden. Soll aber deshalb eine psychotherapeutische Behandlung unterbleiben, wenn damit individuelles Leiden vermindert werden könnte? Sicherlich ist es eine Illusion zu glauben, dass aus unbehandeltem Leiden eine Kraft zum Widerstand erwachsen könnte.

Wie oben dargestellt wurde, sind psychische Störungen organismische Versuche, emotionale Verletzungen mit körpereigenen Mitteln zu heilen. Sie laufen mit einer Eigendynamik ab, auf die das Individuum keinen direkten Einfluss hat. Sie sind mit dem bedrängenden Gefühl verbunden, ihnen ohnmächtig ausgeliefert zu sein. Man ist ratlos, wie das Leiden gelindert werden kann. Man fühlt sich von fremden Kräften getrieben, die sich jedem Kontrollversuch entziehen. Es entsteht das Gefühl einer inneren Spaltung, da die ablaufenden psychischen Prozesse nichts mit den eigenen Bedürfnissen zu tun haben. Es ist unmöglich, das zu tun, was man eigentlich für richtig hält. In der Regel ist völlig unklar, wodurch die psychische Krankheit letztlich ausgelöst wurde.

Wiederholte emotionale Verletzungen schwächen die psychische Widerstandskraft. Es entsteht dann ein Missverhältnis zwischen der Bedrohung durch Vernichtung, Demütigung, Verlassenwerden oder Liebesverlust auf der einen Seite und den für deren Bewältigung erforderlichen Widerstandskräften auf der anderen Seite. Bedrohungen lösen starke Ängste aus, die sich häufig nur mit einer psychischen Erkrankung bewältigen lassen.

Es ist fraglich, ob die strikte Unterscheidung zwischen psychischen und körperlichen Erkrankungen angemessen ist. Die Ergebnisse der Gehirnforschung lassen keine Zweifel daran, dass psychische Krankheiten mit körperlichen Veränderungen einhergehen. Ein Übermaß an den Stresshormonen Adrenalin und Cortisol, die durch Ängste aktiviert werden, löst körperliche Entzündungen, physiologische Erregungszustände oder Panikanfälle aus. Eine angstbedingte Fehlsteuerung der Atmung kann zu zahlreichen körperlichen Symptomen führen, da sie mit Störungen im körperlichen CO_2-Haushalt verbunden ist. Die psychischen Krankheiten unterscheiden sich von den somatischen einzig darin, dass sie nicht von Viren, Bakterien, stofflichen Defiziten oder Vergiftungen, sondern von emotionalen Verletzungen ausgelöst werden. So wurde nachgewiesen, dass sich psychischer wie körperlicher Schmerz äußert. Deshalb ist die traditionelle Spaltung zwischen körperlichen und psychischen Erkrankungen problematisch.

Die gegenwärtige Tendenz, die psychischen Krankheiten mit Gehirnstörungen oder Gendefekten zu erklären, versperrt den Blick auf die psychosozialen Ursachen der emotionalen Verletzungen. Die Biologisierung der Krankheit vernachlässigt, dass es primär darum geht, den Umgang mit Stress zu verbessern. Feststellbare physiologische Veränderungen im Gehirn dürfen nicht als Ursache der Erkrankungen, sondern müssen als Folge von nicht bewältigbaren psychischen Belastungen verstanden werden.

Da psychisch Erkrankte aufgrund von Erziehungsmängeln nicht fähig sind, sich gegen emotionale Verletzungen zu wehren, darf ihnen kein Fehlverhalten vorgehalten werden. Niemand ist für seine Verhaltensmuster verantwortlich. Unter dem Druck der Umwelt konnten keine Gewohnheiten dafür gelernt werden, mit den emotionalen Verletzungen zurechtzukommen. Deshalb muss das Vorurteil aufgegeben werden, dass psychische Krankheiten letztlich selbst verschuldet sind. Der Vorwurf, für die psychische Krankheit selbst verantwortlich zu sein, ist destruktiv, da dadurch die Ängste weiterhin angeheizt werden und die Krankheit eher noch verstärkt wird.

Psychische Erkrankungen müssen als echte Krankheiten anerkannt werden. Dann werden die notwendigen Heilungsschritte im Verhalten und Denken nicht mehr dadurch blockiert, dass sie als rein körperlich bedingt interpretiert werden. Es muss vermieden werden, dass man sich für die eigene Krankheit schuldig fühlt. Die Krankheitssymptome müssen als Warnsignale verstanden werden, dass Kompetenzen fehlen, um mit emotionalen Belastungen zurechtzukommen. Genauso wie bei körperlichen Erkrankungen ein Heilungsprozess mit Veränderungen des Verhaltens (bessere Ernährung, mehr Bewegung u. a.) eingeleitet werden kann, ist dies auch bei psychischen Erkrankungen möglich.

Die Heilbarkeit von psychischen Erkrankungen ergibt sich daraus, dass die Situation, in der Ersatzgefühle und damit die psychischen Verletzungen entstanden sind, neu bewertet werden können. Die therapeutische Arbeit besteht im Kern darin, dass das verletzende

Kindheitsereignis wieder ins Bewusstsein gehoben wird, so dass es nicht mehr etwas Fremdes, sondern als ein sinnvoller Bestandteil der eigenen Identität erlebt werden kann.

Optimal für den Heilungsprozess ist ein sicherer und vertrauensvoller Raum, in dem der Erkrankte von seinen psychischen Verletzungen erzählen kann. Er braucht eine empathische Umwelt, die die Sicherheit bietet, dass sich die früheren emotionalen Verletzungen nicht wiederholen werden. Dafür sind Personen erforderlich (Freunde, Therapeuten u. Ä.), die außerhalb des Familiensystems stehen. Die Therapeuten können aus dem aktuellen Verhalten und den Gefühlen des Klienten und ihren eigenen emotionalen Reaktionen auf den Klienten Vermutungen ableiten, welches Ereignis möglicherweise der Anlass für die psychische Störung sein könnte. Wenn der Therapeut seine Vermutung artikuliert, werden häufig tiefe Erinnerungen beim Klienten geweckt.

Es muss vermieden werden, dass der Therapeut dem Klienten seine Vermutungen über die Entstehung der psychischen Störungen aufdrängt. Beim Klienten darf nicht der Eindruck entstehen, dass der Therapeut über die richtige Erklärung verfügt. Erklärungen haben für den Klienten nur eine verhaltensändernde Glaubwürdigkeit, wenn er sie selbst entdeckt.

Von zentraler Bedeutung ist die Einsicht, dass es ein Fehler ist, anderen die Schuld für die eigene Verletzung zu geben und zu erwarten, dass sie sich entschuldigen und verändern. In der damaligen Angstsituation wurde keine andere Möglichkeit gesehen, wie die Ängste bewältigt werden können. Es kommt darauf an, dass verstanden wird, dass man sich in der Kindheit letztlich selbst unbewusst für die Verletzung entschieden hat, und dass man jetzt als Erwachsener die Chance hat, die Entscheidungen, die in der Kindheit sinnvoll waren, zu überprüfen und zu korrigieren. Solange man sich selbst als Opfer wahrnimmt, wird aktives Handeln zur Überwindung der Störung blockiert.

Für den Heilungsprozess ist auch die Einsicht hilfreich, dass der andere, dem die Schuld für die Verletzung gegeben wird, selbst unter

Zwang gehandelt hat. Da der Täter selbst emotionale Verletzungen erlitten hatte, wurde er von Gewohnheiten geführt, die ungewollt mit der Ausübung von Gewalt verbunden waren. In der Regel handeln die Täter mit bestem Gewissen und glauben, dass ihr Verhalten gerechtfertigt sei. Oder sie verstehen ihr Verhalten selbst nicht, weil sie unter dem Druck von unbewältigten Ängsten handeln. Wenn erkannt wird, dass der Täter selbst das letzte Glied in einer langen Ursachenkette war, kann die falsche Schuldzuweisung an ihn zurückgenommen werden. Häufig entsteht dann spontan die Bereitschaft, dem Täter zu verzeihen.

Auch wenn die Entstehungsgeschichte der emotionalen Verletzungen aufgedeckt wurde, darf nicht erwartet werden, dass sich die Verhaltensgewohnheiten über Nacht auflösen. Meistens ist ein langwieriger Lernprozess erforderlich, bis sie durch nützlichere Gewohnheiten ersetzt werden. Heilung kann nur gelingen, wenn der Klient aktiv mitarbeitet und die Impulse, die zu neuen Verhaltensweisen anregen, aufgreift und neue Gewohnheiten ausprobiert. Eine erfolgreiche Heilung ist daran zu erkennen, dass das fortwährende Nachdenken über sich selbst weitgehend eingestellt wird. Der neue Blick auf das eigene Leben kann dazu führen, dass man sich nicht mehr selbst abwertet, wenn man in die alten Gewohnheiten zurückfällt. Man wird wachsamer für Selbstkritik und Selbstschuldvorwürfe. Häufig ist es bereits ein Gewinn, wenn die traumatisch bedingten Verhaltensweisen halbwegs akzeptiert werden können.

Mit Psychotherapie kann aber nur erreicht werden, dass man sich mit den schlechten Verhältnissen arrangiert und alle Impulse abtötet, die eigentlich zum Widerstand und zur Kritik drängen. Psychotherapie kann nicht mehr als eine Reparatur sein, damit man weiter funktionieren kann. Dies darf nicht geringgeschätzt werden. Aus individueller Sicht ist es ein Gewinn, nicht mehr übermäßig an Traumata leiden zu müssen.

Es muss bedacht werden, dass emotionale Krankheiten immer auch Symptome der vorherrschenden kollektiven Konflikte sind. Sie lassen sich nur aus dem größeren sozialen und historischen Zusammenhang heraus verstehen, in dem sie stehen. Dazu reicht häufig der familiäre Kontext nicht aus. Vollständiges Verständnis verlangt, dass auch die Abhängigkeiten des Verhaltens und Denkens von den gesellschaftlichen Strukturen mitberücksichtigt werden. Objektive Restriktionen wie Ungleichheit, Arbeitslosigkeit, Abstiegsangst oder Armut können von der Therapie nicht beseitigt werden. Dafür wäre eine »Therapie« der von sozialer Herrschaft geprägten Lebensbedingungen erforderlich.

Die These, dass sich dysfunktionale Verhaltensmuster von selbst herausbilden, verändert den Blick auf die »normalen« Verhaltensmuster. Alle Verhaltensmuster müssen als spontane Reaktion auf die soziale Situation verstanden werden, in der sie gelernt wurden. Da es in der gegenwärtigen Gesellschaft keine Verhaltensmuster gibt, die nicht von sozialen Konflikten geprägt sind, gibt es keine »normalen« Verhaltensweisen. Wenn sie als gelernte Gewohnheiten erkannt werden, können sie verändert werden, vorausgesetzt, dass man unter ihnen sehr leidet und die soziale Umwelt die Veränderung zulässt.

7.5. Elemente einer Utopie

> *»Kein Mensch ist gut genug, einen anderen Menschen ohne seine Zustimmung zu regieren.« (Abraham Lincoln)*

Im Kern der hier entwickelten utopischen Erzählung steht die Idee der Selbstverwaltung. Unter Selbstverwaltung wird hier nicht die heute gängige Auffassung verstanden, dass kommunale oder andere Organisationen ihrer Angelegenheiten ohne Führung durch übergeordnete Institutionen selbstständig erledigen, sondern dass sich alle Menschen an der Willensbildung in allen Organisationen beteiligen können, in denen sich ihr Leben abspielt: in der Familie, in Vereinen, Betrieben, Parteien und Organisationen. Die Faszination der Idee der Demokratie basiert letztlich darauf, dass in ihr alle Hoffnungen gebündelt sind, dass auf diesem Wege eine gerechte soziale Ordnung hergestellt werden könnte.

Gegenwärtig ist die Realität weit von dem demokratischen Ideal entfernt. Der Ohnmacht der Bevölkerung, die nur alle vier oder fünf Jahre ein Kreuzchen hinter einer Partei machen kann, und dem Wissen, dass die Parteiprogramme ohnehin nur leere Versprechungen enthalten, stehen die großen Einflussmöglichkeiten mächtiger ökonomischer Interessengruppen auf den Gesetzgeber gegenüber. Da die Familie, die Vereine, Parteien und Betriebe noch weitgehend autoritär strukturiert sind, fehlt der politischen Demokratie die Verankerung in einer an den Problemen der Gemeinschaft interessierten Bürgerschaft. Einerseits fehlt den meisten Menschen die Bildung, um sich inhaltlich an der politischen Debatte beteiligten zu können, und die Erwartung, überhaupt Einfluss nehmen zu können. Andererseits sind die meisten Repräsentanten nicht in bestehende soziale Organisationen eingebunden, so dass sie ihr Mandat nicht mit einem bestimmten inhaltlichen Interesse verbinden. Sie sind deshalb anfällig für die Vertretung der Interessen von ökonomischen Interessengruppen. Solange die politische Demokratie nicht in einer demokratischen Kultur auf der lokalen Basis verankert ist, läuft sie Gefahr, sich in einem leeren Politikbetrieb zu verselbstständigen, der einseitig die Interessen der Ökonomie bedient. Da sich die Repräsentanten einseitig an den ökonomischen Lobbygruppen orientieren, kommt es zwangsläufig zu Korruption, Entfremdung von den Bürgern und phrasenhafter Selbstdarstellung auf der einen Seite und Politikverdrossenheit auf der anderen Seite.

Die gegenwärtig vorherrschenden Arbeitsbedingungen verlangen von den meisten Menschen Unterwerfung und blinden Gehorsam unter die Anweisungen von Vorgesetzten und erzwingen egozentrisches, unsolidarisches und feindseliges Verhalten. Das betriebliche Hierarchieprinzip mit der quasi diktatorialen Verfügungsgewalt der Eigentümer über die Produktionsmittel lähmt die Bereitschaft, Verantwortung für die innerbetrieblichen Prozesse zu übernehmen. Die Folgen sind Desinteresse, innere Emigration, Entfremdung und Leiden an der als sinnlos empfundenen Arbeit auf der einen Seite und Vorrang des Gesichtspunktes der Produktivitäts- und Profitsteigerung gegenüber der Humanisierung der Arbeitsbedingungen u. a.

auf der anderen Seite. Nicht nur die autoritäre Familie, auch der autoritäre Betrieb ist eine Brutstätte autoritärer Unterwürfigkeit und Aufsässigkeit. Ohne die Reform der destruktiven Arbeitsbedingungen sind keine moralischen Verbesserungen zu erwarten.

Bei der Umgestaltung der betrieblichen Arbeitsbedingungen kann man sich an den gleichen Prinzipien orientieren, die im politischen Kampf um Demokratie eingesetzt wurden: Freiheit, Gleichheit, Achtung und Gerechtigkeit. Wenn jeder Mitarbeiter die Chance hat, sich an allen betrieblichen Entscheidungen zu beteiligen, wird die Bereitschaft geweckt, sich mit den betrieblichen Abläufen zu beschäftigen und nach effizienten Lösungen zu suchen. Wer keine Angst vor Entlassung oder anderen Sanktionen hat, identifiziert sich mit dem Betrieb und bemüht sich um effiziente Abläufe. Aus praktischen Experimenten mit innerbetrieblicher Demokratie geht hervor, dass die gleichberechtigte Teilnahme aller am betrieblichen Geschehen zu höherer Arbeitszufriedenheit und sogar zu höherer Produktivität führt.[194]

Ohne Zweifel verlangt innerbetriebliche Demokratie erhebliche Lernprozesse von allen Beteiligten. Die Arbeitnehmer müssen ihre Wissensdefizite beseitigen und die Vorgesetzten müssen ihr Vorurteil abbauen, dass der Produktionsprozess eine straffe Führung braucht. Vor allem muss das seit Hobbes wie ein religiöses Dogma behandelte Vorurteil, dass soziales Zusammenleben ohne Herrschaft zusammenbrechen würde, abgebaut werden. Ethnologische Untersuchungen zeigen, dass Gemeinschaften ohne politische Herrschaft sehr gut funktionieren, wenn sie nach den Gesetzen der Selbstverwaltung organisiert werden.[195] Es ist davon auszugehen, dass die in kapitalistisch organisierten Betrieben systematisch unterdrückte Fähigkeit der Selbstverwaltung ohne weiteres wieder reaktiviert werden kann.

In der innerbetrieblichen demokratischen Selbstverwaltung kommt das Prinzip der Selbstorganisation zum Zuge. Es bilden sich

194 Vgl. Wilkinson, S. 285.
195 Graeber 2022.

automatisch die Verhaltensweisen heraus, die unter den gegebenen
technischen und ökonomischen Bedingungen für einen effizienten
Produktionsablauf rational sind. Zu Recht hat Wilhelm Reich festgestellt: »Es liegt im Wesen der Arbeit, nicht irrational sein zu können,
natürlicherweise rational sein zu müssen.«[196] Die Kooperation gleichberechtigter Mitarbeiter führt zur Einübung von Empathie, Gleichheit, Achtung und Solidarität. Es wird sofort gespürt, wenn Defizite
in der Kommunikation zu Störungen des Betriebsablaufs führen und
bestätigt, dass verbesserte Effizienz zu höherer Motivation führt.
Täglich wird erfahren, dass die Kooperation am besten durch freie
Vereinbarungen, die von allen getragen werden, verbessert wird. Es
wird gelernt, Konflikte auf faire Weise zu lösen. Vermutlich wird dadurch auch die kollektive Handlungsfähigkeit gestärkt, die durch die
Individualisierung beschädigt wurde.

Der innerbetrieblichen Selbstverwaltung liegt das menschliche
Grundbedürfnis zugrunde, sein eigenes Leben selbstständig zu führen. Dazu gehört, dass man sich mit allen zu erledigenden Arbeiten
identifiziert und alle Probleme, mit denen man dabei konfrontiert
wird, schöpferisch aus eigener Kraft bewältigt. Einschränkungen
werden nur akzeptiert, wenn sie als rational erlebt werden. Man spürt
sehr genau, ob die Begründungen gerechtfertigt oder nur vorgescho-
ben sind. Das Ziel der persönlichen Entfaltung verwirklicht sich von
selbst.

Die Demokratie muss in der lokalen Selbstverwaltung von Betrieben, öffentlichen Verwaltungen und anderen Organisationen verwurzelt sein. Erst wenn tagtäglich die Erfahrung gemacht wird, dass
die innerbetriebliche Selbstverwaltung funktioniert und dass die eigene Meinung zählt und ernst genommen wird, öffnet sich das Interesse
an den überlokalen Verhältnissen, die indirekt das lokale Geschehen
mit beeinflussen. Man wird sich dann ganz selbstverständlich auch
an den Entscheidungen auf der Ebene der örtlichen Gemeinde und
den höheren staatlichen Organisationsebenen beteiligen. Es entwi-

---

196 Reich 2010, S. 335.

ckelt sich der Anspruch, dass sich die politischen Instanzen oberhalb des Betriebes und der Gemeinde nach den Entscheidungen der Basis richten müssen. Alle Formen der Repräsentation werden genau geprüft, ob sie geeignet sind, den Willen der Basis unverfälscht weiterzugeben. Es wird darauf geachtet, dass sich die Repräsentanten nicht verselbstständigen und Herrschaftspositionen aufbauen, die die Selbstverwaltung an der Basis konterkarieren. Die innerbetriebliche Demokratie ist die Wurzel der politischen Demokratie. Zu Recht hat John Dewey festgestellt, dass die Erfahrung demokratischer Praxis wichtiger als philosophische Erkenntnisse ist.[197] Gemeinsame Erfahrungen prägen das Denken und Fühlen nachhaltig.

Die Erfahrungen mit der lokalen Selbstverwaltung hat Rückwirkung auf die Familie. Die tägliche Erfahrung, dass die eigene Meinung von den anderen respektiert wird, führt zum Respekt gegenüber den Bedürfnissen von Kindern. Das gegenwärtig unbewusste Motiv, sich für erfahrene Demütigungen bei anderen Menschen schadlos zu halten, wird aufgehoben. Es ist nicht mehr erforderlich, sich gegenüber schwächeren Menschen die Bestätigung zu holen, dass man noch handlungsmächtig ist. Wenn kleine Kinder von früh an erfahren, dass sie an den familiären Entscheidungen beteiligt werden, werden sie sich als Erwachsene dafür einsetzen, dass sie nicht übergangen werden.

Vorrangig muss die absolute Verfügungsgewalt der Eigentümer über die Produktionsmittel eingeschränkt werden. Der Verfassungsgrundsatz, der das Eigentum zu sozialer Rücksichtnahme verpflichtet, muss konkreter definiert werden. Es muss vor allem ausgeschlossen werden, dass das Eigentum dazu benutzt werden kann, andere Menschen abhängig zu machen. Es muss davon ausgegangen werden, dass das Eigentum nur dann dem Wohl der Gemeinschaft dient, wenn sich alle Betroffenen an den Entscheidungen über seine Nutzung beteiligen können. Die liberalistische Doktrin, dass die freie Verfügungsgewalt der Eigentümer dem Wohle aller dient, ist längst

197 Vgl. Hartmann.

ad absurdum geführt worden. Sie wird auch nicht der historisch gewandelten Bedeutung des Privateigentums gerecht. Früher war der Besitz von Grund und Boden die Basis für soziale Selbstständigkeit. In hochgradig arbeitsteiligen Industriegesellschaften kann die soziale Identität nicht mehr mit dem Besitz von Grund und Boden konstituiert werden. Der Schutz vor sozialer Abhängigkeit muss jetzt durch rechtliche Einschränkungen der Verfügungsgewalt der Eigentümer erreicht werden. Im Grunde geht es nicht um die Vergesellschaftung des Eigentums, sondern um die Vergesellschaftung der Herrschaft in dem Sinne, dass alle Menschen sich daran beteiligen können, wie die Produktionsmittel eingesetzt werden und wie die Erträge verteilt werden. Es ist relativ unwichtig, wem das Eigentum gehört.

Solange die soziale Ungleichheit ständig weiter anwächst, muss das Ziel der Selbstverwaltung als völlig utopisch erscheinen. Deshalb müssen Strategien entwickelt werden, wie die Ungleichheit bei Einkommen und Vermögen langfristig abgebaut werden kann. Ein Hebel könnte dabei die langfristige Anhebung der Erbschaftssteuern und die verstärkte Progression bei der Einkommensteuer sein. Sicherlich kann die Ungleichheit nur über mehrere Generationen auf ein Maß zurückgeschraubt werden, die mit der Idee der Selbstverwaltung vereinbar ist.

Es stellt sich die Frage, ob die gegenwärtige Struktur der Berufe noch in eine Gesellschaft der Selbstverwaltung passt. Die Berufe sind heute auf die hierarchische Ordnung in den Betrieben zugeschnitten. Wenn alle Menschen die gleiche Bildung erhalten, müssen viele gegenwärtig niedrig bewertete Aufgaben völlig neu organisiert werden. Lassen die hoch entwickelten Produktivkräfte eine Verringerung der Arbeitsteilung zu, so dass neue interessante Berufsfelder entstehen? In einer fundamental-demokratisch organisierten Gesellschaft können solche Probleme konstruktiv angepackt werden, da sich sicherlich die gegenwärtige Ichfixierung auflösen und dem Geist der Gemeinschaftlichkeit mehr Platz gegeben wird.

Die Idee der Demokratie ist mehr als eine Idee zur Organisation des politischen Lebens. Sie enthält die utopische Hoffnung, dass soziale Verhältnisse geschaffen werden könnten, die für alle Bürger soziale, ökonomische und politische Gleichheit gewährleisten. Ihr liegt die Vision zugrunde, dass das Prinzip der Selbstverwaltung das zwischenmenschliche Verhalten harmonisiert. Die Politik sollte »den besseren Zustand aber denken als den, in dem man ohne Angst verschieden sein kann.«[198]

198 Adorno 1951, S. 184

Literaturverzeichnis

Adorno, T.W.: Minima Moralia. Reflexionen aus dem beschädigten Leben, Frankfurt/M 1951

Ariely, Dan: Denken hilft zwar, nützt aber nichts. Warum wir immer wieder unvernünftige Entscheidungen treffen, München 2008

Arnold, Magda. B.: Emotion and personality. (Vol. 1). New York 1960

Bargh, John: Vor dem Denken. Wie das Unbewusste uns steuert, München 2018

Bauer, Joachim: Selbststeuerung. Die Wiederentdeckung des freien Willens, München 2015

Beck, Charlotte Joko: Zen im Alltag, München 2005

Bennett, Maxwell R.; Hacker, Peter M.S.: Die philosophischen Grundlagen der Neurowissenschaften, Darmstadt 2010

Berk, Laura E.: Entwicklungspsychologie, München 2011

Bieri, Peter: Eine Art zu leben. Über die Vielfalt menschlicher Würde, München 2013

Blackmore, Susan: Gespräche über Bewusstsein, Frankfurt/M 2007

Böhme, Gernot: Ethik leiblicher Existenz, Frankfurt/M 2008

Breithaupt, Fritz: Kulturen der Empathie, Frankfurt/M 2009

Breithaupt, Fritz: Die dunklen Seiten der Empathie, Berlin 2015

Brodbeck, Karl-Heinz: Entscheidung zur Kreativität, Darmstadt 1996

Bude, Heinz: Gesellschaft der Angst, Hamburg 2014

Carnap, Rudolf: Scheinprobleme und andere metaphysikkritische Schriften, Hamburg 2004

Carnap, Rudolf: Überwindung der Metaphysik durch logische

Analyse der Sprache, Stuttgart 2022

Ciompi, Luc: Die emotionalen Grundlagen des Denkens. Entwurf einer fraktalen Affektlogik, Göttingen 1997

Clear, James: Die 1%-Methode - minimale Veränderung, maximale Wirkung. Mit kleinen Gewohnheiten jedes Ziel erreichen, München 2022

Comte-Sponville, André: Ermutigung zum unzeitgemäßen Leben, Reinbeck 1996

Damasio, Antonio R.: Ich fühle, also bin ich. Die Entschlüsselung des Bewusstseins, München 2000

Dennett, Daniel C.: Von den Bakterien zu Bach und zurück. Die Evolution des Geistes, Berlin 2018

Deutscher, Guy: Im Spiegel der Sprache. Warum die Welt in anderen Sprachen anders aussieht, München 2013

De Waal, Frans: Der Mensch, der Bonobo und die zehn Gebote, Stuttgart 2015

De Waal, Frans: Der Unterschied. Was wir von Primaten über Gender lernen können, Stuttgart 2022

Diamond, Jared: Der dritte Schimpanse. Evolution und Zukunft des Menschen, Frankfurt/M 2006

Diamond, Jared: Vermächtnis. Was wir von traditionellen Gesellschaften lernen können, Frankfurt/M 2013

Dornes, Martin: Macht der Kapitalismus depressiv? Über seelische Gesundheit und Krankheit in modernen Gesellschaften, Frankfurt/M. 2016

Dreitzel, Hans Peter: Reflexive Sinnlichkeit. Mensch - Umwelt - Gestalttherapie, Köln 1992

Elberfeld, Rolf: Sprache und Sprachen, Freiburg 2012

El Ouassil, Damira; Karig Friedemann: Erzählende Affen. Mythen, Lügen, Utopien. Wie Geschichten unser Leben bestimmen, Berlin 2021

Ellis, Albert: Die rational-emotive Therapie. Das innere Selbstgespräch bei seelischen Problemen und seine Veränderung, München 1989

Epikur: Philosophie der Freude, Frankfurt/M 1999

Falkenburg, Brigitte: Mythos Determinismus. Wie viel erklärt uns die Hirnforschung, Heidelberg 2012

Frank, Robert H.: Die Strategie der Emotionen, München 1992

Frankfurt, Harry G.: Sich selbst ernst nehmen, Frankfurt/M 2007

Fromm, Erich: Psychoanalyse und Ethik, Frankfurt/M 1978

Fromm, Erich: Die Kunst des Liebens, Frankfurt/M 1994

Fromm, Erich: Die Pathologie der Normalität. Zur Wissenschaft vom Menschen, Berlin 2006

Fuchs, Thomas: Das Gehirn - ein Beziehungsorgan. Eine phänomenologisch-ökologische Konzeption, Stuttgart 2009

Gabriel, Markus: Der Mensch als Tier, Berlin 2022

Gabriel, Markus: Der Sinn des Denkens, Berlin 2018

Gazzaniga, Michael; Heatherton, Tod; Halptern, Diane: Psychologie, Weinheim 2017

Gehlen, Arnold: Der Mensch. Seine Natur und seine Stellung in der Welt, Wiebelsheim 2004

Giddens, Anthony: Die Konstitution der Gesellschaft. Grundzüge einer Theorie der Strukturierung, Frankfurt/M 1988

Gollwitzer, Mario; Schmitt, Manfred: Sozialpsychologie kompakt, Weinheim 2019

Graeber, David: Schulden. Die ersten 5000 Jahre, Stuttgart 2012

Graeber, David; Wengrow, David: Anfänge. Eine neue Geschichte der Menschheit, Stuttgart 2022

Greenblatt, Stephen: Die Geschichte von Adam und Eva. Der mächtigste Mythos der Menschheit, München 2018

Grossmann, Karin; Grossmann, Klaus E.: Bindungen. Das Gefüge psychischer Sicherheit, Stuttgart 2012

Gruen, Arno: Der Wahnsinn der Normalität. Realismus als Krankheit: eine grundlegende Theorie zur menschlichen Destruktivität, München 1987

Gruen, Arno: Der Verrat am Selbst. Die Angst vor Autonomie bei Mann und Frau, München 2001

Gruen, Arno: Der Verlust des Mitgefühls. Über die Politik der Gleichgültigkeit, München 2015

Gruen, Arno: Dem Leben entfremdet. Warum wir wieder lernen müssen zu empfinden, München 2015

Habermas, Jürgen: Auch eine Geschichte der Philosophie. Band 1. Die okzidentale Konstellation von Glauben und Wissen, Berlin 2019

Hampe, Michael: Die Lehren der Philosophie. Eine Kritik, Berlin 2014

Harari, Yuval Noah: Eine kurze Geschichte der Menschheit, München 2015

Hartmann, Martin: Die Kreativität der Gewohnheit. Grundzüge einer pragmatistischen Demokratietheorie, Frankfurt/M 2003

Hauskeller, Michael: Versuch über die Grundlagen der Moral, München 2001

Heinsohn, Gunnar: Privateigentum, Patriarchat, Geldwirtschaft,

Frankfurt/M 1984

Heit, Helmut: Der Ursprungsmythos der Vernunft. Zur Genealogie der griechischen Philosophie als Abgrenzung vom Mythos, 2007

Hinkmann, Jens: Ethik der Menschenrechte, Marburg 2002

Hoerster, Norbert: Was ist eine gerechte Gesellschaft? Eine philosophische Grundlegung, München 2013

Holzkamp, Klaus: Grundlegung der Psychologie, Frankfurt/M 2003

Horney, Karen: Neurose und menschliches Wachstum. Das Ringen um Selbstverwirklichung, München 1975

Hüther, Gerald: Würde. Was uns stark macht - als Einzelne und als Gesellschaft, München 2018

Humphrey, Nicholas: Die Naturgeschichte des Ich, Hamburg 1997

Hume, David: Eine Untersuchung über den menschlichen Verstand, Hamburg 2015

Janich, Peter: Was ist Erkenntnis? Eine philosophische Einführung, München 2000

Janich, Peter: Handwerk und Mundwerk. Über das Herstellen von Wissen, München 2015

Joas, Hans: Die Kreativität des Handelns, Frankfurt/M 1992

Jonas, Hans: Das Prinzip Verantwortung. Versuch einer Ethik für die technologische Zivilisation, Frankfurt/M 1984

Juul, Jesper: Das kompetente Kind. Auf dem Weg zu einer neuen Wertgrundlage für die ganze Familie, Reinbek 1997

Juul, Jesper: Aggression. Warum sie für uns und unsere Kinder notwendig ist, Frankfurt/M 2013

Kagan, Jerome: Die drei Grundirrtümer der Psychologie, Weinheim

2000

Kahneman, Daniel: Schnelles Denken, langsames Denken, München 2012

Kiesel, Andrea; Spada, Hans (Hrsg.): Lehrbuch Allgemeine Psychologie, Bern 2018

Klein, Stefan: Wie wir die Welt verändern. Eine kurze Geschichte des menschlichen Geistes, Frankfurt/M 2021

Knoll, Manuel; Spieker, Michael (Hrsg.): Michael Walzer: Sphären der Gerechtigkeit, Stuttgart 2014

Kodalle, Klaus-Michael: Verzeihung denken. Die verkannte Grundlage humaner Verhältnisse, München 2013

Konfuzius: Gespräche, Stuttgart 2017

Kuhl, Julius: Lehrbuch der Persönlichkeitspsychologie. Motivation, Emotion und Selbststeuerung, Göttingen 2010

Laotse: Tao-Te-King, Interlaken 1992

Lehmann, Konrad: Das schöpferische Gehirn. Auf der Suche nach der Kreativität - eine Fahndung in sieben Tagen, Berlin 2019

Liedloff, Jean: Auf der Suche nach dem verlorenen Glück. Gegen die Zerstörung unserer Glücksfähigkeit in der frühen Kindheit, München 2017

Locke, John: Über die Regierung. The Second Treatise of Government, Stuttgart 2003

Luhmann, Niklas: Die Moral der Gesellschaft, Frankfurt/M 2008

Mann, Michael: Geschichte der Macht, Band 1, Frankfurt/M 1990

Margalit, Avishai: Politik der Würde. Über Achtung und Verachtung, Berlin 1997

Maturana, Humberto; Varela, Francisco J.: Der Baum der

Erkenntnis, Bern/München/Wien 1987

Mausfeld, Rainer: Hybris und Nemsis, Neu-Isenburg 2023

Müsseler, Jochen; Rieger, Martina (Hrsg.): Allgemeine Psychologie, Heidelberg 2017

Nestor, James: Breath - Atem. Neues Wissen über die vergessene Kunst des Atmens, München 2021

Neubeck, Klaus: Atem-Ich. Körperliche Erfahrung, gesellschaftliches Leid und die Heilkraft des internen Dialoges, Frankfurt/M 1992

Neubeck, Klaus: Die Intelligenz der Regeln, München 2012

Neubeck, Klaus: Wie Denken funktioniert, München 2017

Neuweiler, Gerhard: Und wir sind es doch – Die Krone der Evolution, Berlin 2008

Noe, Alva: Du bist nicht dein Gehirn. Eine radikale Philosophie des Bewusstseins, München 2010

Nussbaum, Martha G.: Zorn und Vergebung. Plädoyer für eine Kultur der Gelassenheit, Darmstadt 2017

Pauen, Michael; Roth, Gerhard: Freiheit, Schuld und Verantwortung. Grundzüge einer naturalistischen Theorie der Willensfreiheit, Frankfurt/M 2008

Pauen, Michael: Die Natur des Geistes, Frankfurt/M 2016

Pieper, Martha Heinman; Pieper, William F.: Smart Love. Erziehen mit Herz und Verstand, Stuttgart 2001

Pörksen, Bernhard: Die Gewissheit der Ungewissheit. Gespräche zum Konstruktivismus, Heidelberg 2008

Prinz, Wolfgang: Selbst im Spiegel, Berlin 2014

Ratey, John J.: Das menschliche Gehirn, München 2003

Rawls, John: Eine Theorie der Gerechtigkeit, Frankfurt/M 2012

Reese-Schäfer, Walter: Niklas Luhmann zur Einführung, Hamburg 2011

Reich, Wilhelm: Die Entdeckung des Organs I. Die Funktion des Orgasmus. Sexualökonomische Grundprobleme der biologischen Energie, Frankfurt/M 1981

Reich, Wilhelm: Die Massenpsychologie des Faschismus, Köln 2010

Rifkin, Jeremy: Die empathische Zivilisation: Wege zu einem globalen Bewusstsein, 2011

Rosa, Hartmut: Resonanz. Eine Soziologie der Weltbeziehung, Berlin 2016

Rosa, Hartmut: Unverfügbarkeit, Wien 2018

Roth, Gerhard: Persönlichkeit, Entscheidung und Verhalten. Warum es so schwierig ist, sich und andere zu ändern, Stuttgart 2015

Rousseau, Jean-Jacques: Über den Ursprung der Ungleichheit unter den Menschen, Hamburg 1995

Sachser, Norbert: Der Mensch im Tier. Warum Tiere uns im Denken, Fühlen und Verhalten oft so ähnlich sind, Reinbek bei Hamburg 2018

Sandel, Michael J.: Vom Ende des Gemeinwohls. Wie die Leistungsgesellschaft unsere Demokratien zerreißt, Frankfurt/M 2020

Schaik, Carel van; Michel, Kai: Mensch sein. Von der Evolution für die Zukunft lernen, Hamburg 2023

Schmid, Wilhelm: Mit sich selbst befreundet sein. Von der Lebenskunst im Umgang mit sich selbst, Frankfurt/M 2015

Schmidt-Salomon, Michael: Jenseits von Gut und Böse. Warum wir ohne Moral die besseren Menschen sind, München 2012

Schmidt-Salomon, Michael: Entspannt euch! Eine Philosophie der Gelassenheit, München 2019

Scott, James C.: Die Mühlen der Zivilisation. Eine Tiefengeschichte der frühesten Staaten, Berlin 2019

Seidler, Günter H.: Psychotraumatologie, Stuttgart 2013

Singer, Peter: Praktische Ethik, Stuttgart 2013

Sohn-Rethel, Alfred: Warenform und Denkform, Frankfurt/M 1978

Stemmer, Peter: Handeln zugunsten anderer. Eine moralphilosophische Untersuchung, Berlin 2000

Storch, Maja; Kuhl, Julius: Die Kraft aus dem Selbst. Sieben PsychoGyms für das Unbewusste, Bern 2012

Suzman, James: Sie nannten es Arbeit. Eine andere Geschichte der Menschheit, München 2020

Taylor, Charles: Quellen des Selbst: die Entstehung der neuzeitlichen Identität, Frankfurt/M 1994

Tomasello, Michael: Die Evolution des Handelns. Von den Eidechsen zum Menschen, Berlin 2024

Trawny, Peter: Philosophie der Liebe, Frankfurt/M 2019

Ulich, Dieter: Das Gefühl. Eine Einführung in die Emotionspsychologie, Weinheim 1995

Varela, Francisco J.: Ethisches Können, Frankfurt/M 1994

Vaihinger, Hans: Die Philosophie des Als ob, Leipzig 1927

Walzer, Michael: Kritik und Gemeinsinn. Drei Wege der Gesellschaftskritik, Berlin 1990

Weischedel, Wilhelm: Skeptische Ethik, Frankfurt/M 1976

Werth, Reinhard: Die Natur des Bewusstseins. Wie Wahrnehmung und freier Wille im Gehirn entstehen, München 2010

Wilkinson, Richard; Pickett, Kate: Gleichheit ist Glück. Warum gerechte Gesellschaften für alle besser sind, Berlin 2009

Wilson, Frank R.: Die Hand - Geniestreich der Evolution. Ihr Einfluss auf Gehirn, Sprache und Kultur des Menschen, Stuttgart 2000

Wittgenstein, Ludwig: Philosophische Untersuchungen, Frankfurt/M 2003

Wood, Wendy: Good Habits, bad Habits. Gewohnheiten für immer ändern, München 2022